该成果受到北京市社会科学基金青年项目"基于定性比较分析法的环境公益诉讼结果影响因素的实证研究"(编号:17FXC023)资助。

环境民事公益
诉讼的审判逻辑

Judicial Logic of Environmental
Civil Public Interest Litigation

于 洋　郭文文◎著

中国社会科学出版社

图书在版编目（CIP）数据

环境民事公益诉讼的审判逻辑／于洋等著 . —北京：中国社会科学出版社，2023.3

ISBN 978 - 7 - 5227 - 1386 - 1

Ⅰ.①环… Ⅱ.①于… Ⅲ.①环境保护法—民事诉讼—审判—案例—中国 Ⅳ.①D925.118.5

中国国家版本馆 CIP 数据核字（2023）第 026144 号

出 版 人	赵剑英
责任编辑	许 琳
责任校对	李 硕
责任印制	郝美娜

出　　版	中国社会科学出版社
社　　址	北京鼓楼西大街甲 158 号
邮　　编	100720
网　　址	http://www.csspw.cn
发 行 部	010 - 84083685
门 市 部	010 - 84029450
经　　销	新华书店及其他书店
印　　刷	北京君升印刷有限公司
装　　订	廊坊市广阳区广增装订厂
版　　次	2023 年 3 月第 1 版
印　　次	2023 年 3 月第 1 次印刷
开　　本	710×1000　1/16
印　　张	17.25
插　　页	2
字　　数	247 千字
定　　价	98.00 元

凡购买中国社会科学出版社图书，如有质量问题请与本社营销中心联系调换
电话：010 - 84083683
版权所有　侵权必究

天地与我并生，而万物与我为一

——出自《庄子·齐物论》

我们不是继承了父辈的地球，而是借用了儿孙的地球

——出自《联合国人类环境宣言》

前　言

　　1972年，联合国第一次人类环境会议上发布的《人类环境宣言》宣称，"人类有权在一种能够过尊严和福利的生活的环境中，享有自由、平等和充足的生活条件的基本权利，并且负有保证和改善这一代和世世代代的环境的庄严责任"。环境权是对环境利益进行司法救济的权利根基，随着人类对人与自然关系认知的加深，"生态中心主义"视角下的环境权理论从"对环境的权利"（right to environment）向"环境的权利"（environmental rights）转型。

　　伴随着环境权理论的诞生与完善，环境公益诉讼制度在世界各国得以建立与发展。我国的环境公益诉讼也从早期的危机应对、地方先行先试，逐步走向了全国性的法律制度确立。2007年11月，"两湖一库"水污染事件直接促成贵阳下辖县级市清镇市成立了全国第一个环保法庭；2012年8月31日修订的《民事诉讼法》标志着环境公益诉讼制度在全国性法律层面正式确立；2015年1月1日，新修订的《环境保护法》正式实施，对环境公益诉讼制度进行了进一步具体规定。随着环境公益诉讼司法改革的推进，案件数量实现了快速增长，司法实践不断深入，学术界的理论研究也日益丰富。然而，目前大部分研究是从法理层面关注单一制度细节，结论较多通过理论思辨和比较法研究得出，属于探讨"应然"的规范研究。在研究方法上，个案分析仍是主流，在普遍性解释力上稍显不足，基于大样本数据对审判结果的影响因素及其作用机制的实证研究依然较少。

本书关注的核心议题是"环境民事公益诉讼的审判逻辑",旨在探究如下问题:(1)影响环境民事公益案件判决结果的是哪些因素?(2)哪些因素在其中发挥着关键性作用?(3)哪些因素看似重要,但实则发挥的作用有限?(4)这些发挥作用的影响因素共同形成何种作用机制影响着审判结果?

法律现实主义认为,在司法审判的过程中,事实的认定和法律规范的寻找都不是一个纯粹的理性过程。无论是隐藏的客观真相,还是复杂的社会关系,在法院审理案件时诸多法律因素和非法律因素以不易被人察觉的方式影响着判决。司法判决是"书本上的法"与"行动中的法"互动的结果,不仅要关注法律条文的规范性,而且要关注法律实施的社会性。基于法律现实主义的理论视角,本书的整体研究框架围绕庭内因素和庭外因素两个维度进行构建。其中,庭内因素代表着"书本上的法",选择与因果关系推定相关的损害类型和证据力度表征案件客观事实。庭外因素代表着"行动中的法",选择与地方保护主义相关的管辖区域和与社会舆论关注度相关的媒体报道来表征社会影响。另外,司法诉讼在某种程度上可以看作原告与被告在法庭内外的一场资源博弈,因此将原告身份和被告身份纳入分析框架,其影响作用横跨庭内因素和庭外因素两个维度。

在研究方法上,本书选取了近年来新兴的一种科学研究方法——定性比较分析法(Qualitative Comparative Analysis,简称QCA)。QCA源于系统论思想,将研究对象视作复杂系统进行整体性分析,认为组成部分间的互动决定了其意义,不能机械孤立地分析。其最大的优点是将质性研究和量化研究进行有效结合,既可以在个案层面开展条件组态的整体分析,又可以进行大样本案例的比较分析,兼顾了剖析深度和外部推广度。该方法尚未应用在法学领域,本书也是将该方法应用于法学的开创性研究之一。

环境民事公益诉讼的审判逻辑探究分为两个层面:首先,对全部环境民事公益诉讼案件的审判逻辑进行了整体分析与解读,在全部案件中,庭内因素发挥关键作用。从得到的5个条件组态的构成来看，"损害类型"和"证据力度"对原告诉讼请求支持率起着关键性作用。相比于庭内因素，庭外因素对审判结果的影响相对较小，"被告身份低"在3个条件组态中均为核心条件，说明其对审判结果的影响要比其他三个因素更明显，反映出地方保护主义在某些案件中会对审判结果具有潜在影响。其次，进一步分析了检察院和社会组织分别作为原告时的审判逻辑差异，检察机关单独提起的案件与全样本的诉讼结果差异不大，并未得到新的条件组态。社会组织起诉的案件呈现不同的审判逻辑，出现了"被告身份高""证据力度弱""媒体报道多"等新的变量表达方式。在社会组织起诉的案件中，庭内因素和庭外因素共同发挥作用，尽管证据力度和损害类型依然重要，但是更加强调正反两方面力量的对抗。由于自身力量相对薄弱，社会组织在提起诉讼时更加注重借助外力来影响法院判决，例如选择异地起诉、引导媒体报道等。

从理论争鸣、大样本的实践图景描述、基于QCA方法的审判逻辑探究到美国、德国、印度的域外经验比较，本书既深耕于法理思辨，又试图跳出传统法学范式的研究窠臼，融入管理学等学科的理论与方法，更加全面系统地剖析我国环境民事公益诉讼的审判逻辑。总体来看，我国环境民事公益诉讼带有鲜明的"超职权主义"色彩，在司法实践中引发了一系列制度困境：（1）公权力介入过度导致检察机关在行使法定职权之外，不得不承担着日益繁重的环境公益诉讼原告的责任；（2）私权力动力不足使得社会组织在原告资格上被边缘化；（3）司法权行政化助长环境行政机关的惰性。为了消解上述制度困境，本书的最后一章针对性地提出我国环境民事公益诉讼制度的完善进路，具体包括：（1）修正制度职能的设置偏差；（2）强化私权参与诉讼的制度基础；（3）构建有限能动的司法制度。

地球是人类共同的家园，良好的生态环境是人类文明得以生存和发展不可或缺的物质基础。关于生态与文明的关系，习近平总书记一针见血地指出："生态兴则文明兴，生态衰则文明衰。人与自然是生命共同体。生态环境没有替代品，用之不觉，失之难存。"生态环境保护不仅关系到当下每个人的切身利益，更关系到子孙后代的永续发展和人类文明的延续。"天不言而四时行，地不语而百物生。"面对环境危机，无声的大自然需要人类去用心守护，而环境公益诉讼制度正是守护者们手中为无告的大自然请命的法律武器。希望本书的研究结论能为我国环境公益诉讼制度的优化完善提供一定的参考价值。

最后，我想套用电影《流浪地球》里的一句话。起初，没有人在意这场灾难，这不过是一场雾霾、一条河流被污染、一片森林消失、一个物种灭绝、一座城市被沙漠包围，直到这场灾难和每个人息息相关。唯有通过人类的共同努力，未来的春天才会不再寂静。

于 洋

目　录

第一章　环境权理论与环境公益诉讼制度 …………………… (1)
 第一节　环境权的理论与实践 ………………………………… (1)
 第二节　基于环境权理论的司法救济制度 …………………… (3)
 第三节　环境公益诉讼制度的基本类型 ……………………… (7)
 第四节　我国环境公益诉讼制度的发展历程 ………………… (9)

第二章　理论研究与学术争论 …………………………………… (14)
 第一节　研究回顾 ……………………………………………… (14)
 第二节　原告资格 ……………………………………………… (17)
 第三节　举证责任 ……………………………………………… (20)
 第四节　管辖规则 ……………………………………………… (24)
 第五节　损害认定 ……………………………………………… (27)
 第六节　损害赔偿 ……………………………………………… (31)

第三章　审判逻辑复杂性的方法论应对 ……………………… (36)
 第一节　现有研究评述 ………………………………………… (36)
 第二节　定性比较分析 ………………………………………… (38)
 第三节　基本分析逻辑 ………………………………………… (42)
 第四节　整体研究框架 ………………………………………… (48)

第四章　环境民事公益诉讼的实践图景 ············ (57)
　　第一节　诉讼双方 ·· (58)
　　第二节　审判地点 ·· (67)
　　第三节　损害类型 ·· (73)
　　第四节　诉讼过程 ·· (77)
　　第五节　诉讼结果 ·· (85)

第五章　审判逻辑的整体性分析与解读 ············ (92)
　　第一节　变量赋值 ·· (93)
　　第二节　组态分析 ·· (101)
　　第三节　组态解读 ·· (105)
　　第四节　审判情景 ·· (109)

第六章　不同原告主体的审判逻辑差异 ············ (117)
　　第一节　两类案件的组态对比 ························ (118)
　　第二节　社会组织起诉案件的审判逻辑 ·········· (123)
　　第三节　社会组织面临的审判情景 ·················· (128)

第七章　对原告诉讼请求支持率低的案件反思 ···· (140)
　　第一节　原告举证责任问题 ···························· (141)
　　第二节　环境损失赔偿问题 ···························· (151)
　　第三节　地方司法保护主义 ···························· (163)

第八章　环境公益诉讼制度的域外考察 ············ (180)
　　第一节　美国环境公民诉讼制度 ···················· (180)
　　第二节　德国环境团体诉讼制度 ···················· (200)
　　第三节　印度环境公益诉讼制度 ···················· (212)

第九章 我国环境民事公益诉讼制度的完善进路 …………………（227）
    第一节 修正制度职能的设置偏差 …………………………（229）
    第二节 强化私权参与诉讼的制度基础 ……………………（235）
    第三节 构建有限能动的司法制度 …………………………（242）

参考文献 …………………………………………………………（248）

第一章　环境权理论与环境公益诉讼制度

第一节　环境权的理论与实践

环境是人类赖以生存与发展的物质基础。在农业社会，受制于较低的生产力水平，人类与环境之间保持着相对稳定的平衡关系。然而进入工业社会后，这种平衡关系很快被飞速提高的生产力所打破，人类享受着空前丰富的物质财富的同时，也面临着史无前例的环境危机。1962年，《寂静的春天》的出版引起了西方世界对环境问题的高度关注，在此背景下环境保护运动在全球范围内风起云涌。① 正如法国学者基斯所言："真正意义上的环境保护措施是在20世纪才出现的，更准确地说，是在1960年代末。"② 1969年，美国法学家萨克斯以"公共信托理论"为依据，首次提出环境权理论。③ 1972年，联合国在斯德哥尔摩召开第一次人类环境会议，正式把环境权视为一项新的基本人权，并作为《世界人权宣言》的重要补充。④ 在会议发布的《人类环境宣言》中宣称，"人类有权在一种能够过尊严和福利的生活环境中，享有自由、平等和充足的生活条件的基本权利，并且负有保证和改善这一代和世世代代的环境的庄严责任"。⑤

---

① ［美］蕾切尔·卡森：《寂静的春天》，吕瑞生、李长生译，上海译文出版社2007年版。
② 林灿玲：《国际环境法》，法律出版社2000年版，第27页。
③ 金瑞林、汪劲：《20世纪环境法学研究评述》，北京大学出版社2003年版。
④ 吴卫星：《环境权理论的新展开》，北京大学出版社2018年版。
⑤ 董云虎、刘武萍主编：《世界人权约法总览》，四川人民出版社1991年版，第1404页。

尽管环境权在国际上得到承认，但在最初二十年间却在美国、德国、日本等西方发达国家发展受阻，到1990年代末仅有葡萄牙、智利、巴西、菲律宾等13个发展中国家实现了环境权入宪。因此，有学者提出"环境权理论已经没落"的观点。① 然而进入20世纪90年代，环境权迎来了高度发展的"黄金十年"，期间共有43个国家完成了环境权入宪。② 目前，在世界范围内已有147个国家的宪法中明确规定了环境权，其中92个国家规定了公民的健康环境权。③

相比于其他国家，我国在环境保护领域起步稍晚，但发展速度很快。自从党的十六大报告首次提出"生态文明"发展理念以来，环境的重要地位不断提升。党的十七大报告将生态文明建设作为全面建设小康社会的新要求，在发展优先的前提下兼顾生态环境。党的十八大报告将其提升到治国理政整体战略高度，强调生态文明建设对经济社会发展的引领作用，总体布局由经济建设、政治建设、文化建设、社会建设"四位一体"拓展为包括生态文明建设的"五位一体"。党的十九大报告进一步把"美丽中国"作为新时代中国特色社会主义基本方略之一。党的二十大报告提出"推动绿色发展，促进人与自然和谐共生"。以习近平生态文明思想为指引，全国人大常委会陆续出台和修订了一系列法律，包括《环境保护法》《森林法》《大气污染防治法》《海洋环境保护法》和《水污染防治法》等。然而，尽管我国现行《宪法》第九条和第二十六条明确了国家环境保护义务④，但缺乏一个独立的环境权条款，没有提出将环境权作为公民的一项基本权利。虽然可以通过法院对宪法条文的扩张解释为环境权的生成找到宪法层面的落脚点，但这需要依赖较强的司法能动性，并且必然面临由此带来的宪法解释的不稳定性，导致下位立法缺乏法律体系的衔接与协调。⑤ 其结果是，在司法实践中存在模糊

---

① 叶俊荣：《宪法位阶的环境权：从拥有环境到参与环境决策》，《台大法学论丛》1990年第1期。
② 吴卫星：《环境权入宪的比较研究》，《法商研究》2017年第4期。
③ 胡静：《环境权的规范效力：可诉性和具体化》，《中国法学》2017年第5期。
④ 陈海嵩：《国家环境保护义务的溯源与展开》，《法学研究》2014年第3期。
⑤ 吕忠梅：《环境权入宪的理路与设想》，《法学杂志》2018年第1期。

的环境权无法具体适用的风险,无法根据宪法规定直接取得具体的环境侵害请求权。综上,推动环境权入宪将成为我国未来环境司法改革的重点方向之一。

第二节 基于环境权理论的司法救济制度

环境权理论出现的主要原因是西方传统的法律框架无法应对环境污染等新问题。借用吴卫星所言,"环境权理论和制度的重大意义在于为传统部门法无法保护或者不足以保护的具有公共性和扩散性的环境利益提供特别的法律规则"。①

政治哲学家柏林认为,在人类政治思想史上存在两种迥异的自由概念,即：消极自由与积极自由。其中,消极自由是一种"被动"意义上的自由,个人在意志和行为上免于他人强制和干预的自由(liberty from)。积极自由是一种"主动"意义上的自由,作为主体的个人基于自主意志去实现自我目标的自由(liberty to)。②在私人领域中,消极自由与积极自由的差别不大,消极自由要求排除来自他人的不正当干预；积极自由意味着个体之间通过自由博弈界定彼此的利益格局,但积极自由的行使必须建立在平等的基础上,不能未经对方同意对其单方面课加义务。两种自由概念的差别主要体现在公共领域之中。消极自由是保障公民个人免受公共组织机构不当干预的自由,而积极自由是个体通过政治参与的方式实现自身利益诉求的自由。因此,对于积极自由而言,在公共领域中不再适用私人领域中的合意原则,而采用少数服从多数的决议原则。在一个政治共同体中,多数派可以不经过少数派的同意,甚至违背少数派的意愿将其意志通过公共组织机构的法令和政策强加给少数派。

从法国大革命的教训中,西方法学界很早便注意到在公共领域中行使积极自由时蕴藏着"多数人暴政"的潜在风险。因此,传统法律框架

---

① 吴卫星：《环境权理论的新展开》,北京大学出版社2018年版,第54页。
② ［英］以赛亚·柏林：《自由论》,胡传胜译,译林出版社2003年版。

构建于消极自由观的基础之上，形成了"私法立宪主义"思潮，强调个人自由不受制于公共组织专断权力的压迫，运用国家权力保障私人自治和私有产权。① 在此背景下，全社会秉持控制公权力的理念，国家仅负有不侵犯公民自由和提供最低限度生存照顾之义务，而优美的自然环境并不在国家给付之列。② 当面临前所未见的环境污染问题时，西方国家试图在传统法律框架下寻求对策，主要采用既有的相邻妨害法则。相邻权在处理环境私益诉讼方面确实能发挥作用，但与相邻妨害不同，环境污染往往是不特定污染源日常排放累积的结果，影响范围更广，被侵害对象具有多数不确定性，所以因果关系推断更复杂，难以依照相邻妨害法则所强调的过错责任加以应对。

自 1968 年哈丁发表《公地悲剧》③ 以来，人们越来越清楚地认识到原有以保障自由权和财产权为中心的相邻纠纷解决机制过于强调行为人的营业自由和排放自由，质疑公权力对个人污染行为的规制，因此既无法为污染受害者提供有效救济，也无法实现环境保护的公益目标。④ 为了破解针对环境污染的司法救济困境，亟须突破基于消极自由观的传统法律框架。正是在此背景下，环境权理论被正式提出。作为一项新的基本人权，环境权不但赋予了人享受良好环境的权利，而且也要求国家承担保护环境的义务，为基于积极自由观的新环境法律框架提供了法理支撑。一方面，环境权是新环境法律框架合法性的权利基石；另一方面，新环境法律框架的建立使环境权从"应有权利"上升为"法定权利"。正如蔡守秋所言，"环境权是环境法的一个核心问题，是环境诉讼的基础"。⑤

---

① 薛军：《私法立宪主义论》，《法学研究》2008 年第 4 期。
② 李国兴：《超越"生存照顾"的给付行政：论给付行政的发展及对传统行政法理论的挑战》，《中外法学》2009 年第 6 期。
③ G. Hadin, "The Tragedy of the Commons", Science, Vol. 162, No. 12, 1968, pp. 1243 - 1248.
④ [日]原田尚彦：《环境法》，于敏译，法律出版社 1999 年版。
⑤ 蔡守秋：《环境权初探》，《中国社会科学》1982 年第 3 期。

法谚云："无救济则无权利"。在新法律框架下，环境权从"法定权利"上升为"实有权利"需要司法救济制度的不断完善，而司法救济制度的完善有赖于人们对环境权认知的不断深化。在权利主体范围上，环境权理论经历了"狭义人类中心主义""广义人类中心主义"和"生态中心主义"三个阶段。

首先，"狭义人类中心主义"认为环境权的权利主体应仅限于当代人，排除了国家、社会组织和后代人的主体资格。[①] 作为一种享受自然环境的实体性权利，环境权本质上属于财产权的扩张。最早由美国法学家萨克斯提出的基于公共信托的环境权理论便属于这一阶段的成果，形成了"环境相邻权论"和"环境公共财产论"。该理论为环境私益诉讼的司法救济制度提供了法理基础，其诉讼标的是民事主体的财产利益。然而，有学者批评萨克斯的环境权理论最初是针对美国自然资源私有制提出来的，混淆了"环境"与"资源"的概念。[②] 对此，徐祥民指出："把资源权请进环境权队伍不能帮助环境权提高战斗力，这就像请财产权入伙达不到加强环境权的目的一样，因为，资源权首先是物的占有权、使用权，这种权利也是环境权抵制的对象，而不是环境权的同盟。"[③]

其次，"广义人类中心主义"认为环境权是一项具有人格面向性的非财产性权利，该权利的取得和行使是无偿的，这与基于财产权扩张解释的环境权理论形成了鲜明对比。[④] "无须许可的使用即意味着免费的一般使用，收费将导致失去一般使用的本意。因此，收费只能具有例外性质，并且需要正式法律的授权。"[⑤] 由于具有无偿取得性，环境权的行使不需要以所有权为基础，该权利也具有不可让渡性。公民的环境权与生

---

① 吴卫星：《环境权内容之辨析》，《法学评论》2005年第2期。
② 杨朝霞：《论环境权的性质》，《中国法学》2020年第2期。
③ 徐祥民：《对"公民环境权论"的几点疑问》，《中国法学》2004年第2期。
④ 周训芳：《环境权论》，法律出版社2003年版。
⑤ [德] 汉斯·沃尔夫、罗尔夫·施贝托尔等：《行政法》（第2卷），高家伟译，商务印书馆2002年版，第498页。

俱来，且随着公民死亡而灭失，由此进一步推导出环境的代际性特征。因此，环境权的权利主体不仅包括当代人，也包括后代人。①"广义人类中心主义"为环境权人诉讼的司法救济制度奠定了法理基础，具体包括环境权民事诉讼、环境权行政诉讼、环境权宪法诉讼等形式。环境权人诉讼兼顾私益和公益的环境权诉讼，属于广义环境公益诉讼范畴。②

再次，随着人类对人与自然关系认知的加深，环境权理论进入了第三个发展阶段，即"生态中心主义"。传统的权利观建立在"主客二分法"的哲学基础之上，以主体与客体是完全对立来进行理论的构建，因此只承认作为权利主体的人对环境所享有的权利。③ 与此相对，"生态中心主义"要求在法律上打破主客体划分，承认作为客体的环境具有独立的内在权利，推动了环境权理论从"对环境的权利"（right to environment）向"环境的权利"（environmental rights）转型。④ 正如美国学者纳什在《大自然的权利》一书中指出："对'权利'一词的使用带来了大量的混乱。现在，我们只需知道，有些人是在哲学或法律的特定意义上使用这个词，有的人则用它意指大自然或其中的一部分所具有的人类应予尊重的内在价值。"⑤ 由于自然主体面临着"主体缺位"难题，因此有学者提出需要设定受托人以保护其权利的法律制度。⑥"生态中心主义"推动了环境权信托诉讼的建立与发展。环境权信托诉讼的适用范围被限制在公益诉讼范畴，其受托人限于无直接利害关系的环保组织或检察机关。⑦ 由此，"生态中心主义"为环境公益诉讼的司法救济制度奠定了法理基础。

---

① 吕忠梅：《再论公民环境权》，《法学研究》2000 年第 6 期。
② 杨朝霞：《论环境权的性质》，《中国法学》2020 年第 2 期。
③ 汪劲：《伦理观念的嬗变对现代法律及其实践的影响——以从人类中心到生态中心的环境法律观为中心》，《现代法学》2002 年第 2 期。
④ 吕忠梅：《环境权入宪的理路与设想》，《法学杂志》2018 年第 1 期。
⑤ [美]罗德里克·纳什：《大自然的权利：环境伦理学史》，杨通进译，青岛出版社 1999 年版，第 3 页。
⑥ N. Rühs and A. Jones, "The Implementation of Earth Jurisprudence through Substantive Constitutional Rights of Nature", *Sustainability*, Vol. 8, No. 2, 2016, pp. 174 – 192.
⑦ 肖建华：《诉权与实体权利主体相分离的类型化分析》，《法学评论》2002 年第 1 期。

第三节　环境公益诉讼制度的基本类型

伴随着环境权理论的发展,环境公益诉讼制度在世界各国得以建立与发展,例如：美国的环境公民诉讼、德国的环境团体诉讼、印度的环境公益诉讼等。[①] 诚然,不同国家在法治传统与制度背景上的差异使得比较法上的环境公益诉讼体现出不同特征,具体内容将在本书第八章详细论述。

作为一种新型司法救济制度,环境公益诉讼与环境私益诉讼具有诸多差异。首先,在诉讼标的上,前者是全体公民的环境权,甚至是自然主体自身的利益;后者是民事主体的人身或财产利益。其次,在原告主体上,前者与侵害法益之间没有直接利害关系,因此来源呈现多元化特征;后者仅限于与侵害法益之间有直接利害关系的民事主体,来源单一化。第三,在诉讼利益归属上,前者归属于全社会,原告只能将赔偿款项用于生态修复;后者则归属于原告所有。因此,日本学者新堂幸司将环境公益诉讼称为"现代型诉讼"。与当事人间个体性权利义务作为争执焦点的传统民事诉讼不同,处于现代型诉讼争议焦点的利益关系体现出社会化特征。[②] 在现实中,环境污染行为不仅会对环境公共利益造成损害,而且也可能同时造成私人的人身权或财产权损失。因此,在司法实践中,两种诉讼可能会存在一定交集。例如：化工厂向河流中超标排放工业废水会造成整个流域生态环境的破坏,同时也会对河流周边村庄养鱼户的鱼苗造成侵害。当养鱼户在私益诉讼中要求化工厂停止排污,并对其财产损失予以赔偿时,客观上也起到了保护环境公共利益的作用。新堂幸司认为,私人利益和公共利益因素在诉讼中相互交织会导致诉讼

[①] 胡云红：《比较法视野下的域外公益诉讼制度研究》,《中国政法大学学报》2017年第4期。

[②] [日]新堂幸司：《现代型诉讼及其功能》,新堂幸司编：《基本法学（七）》,岩波书房1993年版。

程序的功能定位出现相互博弈的情况，从而降低对私益和公益的司法救济作用。基于此，《最高人民法院关于审理环境民事公益诉讼案件适用法律若干问题的解释》第十条规定，两种诉讼在司法实践中需要分开审理。

依据诉讼类型不同，环境公益诉讼可分为环境民事公益诉讼和环境行政公益诉讼，主要区别在于被告身份不同。环境民事公益诉讼的被告是因环境污染或生态破坏行为而被起诉的行为人，包括自然人和法人。环境行政公益诉讼的被告是因不依法履行环境保护职责而被起诉的行政机关。《最高人民法院关于审理环境民事公益诉讼案件适用法律若干问题的解释》和《人民检察院提起公益诉讼试点工作实施办法》的相继出台在司法实践层面肯定了这种民事诉讼与行政诉讼二分法。

关于原告资格，现行法律对两种不同类型的环境公益诉讼进行了差别化规定。其中，《民事诉讼法》第五十八条、《环境保护法》第五十八条和《检察公益诉讼司法解释》第十三条赋予了环保组织和人民检察院提起环境民事公益诉讼的原告资格。在起诉顺位关系上，环保组织优先于人民检察院，只有在没有适格的环保组织或适格的环保组织不起诉的情形下，人民检察院才可以提起环境民事公益诉讼。《行政诉讼法》第二十五条第四款和《检察公益诉讼司法解释》第二十一条仅赋予了人民检察院进行环境行政公益诉讼的原告资格，并且人民检察院在提起诉讼前需要履行向行政机关提出检察建议的诉前程序。

当下民事诉讼和行政诉讼的绝对二致遭到了学界的批评。颜运秋提出，解决环境保护公地悲剧的唯一有效途径是"环境利益双代表制"，即由政府和公民（包括环保组织）分别作为环境公共利益的代表，双向互动形成对环境污染和生态破坏违法行为的有效打击。[①] 这种互动体现在环境权这枚硬币的"公—私"两面，即：私法意义上的环境损害请求权和公法意义上的环境资源管理权。吕忠梅认为，从现行立法来看，私

---

① 颜运秋：《中国特色生态环境公益诉讼理论和制度研究》，中国政法大学出版社2019年版，第19页。

人惩罚机制与公共惩罚机制之间并未形成良性互动。一方面，环境民事公益诉讼是保障环境损害请求权的司法救济制度。当环境损害发生时，公民或环境受托人有权向法院提起诉讼，要求施害人停止侵害行为，并予以赔偿。然而，检察机关作为原告违背了民事诉讼中的"原被告双方地位平等"原则，形成了"公对私"（官告民）不平等的诉讼。另一方面，环境行政公益诉讼是保障环境资源管理权的司法救济制度。当行政机关失职不履行法定的环境资源管理权时，可以通过环境行政公益诉讼予以纠偏，督促行政机关正确履行职责。但目前只有检察机关具有原告资格，公民与环保组织被排除在外。这种国家垄断的情形显然与行政诉讼的基本理念相悖。作为近代法治国家的产物，行政诉讼的本质是私权对公权的制衡，因此原告资格被限定为具体行政行为的相对人。但目前的环境行政公益诉讼却将私权排除在外，成为"公对公"（官告官）的公权力博弈。[①]

考虑到环境公益诉讼案件的数量分布和实证的可行性，本书主要关注环境民事公益诉讼，上述相关问题将在后续章节的实证分析中进一步展开讨论。

第四节　我国环境公益诉讼制度的发展历程

改革开放以来，我国取得了举世瞩目的经济成就，但粗放型的经济增长模式也对环境造成破坏。特别是加入WTO以来，经济的高速发展进一步加剧了环境危机，重大环境污染事故连年频发。例如：2005年松花江苯污染事件、2006年白洋淀磷污染事件、2007年无锡太湖蓝藻危机、2008年云南阳宗海砷污染事件、2009年湖南浏阳镉污染事件、2010年大连新港原油泄漏事件、2011年云南曲靖铬渣污染事件、2012年广西龙江镉污染事件等。这些重大环境污染事故经由媒体报道成为社会关注焦

---

① 吕忠梅：《环境公益诉讼辨析》，《法商研究》2008年第6期。

点，引发公众对环境危机的担忧。在此背景下，中央高层逐渐意识到单纯依靠地方环保部门的行政执法无法有效完成环境保护工作。在经济增长导向的政治晋升锦标赛模式下，单一的环境行政权难以对地方政府和企业的破坏环境行为产生足够制约力，亟须推动环境司法改革。[①] 2005年，在国务院出台的《关于落实科学发展观加强环境保护的决定》第十九条中明确提出"研究建立环境民事和行政公诉制度"，可以被看作是我国探索环境公益诉讼制度的起点。习近平总书记在《关于〈中共中央关于全面推进依法治国若干重大问题的决定〉的说明》中指出："由于与公民、法人和其他社会组织没有直接利害关系，使其没有也无法提起公益诉讼，导致违法行政行为缺乏有效司法监督，不利于促进依法行政、严格执法，加强对公共利益的保护。"在此背景下，司法权介入环境保护领域成为司法改革的热点之一。

"试点是改革的重要任务，更是改革的重要方法。"试点的目的是通过地方上先行先试，总结成败得失，完善改革方案，探索改革目标的实现路径与客观规律，为全国层面的改革提供可复制可推广的经验做法。我国环境公益诉讼制度的司法改革也经历了地方先行试点的改革历程，并带有明显的危机应对色彩。2007年11月，"两湖一库"水污染事件直接促成贵阳下辖县级市清镇市成立了全国第一个环保法庭，随后贵阳市中级人民法院也成立了环保法庭。2008年5月，无锡太湖蓝藻危机爆发一周年之际无锡环保法庭正式成立。同年，正当云南阳宗海砷污染事件处于舆论的风口浪尖之时，昆明和玉溪环保法庭正式成立。随后，环保法庭在全国各地如雨后春笋般涌现。截止到2014年6月，最高人民法院环境资源审判庭设立之时，全国已设立各种环保法庭300余个。[②]

在地方性立法层面，贵阳市中级人民法院于2007年11月出台《关

---

① 张辉：《环境行政权与司法权的协调与衔接——基于责任承担方式的视角》，《法学论坛》2019年第4期。

② 张式军：《环保法庭的困境与出路——以环保法庭的受案范围为视角》，《法学论坛》2016年第2期。

于环境保护法庭案件受理范围的规定》，首次将环境公益诉讼纳入环保法庭受理范围。2008年5月，无锡市中级人民法院发布《关于环境保护审判庭审理案件管辖的若干规定》，对环境公益诉讼的原告资格进行了规定。同年9月，无锡市中级人民法院和人民检察院联合发布《关于办理环境民事公益诉讼案件的试行规定》。这是全国首个环境民事公益诉讼的地方性规定，建立了以检察机关作为起诉主力的制度安排，而环保组织和公民参与有限。2009年10月，贵阳市人大通过《贵阳市促进生态文明建设条例》。作为全国首部涉及环境公益诉讼的地方性法规，将原告资格扩大至"公民、法人和其他组织"。2010年3月，贵阳市中级人民法院发布《关于大力推进环境公益诉讼、促进生态文明建设的实施意见》。同年9月，嘉兴市人民检察院和环保局联合出台《关于环境保护公益的若干意见》，标志着该市的环境保护公益诉讼制度正式启动。同年9月，昆明市人民政府通过《环境公益诉讼救济专项资金管理暂行办法》，首次对环境公益诉讼救济专项资金的来源、用途、管理、程序等方面进行了规定。次月，昆明市中级人民法院和人民检察院联合发布《关于办理环境民事公益诉讼案件若干问题的意见（试行）》，明确了包括检察机关、环保机构和环保社团组织的原告资格，以及证据规则和禁止令制度。2012年5月，无锡市中级人民法院在《环境公益民事诉讼的审理规则（试行）》中扩大了适格原告范围，包括具有环保行政职能的机关、检察机关、社会团体组织。除了上述城市外，广州、重庆、湖州、广元、赤壁、上饶、三明等城市和浙江、福建、海南等省份也相继出台了一系列相关地方性法规或政策文件。综上，在2012年环境公益诉讼在全国层面立法之前，各地已经开展了五年多的司法实践探索，并积累了比较丰富的经验。

2012年8月31日修订的《民事诉讼法》标志着环境公益诉讼制度在全国性法律层面正式确立。在此之前，1989年颁布的《行政诉讼法》第二条规定，"公民、法人或者其他组织认为行政机关和行政机关工作人员的具体行政行为侵犯其合法权益，有权依照本法向人民法院提起诉讼"。1991年颁布的《民事诉讼法》第一百零八条第一款规定，"原告是与本案有直接利害关系的公民、法人和其他组织"。由此可见，无论是行政诉讼，还是民事诉讼均被严格限定在私益诉讼范围内。然而，新《民事诉讼法》第五十五条首次突破传统的原告应与案件具有"直接利害关系"的必要条件限制，赋予了"法律规定的机关和有关组织"原告资格，打开了公益诉讼的大门。2015年1月1日，新修订的《环境保护法》正式实施，对环境公益诉讼制度进行了进一步具体规定。为保证其专业性和公信力，第五十八条对环保组织的原告资格提出了明确要求，即："依法在设区的市级以上人民政府民政部门登记"且"专门从事环境保护公益活动连续五年以上且无违法记录"。但未提出"法律规定的机关"具体资格要求，导致与《民事诉讼法》的相关条款脱节。同年，最高人民法院发布《关于审理环境民事公益诉讼案件适用法律若干问题的解释》，第十一条提出检察机关、行政机关可发挥起诉支持的作用，为环保组织提供法律咨询或调查取证等帮助。

依据十八届四中全会《关于全面推进依法治国若干重大问题的决定》中提出的"探索建立检察机关提起公益诉讼制度"的要求，最高人民检察院和最高人民法院分别在2015年12月和2016年2月通过《人民检察院提起公益诉讼试点工作实施办法》和《人民法院审理人民检察院提起公益诉讼案件试点工作实施办法》，明确了检察机关拥有环境公益诉讼的原告资格，消除了人们对《民事诉讼法》和《环境保护法》之间法律适用的理解混乱。2017年4月，最高人民法院发布《关于审理环境公益诉讼案件的工作规范（试行）》，进一步规范了环境公益诉讼案件的审理规则。同年6月，在检察公益诉讼试点经验的基础上，全国人大常委会对《民事诉讼法》和《行政诉讼法》做出修订。其中，《民事诉讼法》第五十五条修改为"对污染环境、侵害众多消费者合法权益等损害社会公共利益的行为，法律规定的机关和有关组织可以向人民法院提起诉讼。人民检察院在履行职责中发现破坏生态环境和资源保护、食品药品安全领域侵害众多消费者合法权益等损害社会公共利益的行为，在没有前款规定的机关和组织或者前款规定的机关和组织不提起诉讼的情况下,可以向人民法院提起诉讼",正式确立了环保组织和检察机关在环境民事公益诉讼中的双原告主体资格。《海洋保护法》第八十九条第二款规定:"对破坏海洋生态、海洋水产资源、海洋保护区,给国家造成重大损失的,由依照本法规定行使海洋环境监督管理权的部门代表国家对责任者提出损害赔偿请求",是行政机关提起环境民事公益诉讼的唯一途径,但也排除了社会组织提出该类请求的资格。《行政诉讼法》第二十五条第四款修改为"人民检察院在履行职责中发现生态环境和资源保护、食品药品安全、国有财产保护、国有土地使用权出让等领域负有监督管理职责的行政机关违法行使职权或者不作为,致使国家利益或者社会公共利益受到侵害的,应当向行政机关提出检察建议,督促其依法履行职责。行政机关不依法履行职责的,人民检察院依法向人民法院提起诉讼",赋予了检察机关在环境行政公益诉讼中的唯一原告主体资格。至此,关于环境公益诉讼适格原告的争论最终尘埃落定。2021年1月1日实施的《民法典》第一千二百三十五条明确了可以诉请的赔偿内容,取代《侵权责任法》第二条关于传统侵权之诉的裁判规则,实现了诉因由"对人的损害"向"对环境的损害"的重大转变,体现出第三代"生态中心主义"环境权理论对我国环境公益诉讼司法改革的影响。

第二章 理论研究与学术争论

第一节 研究回顾

作为我国司法领域的重大改革，环境民事公益诉讼受到学术界的广泛关注，研究内容伴随着司法改革的推进而不断调整与深化。

在2000年之前，由于我国尚未建立公益诉讼制度，因此关于环境民事公益诉讼的学术研究很少，特别是发表在权威学术期刊上的高质量论文更是凤毛麟角。1981年，马骧聪和程正康在《法学研究》上发表的《违反环境保护法规的法律责任》一文中写道"如美国《联邦水污染控制法》和《联邦大气净化法》等法律都规定，除个别例外情况外，任何公民都可以就违反环境保护法规的问题，对任何人、企业、美国政府及其机构，向法院提起民事诉讼"。[①] 这是国内学术界首次关注到国外的环境民事公益诉讼制度。1990年，陶红英在《法学评论》上发表的《美国环境法中的公民诉讼制度》一文是国内第一篇系统介绍美国环境公民诉讼制度的学术文章。[②]

进入21世纪，随着我国环境问题日益凸显，学术界对于环境公益诉讼的研究也逐渐增多。巫玉芳、李艳芳等学者先后对美国环境公民诉讼制度进行了进一步研究。[③] 随后，陆续有学者将目光投向印度、欧盟、

---

① 马骧聪、程正康：《违反环境保护法规的法律责任》，《法学研究》1981年第5期。
② 陶红英：《美国环境法中的公民诉讼制度》，《法学评论》1990年第6期。
③ 巫玉芳：《美国联邦环境法的公民诉讼制度》，《现代法学》2001年第6期；李艳芳：《美国的公民诉讼制度及其启示——关于建立我国公益诉讼制度的借鉴性思考》，《中国人民大学学报》2003年第2期。

德国和日本等国家或地区。① 作者在中国知网以"环境民事公益诉讼"为主题词进行搜索的结果显示，2003年至2012年间相关研究成果逐年稳步增加（参见图2-1）。这一时期可以被视为在正式司法改革之前的理论准备阶段，研究热点关注于环境民事公益诉讼的基本概念。在缺乏明确的法律规范指引的情况下，学者们主要从比较法视角对域外经验进行介绍和评述，并结合中国国情论证建立环境民事公益诉讼制度的必要性和可行性。② 正如陶红英在文章结论中写道："随着公民环境意识、法律意识的提高以及环境保护事业的发展，公民会要求更多的诉权，主动参与环境法的执行。因此，公民诉讼不仅有必要，而且完全可能成为一种特殊的诉讼形式。"③ 关于将西方法律舶来品引入我国司法制度的可行性问题，巫玉芳认为："我国有关环境保护的基本法律中已经隐含了公民诉讼制度的规定。"④ 李艳芳也认为："我国现行的一些立法也有类似规定……隐含着与公民诉讼相同的内容。"⑤ 这种"隐含"主要体现在《环境保护法》第六条中，"一切单位和个人都有保护环境的义务。"但问题是《民事诉讼法》被严格限定在私益诉讼范围内，导致《环境保护法》中赋予公民的检举权和控告权无法被落实成为有效的司法救济途径。"我国公益诉讼遇到的最大障碍就是要求原告必须与本案具有直接

---

① 曹明德、王凤远：《美国和印度ENGO环境公益诉讼制度及其借鉴意义》，《河北法学》2009年第9期；吴卫星：《环境公益诉讼原告资格比较研究与借鉴——以美国、印度和欧盟为例》，《江苏行政学院学报》2011年第3期；肖建国：《民事公益诉讼的基本模式研究——以中、美、德三国为中心的比较法考察》，《中国法学》2007年第5期；张式军：《环境公益诉讼原告资格研究》，博士学位论文，武汉大学，2005年。

② 张明华：《环境公益诉讼制度刍议》，《法学论坛》2002年第6期；叶勇飞：《论环境民事公益诉讼》，《中国法学》2004年第5期；常纪文：《我国环境公益诉讼立法存在的问题及其对策——美国判例法的新近发展及其经验借鉴》，《现代法学》2007年第5期；曹明德、王凤远：《美国和印度ENGO环境公益诉讼制度及其借鉴意义》，《河北法学》2009年第9期；陈虹：《环境公益诉讼功能研究》，《法商研究》2009年第1期。

③ 陶红英：《美国环境法中的公民诉讼制度》，《法学评论》1990年第6期。

④ 巫玉芳：《美国联邦环境法的公民诉讼制度》，《现代法学》2001年第6期。

⑤ 李艳芳：《美国的公民诉讼制度及其启示——关于建立我国公益诉讼制度的借鉴性思考》，《中国人民大学学报》2003年第2期。

的利害关系"。① 鉴于环境保护面临的严峻形势，学术界呼吁亟须尽快突破法律制度障碍。

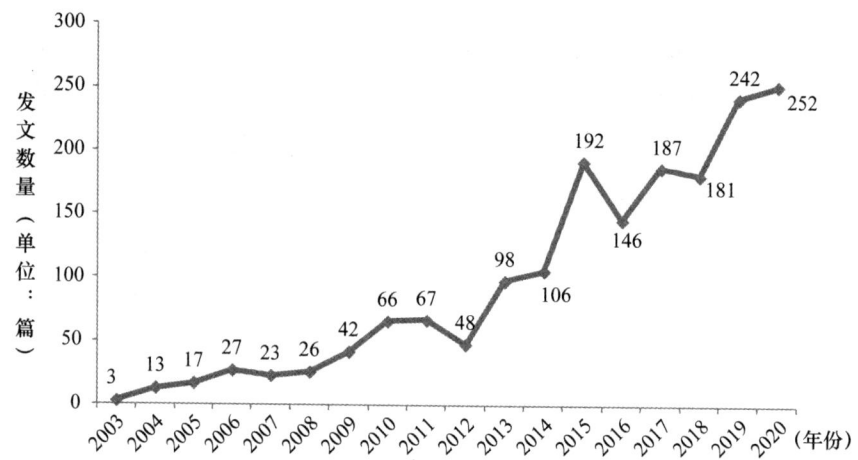

图2-1　中国知网"环境民事公益诉讼"为主题词的发文数量
数据来源：中国知网。

2012年《民事诉讼法》的修订突破了法律制度障碍，第五十五条的原则性规定为在环保领域放松原告资格奠定了基础。伴随着环境民事公益诉讼司法改革的正式启动，相关研究成果出现爆发式增长（参见图2-1），学术研究的重点也从域外经验介绍转向对司法实践中具体问题的讨论。由于新《民事诉讼法》未对原告主体进行清晰界定，因此原告资格问题成为新的研究热点。学者们主要围绕检察机关、行政机关、社会组织、公民个人等的原告主体资格和起诉顺位展开讨论。② 2015年之后，《环境保护法》《关于审理环境民事公益诉讼案件适用法律若干问题的解释》《检察公益诉讼案件适用法律若干问题的解释》《人民检察院

---

① 李艳芳：《美国的公民诉讼制度及其启示——关于建立我国公益诉讼制度的借鉴性思考》，《中国人民大学学报》2003年第2期。

② 王灿发：《中国环境公益诉讼的主体及其争议》，《国家检察官学院学报》2010年第3期；李挚萍：《中国环境公益诉讼原告主体的优劣分析和顺序选择》，《河北法学》2010年第1期。

提起公益诉讼试点工作实施办法》以及《人民法院审理人民检察院提起公益诉讼案件试点工作实施办法》等一系列法律和政策文件明确了原告主体资格和顺位关系,关于原告主体资格的学术之争暂时告一段落。①"环境民事公益诉讼改的法律障碍非仅原告资格而已,其良好运行需要诸多应由法律加以规定的重要规则。"②依据最高人民法院发布的《中国环境资源审判》的统计数据,环保组织提起的案件数量从2015年的43件增长到2019年的179件;由检察机关提起的案件数量从2015年的5件增长到2019年的312件。随着案件数量的持续增长和司法实践的不断深入,学术研究的重点开始转向更多制度细节,例如:举证责任、管辖规则、损害认定、损害赔偿等。下面章节将对环境民事公益诉讼的主要研究热点及其学术争论进行详细梳理,以呈现目前理论研究的现状。

第二节 原告资格

原告资格是公益诉讼与私益诉讼之间最显著的区别。最初,中国学术界之所以关注到美国公民诉讼制度就是因为其宽泛的原告资格与我国民事诉讼中狭窄的原告资格之间的差异。因此,关于原告资格的研究可以说是环境民事公益诉讼领域的第一个研究热点问题。原告资格主要涉及两方面问题:(1)主体范围,即哪些类型的法律主体拥有诉权;(2)起诉顺位,即具有原告资格的主体起诉的优先顺序。

关于主体范围,学术界基本上形成了三种学说。依据主体范围由窄到宽分为"公权机构说""团体组织说"和"广泛主体说"。③"公权机构说"认为只有行使公权力的机关具有原告资格,包括行政机关和检察机关。其中,行政机关可以在主管的相关领域中提起环境民事公益诉讼,检察机关可以在所有的环保领域中提起环境民事公益诉讼。与"公权机

---

① 颜运秋、杨志华:《环境公益诉讼两造结构模式研究》,《江西社会科学》2017年第2期。
② 巩固:《环境民事公益诉讼性质定位省思》,《法学研究》2019年第3期。
③ 王灿发:《中国环境公益诉讼的主体及其争议》,《国家检察官学院学报》2010年第3期。

构说"相比,"团体组织说"将主体范围扩大至与环境保护相关的民间团体和社会组织,但将公民个人排除在外。"广泛主体说"认为,依据《环境保护法》第6条中赋予"一切单位和个人"控告权,因此应将主体范围进一步扩大至公民个人。

然而,关于行政机关、检察机关、环保组织和公民个人四类主体是否应该作为环境民事公益诉讼的原告,学术界依然存在争议。首先,对于行政机关,支持者认为作为受公众委托从事环境资源管理和保护工作的代表,行政机关有采取司法保护措施的必要性,但其主体资格应仅限于环境民事公益诉讼。① 反对者认为行政机关拥有对环境进行监督管理的行政权,赋予其原告资格具有怠于履行行政职责的嫌疑。此外,行政机关对当事人具有行政处罚的公权力,导致在民事诉讼中当事人地位不平等。② 其次,对于检察机关,大多数学者支持其作为环境民事公益诉讼的原告,因为公诉权是检察机关法律监督职能的必要构成。检察机关内部早已设立民行部门,已经为承担环境民事公益诉讼职能提供了组织资源。③ 但也有一些反对的声音,主要反对理由包括:检察机关的主要职能是监督行政机关的行政行为,而非民事主体的民事行为;在调动公共资源能力上明显优于被告,破坏了诉讼双方的平等主体关系;检察机关与政府具有利益共同体关系,当介入民事诉讼时可能引发角色混乱和冲突,无法保证相对独立性。④ 再次,对于环保组织,学术界普遍支持其作为环境民事公益诉讼的原告,认为环保组织与公民之间是一种诉讼信托关系,可以作为公共利益的代表,并且具有较强的专业能力与组织能力,独立于政府,可以保持中立性。⑤ 当然也有一些质疑声音,认为

---

① 李挚萍:《中国环境公益诉讼原告主体的优劣分析和顺序选择》,《河北法学》2010年第1期。
② 王小钢:《为什么环保局不宜做环境公益诉讼原告?》,《环境保护》2010年第1期。
③ 齐树洁、林建文:《环境纠纷解决机制研究》,厦门大学出版社2005年版,第234页。
④ 王福华:《我国检察机关介入民事诉讼之角色困顿》,《政治与法律》2003年第5期;陈兴生、宋波、梁远:《民事公诉制度质疑》,《国家检察官学院学报》2001年第3期。
⑤ 张锋:《环保社会组织环境公益诉讼起诉资格的"扬"与"抑"》,《中国人口·资源与环境》2015年第3期。

我国环保组织起步较晚，相比于西方发达国家，在数量上和能力上都有较大差距，能否承担起环境民事公益诉讼的原告责任尚有待观察。① 最后，对于公民个人，学术界的意见存在较大分歧。支持者认为，从域外经验来看，公民个人在许多国家都具有原告资格（例如：美国、印度等）。② 当出现环境污染行为时，自然人往往是最先发现、最先体会和最直接感受侵害结果的，因此能够最及时地做出权利救济行为，有利于减少环境损失。③ 基于环境权理论，法律应当允许公民个人通过环境民事公益诉讼进行"环境民众之诉"，否则按照传统诉讼法理论会导致"环境受害无从救济与民众投诉无门之尴尬境地"。④ 然而，反对者认为，从事环境民事公益诉讼需要专业知识、资金基础和环保意愿，而公民个人往往利益分散且资源有限，因此没有足够的能力应付复杂的诉讼，此外，允许公民个人起诉可能会导致滥诉，加重法院的负担。因此，"在公益诉讼制度的草创时期，原告资格也不宜过度扩张"。⑤

关于起诉顺位，尽管《民事诉讼法》第五十五条对原告的起诉顺位规定十分明确，即环保组织优先于人民检察院，但对于这一顺位规定的合理性，学术界存在一定争议，主要形成了"公权主体优位说""私人主体相对优位说"和"二元序位说"。⑥ 首先，"公权主体优位说"认为，环境问题的复杂性对原告的诉讼能力提出了较高要求，而公权主体显然比私权主体更能胜任原告。因此，"环境公益诉讼原告应当根据公权主体优于私人主体的原则，按照政府环境管理机关、检察机关、环保

---

① 李挚萍：《中国环境公益诉讼原告主体的优劣分析和顺序选择》，《河北法学》2010年第1期。
② 王明远：《论环境权诉讼——通过私人诉讼维护环境公益》，《比较法研究》2008年第3期。
③ 刘韵：《同心圆理论视阈下环境公益诉讼原告主体的建构》，《大连理工大学学报》（社会科学版）2018年第1期。
④ 付健：《论环境权的司法救济途径——兼论我国环境公益诉讼制度的构建》，《江汉论坛》2006年第6期。
⑤ 吴卫星：《环境公益诉讼原告资格比较研究与借鉴——以美国、印度和欧盟为例》，《江苏行政学院学报》2011年第3期。
⑥ 余彦、马竞遥：《环境公益诉讼起诉主体二元序位新论——基于对起诉主体序位主流观点的评判》，《社会科学家》2018年第4期。

团体和公民个人的先后顺位来行使环境公益诉权"。① 也有学者将代表公共利益的广度和深度作为顺位设计标准，得出了相似的结论。② 其次，作为对"公权主体优位说"的批判，"私人主体相对优位说"认为环保组织具有公益性、中立性和专业性等优势，是最适合作为环境民事公益诉讼原告的主体。对于环保组织存在应诉能力差异的缺点，可以通过细化筛选条件予以规避。检察机关与公民个人相比具有资源和能力等多方面的优势，因此应当居于第二序位。其次，赋予公民行使环境公益诉讼的起诉权是公民宪法权利的体现，但鉴于与环保组织和检察机关相比其处于弱势地位，因此公民个人应居于第三序位。而行政机关由于已经拥有环境行政职能，赋予其环境公益诉讼起诉资格将导致行政职权的过度扩张，因此不应赋予其原告资格。③ 尽管"公权主体优位说"和"私人主体相对优位说"在观点上针锋相对，但两者的共同点都是基于一元的原告序位制度，争议焦点仅在于公权与私权孰先孰后的问题。然而，"二元序位说"却另辟蹊径，提出环境民事公益诉讼起诉主体序位制度呈现二元结构，并给出了两套不同的原告排序安排。其中，以自然资源所有权为权利基础的起诉顺位是以公权主体优位为原则，行政机关为第一顺位，检察机关为第二顺位，公民和环保组织为第三顺位。以环境权为权利基础的起诉顺位是以私权主体优位为原则，公民和环保组织为第一顺位，行政机关为第二顺位，检察机关为第三顺位。④

第三节 举证责任

举证责任是指民事诉讼当事人对其提出的主张中须确认的事实负有

---

① 张海燕：《论环境公益诉讼的原告范围及其诉权顺位》，《理论学刊》2012 年第 5 期，第 108 页。
② 张锋：《环境公益诉讼起诉主体的顺位设计刍议》，《法学论坛》2017 年第 2 期。
③ 黄亚宇：《生态环境公益诉讼起诉主体的多元性及序位安排——兼与李挚萍教授商榷》，《广西社会科学》2013 年第 7 期。
④ 杨朝霞：《论环境公益诉讼的权利基础和起诉顺位——兼谈自然资源物权和环境权的理论要点》，《法学论坛》2013 年第 3 期。

提供相关证据加以证明的责任。在诉讼中，举证责任分配会对案件的审判结果产生重要影响，负有举证责任的一方往往处于相对不利的地位，需要付出更多精力收集充分的证据才能使自己的主张成立，否则将面临败诉。对于普通民事诉讼而言，为了保障诉讼双方的平等地位，《民事诉讼法》第六十四条规定举证责任由双方当事人分担，适用"谁主张、谁举证"原则。然而，不同于普通民事侵权，环境污染侵权是侵权人的行为造成环境污染，再以被污染的环境为介质间接侵犯到受害人的人身或财产权益，具有间接性和潜伏性特征。另外，环境污染既涉及生产技术环节，又涉及环境影响评估，具有技术性和专业性特征。因此，环境污染侵权在举证难度上明显高于普通民事侵权，不具备相应专业知识的污染受害人很难对其主张进行举证。如果沿用"谁主张、谁举证"原则，将导致原告举证面临的困难较多，不利于环境维权。于是，2004年修订的《固体废物污染环境防治法》第八十六条、2008年修订的《水污染防治法》第八十七条和2009年通过的《侵权责任法》第六十六条均规定了举证责任倒置的证明规则，将一般侵权诉讼中常见的由受害人承担的对因果关系的证明责任分配给环境加害人，规定由环境加害人对其行为与损害之间不存在因果关系承担证明责任。但上述法律是针对环境污染侵权诉讼，属于环境民事私益诉讼范畴，所保护的法益是污染受害人的人身权和财产权。对于以环境权为法益的环境民事公益诉讼，举证责任倒置是否依然适用在立法层面尚无明确规定[①]，也导致该问题成为学术界争论的焦点之一。

不少学者支持在环境民事公益诉讼中依然适用举证责任倒置的证明规则。正如颜运秋所言，"在举证责任方面，环境侵权诉讼和环境公益诉讼具有一定的共通性"。[②] 其理由是污染者往往是占据优势的企业，掌

---

① 例如：《最高人民法院关于民事诉讼证据的若干规定》第四条第三款规定举证责任倒置适用于"因环境污染引起的损害赔偿诉讼"，但环境民事公益诉讼是否包括在内并未明确。
② 颜运秋：《中国特色生态环境公益诉讼理论和制度研究》，中国政法大学出版社2019年版，第152页。

握着环境诉讼的大量资料与主动权,而原告处于相对劣势地位,"让较少条件获取信息的当事人提供信息,既不经济,又不公平",①对原告举证责任的过分苛责不利于环境公共利益的保护,因此"关于违反环境公益的事实则采取举证责任倒置或严格责任的方式"。②虽然支持被告承担更多举证责任,但一些学者也注意到过于狭窄的举证责任倒置对被告苛责过甚的问题,所以主张"裁量的举证责任倒置",③即由法官基于公平原则综合当事人举证能力来分配举证责任,或者通过立法方式进一步明确原告和被告的举证责任负担的范围,实现双方在诉讼中的平衡。④在环境民事公益诉讼中,举证责任的合理分配要求适当弱化原告的举证责任,但其举证程度也应达到一定的盖然性,即证明确实有损害环境公益的行为发生的事实;而被告则需要提供较高程度的证明进行反证,提出自己没有违法行为的事实或抗辩事由,否则将由被告承担损害环境公益的后果。

与此相对,另一些学者认为,环境民事公益诉讼的保护对象是生态环境本身,是"行为人的行为直接作用于环境要素"⑤,这一点与环境污染侵权中行为人以环境为介质间接侵权明显不同。⑥举证责任倒置规则主要适用于证成环境污染行为对人身健康权的间接因果关系,而在环境民事公益诉讼中并不包括人身健康权作为法益,而是证成环境污染行为对环境公共利益的直接因果关系,举证难度比环境污染侵权案简单,导致举证责任倒置的原因事由消失或明显减弱,因此不再适用举证责任倒

---

① 肖建国:《民事诉讼程序价值论》,中国人民大学出版社2000年版,第517页。
② 李放:《试论我国环境公益诉讼制度的确立》,《中国社会科学院研究生院学报》2004年第3期。
③ 张新宝、汪榆淼:《污染环境与破坏生态侵权责任的再法典化思考》,《比较法研究》2016年第5期,第154页;汤维建:《民事证据立法的理论立场》,北京大学出版社2008年版,第205—206页。
④ 吕忠梅:《环境司法理性不能止于"天价"赔偿:泰州环境公益诉讼案评析》,《中国法学》2016年第3期;史玉成:《环境公益诉讼制度构建若干问题探析》,《现代法学》2004年第3期。
⑤ 吕忠梅等:《环境司法专门化:现状调查和制度重构》,法律出版社2017年版,第201页。
⑥ 陈伟:《环境侵权因果关系类型化视角下的举证责任》,《法学研究》2017年第5期。

置的证明规则。① 此外，从比较法视角来看，西方发达国家在环境司法实践中并未直接实行举证责任倒置制度，而是采用事实推定、间接反证或概率统计等方法以减轻受害人的因果关系证明负担。② 从我国司法实践的视角来看，张挺在对我国 617 份民事判决书进行实证研究后发现，虽然这些判决书普遍提及或引用举证责任倒置规则，但在大部分判决中仍然是由原告承担因果关系成立与否的举证责任，因此得出"举证责任倒置规则不符合司法实际"的结论。③

另外，还有一些学者认为，不能笼统地得出"环境民事公益诉讼适用或不适用举证责任倒置规则"的结论，而应该依照原告的不同类型而定。环境民事公益诉讼具有三个构成要件：损害结果要件、侵权行为要件和因果关系要件。对于公民个人或环保组织提起的环境民事公益诉讼，原告缺乏收集证据的监测手段和专业资质，即使向行政主管部门申请环境监测数据的信息公开，也可能遭到拒绝。④ 在司法实践中，公民个人或环保组织往往只能证成损害结果要件，由于没有公权力强制要求加害人公开相关生产流程和技术信息，甚至无法证成侵权行为要件，更遑论因果关系要件。在这种情形下，实行举证责任倒置规则能大幅减轻原告的举证义务，有利于保护环境公共利益。对于行政机关或检察机关提起的环境民事公益诉讼，原告不仅拥有强制性的监督执法的行政权或取证调查的检察权，而且还具有很强的诉讼能力，可以凭借行政手段或司法手段采集证据，并通过专业技术分析证成三个构成要件。⑤ 因此，如果在举证责任分配上依然沿用举证责任倒置规则，显然对作为民事主体的被告不公平，导致诉讼双方的平衡被打破，甚至可能造成滥用诉权而侵

---

① 王秀卫：《我国环境民事公益诉讼举证责任分配的反思与重构》，《法学评论》2019 年第 2 期。
② 胡学军：《环境侵权中的因果关系及其证明问题评析》，《中国法学》2013 年第 5 期。
③ 张挺：《环境污染侵权因果关系证明责任之再构成——基于 619 份相关民事判决书的实证分析》，《法学》2016 年第 7 期。
④ 王灿发：《论环境纠纷处理与环境损害赔偿专门立法》，《政法论坛》2003 年第 5 期。
⑤ 杨朝霞：《论环保部门在环境民事公益诉讼中的作用——起诉主体的正当性、可行性和合理性分析》，《太平洋学报》2011 年第 4 期。

犯被告合法权益的风险。①

除了原告、被告双方的举证责任外,学者还进一步讨论了环境公益诉讼中的民事诉讼证据协力义务。"环境公益诉讼案件具有不同于一般民事侵权案件的特殊性",正是由于其"复杂性""长期性""利益性"和"双方当事人存在现实的经济上的不平等性"导致了"原告方举证困难"。② 为了破解当事人在证据证明上的困境,有学者建议适用民事诉讼证据协力义务规则,帮助原告完成证据证明。所谓民事诉讼证据协力义务是指由不负举证责任的当事人或非当事人协助法院进行证据收集与调查的义务。③ 例如:法院可主动向当事人阐明证据收集范围,帮助证据证明聚焦于审理焦点,放宽对当事人证据保全申请的审查,强化当事人证据收集权,并在审理过程中引入专家辅助人协助当事人等。

第四节 管辖规则

作为诉讼的入口,管辖是法院对具体案件行使审判权的启动前奏。管辖规则关系到当事人如何向法院寻求权利救济,是确定当事人起诉权和其他诉讼权利实现的先导,对于提高诉讼效率和实现司法公正具有重要意义。管辖规则的确定遵循如下三个原则:第一,有利于当事人通过诉讼的方式维护自身合法权益,既要方便原告能尽快起诉,又要方便被告能及时应诉。第二,有利于提高诉讼效率,方便法院尽快依职权对环境损害进行调查取证或了解情况,提高案件审判质量和审理速度。第三,有利于判决的执行,在让被告有能力对其所造成的环境损害进行应有的补偿的同时,也避免其在补偿过程中承担超过其过

---

① 关丽:《环境民事公益诉讼研究》,博士学位论文,中国政法大学,2011年。
② 吴伟华、李素娟:《民事诉讼证据收集制度的演进与发展——兼评环境公益诉讼证明困境的克服》,《河北法学》2017年第7期。
③ 占善刚:《证据协力义务之比较法研究》,中国社会科学出版社2009年版。

错范围的付出，保障责任与过错相适应的民事诉讼法归责原则。管辖规则主要有三种类型：级别管辖、地域管辖、专属管辖。① 由于《民事诉讼法》第三十四条明确的三种适用专属管辖规则的案件类型中并不包括环境公益诉讼，因此学术界的相关研究主要集中在级别管辖和地域管辖两方面。

在级别管辖上，《民事诉讼法》将案件性质、繁简程度和影响范围作为确定级别管辖的标准，标准过多且相对模糊，级别管辖规则伸缩性较大，导致具体案件的级别管辖主要依靠法院的自由裁量权。与一般民事诉讼案件相比，环境民事公益诉讼案件涉及公共利益，社会影响力大，覆盖面广，可能会对地方经济产生重要影响。由于不少被告是地方利税大户，所以存在较大的行政权干预司法的风险，在司法实践中会出现争夺管辖或规避管辖等现象。如果将管辖权赋予基层法院，将难以抵御地方保护主义的影响，不利于司法公正。② 因此，一些学者主张实行集中管辖规则，将管辖权从基层法院上收至省会城市的中级人民法院或者最高人民法院指定的中级人民法院。③

相反，另一些学者认为分散管辖规则更适合中国司法现状，主要理由有二：首先，我国幅员辽阔，特别是在生态环境资源丰富的中西部地区，市或县的行政辖区面积很大，集中管辖规则将提高司法成本和降低诉讼效率。如第一章所述，在环境司法改革的探索过程中，很多市或县从实际情况出发在基层法院设立了环保法庭，并取得了较好的社会效果。例如：全国首个环保法庭就设立在贵阳下辖县级市清镇市人民法院。如果实行集中管辖规则，将使众多设立在基层法院的环保法庭因失去管辖权而陷于困境。其次，行政机关之间存在跨行政辖区的互助关系网，"政府确有可能在中院一级形成新的行政干预和地方保护主义"，因此集

---

① 常怡：《民事诉讼法学》，中国政法大学出版社2002年版，第65页。
② 最高人民法院环境资源审判庭主编：《最高人民法院关于环境民事公益诉讼的司法解释理解与适用》，人民法院出版社2015年版，第99页。
③ 肖建国、黄忠顺：《环境公益诉讼基本问题研究》，《法律适用》2014年第4期。

中管辖规则并不能有效消解地缘因素干扰，再加上异地法官可能不了解当地情况，可能会影响司法审判的公正性。① 再次，还有学者指出，集中管辖突破了地方司法主权的界限，缺乏相关法理基础。② 在国家治理重心下沉的大背景下，司法资源应向基层倾斜，提高基层法院的权威性，以实现司法纠纷就地化解的目标，而集中管辖规则显然与此相悖。③

关于地域管辖问题，《民事诉讼法》第二十九条规定，侵权案件的管辖权确定适用被告住所地或侵权行为地原则。上述管辖权确定原则实际上是一般地域管辖（被告住所地）和特殊地域管辖（侵权行为地）相结合的规则。虽然环境民事公益诉讼案件也属于侵权案件，但相比于普通民事侵权案件，其涉案流域广且涉及复杂的公共利益，审判结果不仅对当事人产生效力，还会对案外人和相关产业发展产生重要影响，因此对其公正性提出更高要求。此外，与普通民事侵权案件具有一致的负面性评价不同，对环境污染侵权的评价具有双面性。一方面，对以环境权为代表的公共利益造成破坏，对全社会具有危害性；另一方面，作为经济发展的副产品，具有一定的价值正当性。这导致从公共利益和私人利益角度对审判公正性评价的矛盾性和对立性。④ 由于环境民事公益诉讼案件牵涉错综复杂的公共利益，其审判结果的公正性不仅要满足当事人的要求，更要满足社会公众的要求。一般地域管辖规则的目的是便利于当事人进行诉讼，通过赋予当事人选择管辖法院的自由以达到其对法院公正性判决的认可。但当事人所选择的法院与最有利于客观公正审判结果的法院可能存在不一致的情况，因此学者们普遍认为环境民事公益诉讼应更适合于特殊地域管辖规则。

依据最高人民法院印发的《关于适用〈中华人民共和国民事诉讼

---

① 内蒙古高级人民法院行政庭：《内蒙古行政案件交叉审理新情况》，《中国审判》2009年第3期。
② 叶赞平：《行政诉讼管辖制度改革研究》，法律出版社2014年版。
③ 林海伟、陈丽霞、尹志望：《环境公益诉讼集中管辖：理论基点、制度缺陷与完善路径》，《环境保护》2020年第10期。
④ 陈泉生：《环境法原理》，法律出版社1997年版，第87页。

法〉若干问题的意见》，侵权行为地包括侵权行为实施地和侵权结果发生地。环境污染侵权的区域性特征导致两者经常不具有空间同一性（例如：水污染或大气污染）。一些学者认为，鉴于环境案件的公益性，适用侵权行为实施地管辖较为适宜，因为当地法院更容易掌握环境污染行为的主要证据。① 另一些学者提出，由于侵权加害方大多对地方经济有贡献，当原告在侵权行为实施地或被告住所地起诉时可能面临行政干预司法的地方保护主义行为，因此适用侵权结果发生地更为适宜。② 还有学者认为，就侵权结果发生地而言，尽管当地法院更容易对环境污染的损害结果进行认定，但由于污染行为与污染结果之间存在异地性，使得因果关系推定的难度更大。因此，两种特殊地域管辖规则"均没有更为明显的相对优势，适用灵活性较强的特殊地域管辖显然更为合适"，掌握起诉主动权的原告"完全可以依据自己对案件的考量，自由选择管辖法院"。③

第五节 损害认定

　　损害认定是环境民事公益诉讼中的一个核心问题，直接关系到污染者损害责任的承担和环境权利的救济。然而，其救济方式却与传统环境侵权存在较大差异。《侵权责任法》第十五条规定了被告承担侵权责任的八种方式，其中排除妨碍、消除危险、停止侵害、恢复原状、赔偿损失、赔礼道歉均适用于环境侵权案件中的责任承担。普通环境侵权诉讼针对的是私人的人身权和财产权，适用民事责任的个人责任与个体补偿原则，主要责任承担方式是赔偿损失。例如：某造纸厂违法排放的生产废水经河道引水渠灌至附近农田，造成100亩麦田绝收，这100亩麦田

---

① 郭翔：《论环境民事诉讼的地域管辖》，《河北法学》2008年第2期。
② 李翠影：《环境民事公益诉讼的管辖权问题研究》，《黑龙江省政法管理干部学院学报》2016年第1期。
③ 颜运秋、余彦：《我们究竟需要什么样的环境民事公益诉讼—最高院环境民事公益诉讼解释〈征求意见稿〉评析》，《法治研究》2015年第1期。

所产小麦的市场价值便是麦田承包人的财产损失。然而，环境民事公益诉讼救济的对象是环境公共利益，适用环境法上的社会责任与公益补偿原则，主要责任承担方式是恢复原状。例如：在前述案件中，废水排放除了会造成河流下游的水质污染外，还会通过污染物在河床的沉积对周边土壤和生物产生重大影响。依据最高人民法院颁布的《关于审理环境民事公益诉讼案件适用法律若干问题的解释》第二十条第一款规定，污染者需要将生态环境修复到损害发生之前的状态和功能。如果无法完全修复，污染者应采取替代性修复方式，并承担生态修复的相关费用。

鉴于救济方式的差异，有学者提出与"环境侵权"相区别的"环境侵害"概念，即："人类的环境行为所造成的对环境的消极影响和由受影响的环境引起的包括人的利益损害在内的各种损害"。① 环境侵权行为是直接性的，对因果关系和损害结果的认定相对明确且固定。而环境侵害"则颇富间接性，系透过广大空间，经历长久期间，并藉诸各种不可量之媒介物之传播连锁，危害始告显著，故其因果关系脉络之追踪，及侵害之程度、内容之确定，均甚困难"。此外，环境侵害行为也不具有环境侵权行为中加害人与受害人之间清晰关系，而是"系不特定多数人对一般大众之侵害，有时甚至于加害人及受害人混为一体"。② 可归责性弱和主体关系模糊导致其审判难点在于如何认定环境侵害的事实，并量化损害结果。③ 因此，吕忠梅提出环境民事公益诉讼的损害认定"关键在于技术"。④

目前，《民事诉讼法》在立法层面并未提供从违法排污到推定存在生态环境损害的法律依据，在司法实践中也尚未就生态环境侵害的损害认定采用一致做法。立法缺乏明确性和实践的混乱状态使得环境民事公

---

① 徐祥民、邓一峰：《环境侵权与环境侵害——兼论环境法的使命》，《法学论坛》2006年第2期。
② 邱聪智：《民法研究（一）》，中国人民大学出版社2002年版，第321页。
③ 刘静：《生态环境损害赔偿诉讼中的损害认定及量化》，《法学评论》2020年第4期。
④ 吕忠梅：《环境侵权的遗传与变异——论环境侵害的制度演进》，《吉林大学社会科学学报》2010年第1期。

益诉讼的损害认定成为学术界研究的热点议题之一。刘静提出，不同类型的环境侵害在损害认定难度上存在较大差异。① 其中，对生物要素和土地资源破坏的案件（例如：森林砍伐、草场破坏、野生动物死亡等）比较容易观测，损害认定难度相对较小。在大气污染和水污染案件中，污染物进入环境后会迅速稀释、扩散或转移，为证明损害结果的存在带来困难，实践中主要采取虚拟成本法间接计算损失大小，损害认定难度较高。土壤污染案件由于具有积累性和稳定性，在污染行为发生后一段时间内仍可通过测定污染物浓度的方式进行专业鉴定，但由于我国缺乏土壤监测数据，难以举证损害之前的土壤各类元素含量，土壤环境保护尚处于起步阶段，所以损害认定难度相对较大。

关于如何认定生态环境损害事实，学术界提出证据证明和事实推定两种方法。由于事实推定实际上是对证据证明的中断与否定，因此在损害认定过程中只能居于末位，而应当优先依靠证据证明完成。只有当穷尽一般证明手段仍无法证明损害事实时，才可依据经验法则对事实进行推定。② 在环境民事公益诉讼中，依据经常援引的环保部技术规范《环境损害鉴定评估推荐方法（第Ⅱ版）》和《突发环境事件应急处置阶段环境损害评估推荐方法》，生态环境损害的事实认定需要确认环境介质中污染物浓度超标且已持续一段时间，或生物死亡率高于基线状态等，可见证据证明高度依赖于环境数据和专业鉴定。在一些案件中，仅评估鉴定费用和专家咨询费就高达数万甚至数十万元。面对高昂的取证成本，原告会尝试通过向当地环保部门申请信息公开的方式获取环境监测数据，但上述申请可能会被相关部门拒绝。因此，通过证据证明的方法认定生态环境损害事实的难度较大。依据《最高人民法院关于修改〈关于民事诉讼证据的若干规定〉的决定》第十条之规定，对于"已为仲裁机构的生效裁决所确认的事实"或"已为人民法院发生法律效力的裁判所确认

---

① 刘静：《生态环境损害赔偿诉讼中的损害认定及量化》，《法学评论》2020年第4期。
② 裴苍龄：《再论推定》，《法学研究》2006年第3期；张保生：《推定是证明过程的中断》，《法学研究》2009年第5期。

的基本事实",当事人无须举证证明。对于一些行政机关已经对其课以行政处罚或移交公安机关追究刑事责任的案件,直接援引行政机关或司法机关出具的权威文件成为一种低成本的证据证明替代方案。

由于环境民事公益诉讼的证据证明难度大,对于在前期未被课以行政处罚或刑事判决的案件,当事人依然有较大可能在穷尽一般证明手段后依然无法认定生态环境损害事实。因此,第十条同样为事实推定方法提供了法律依据,法官可根据已知的事实和日常生活经验法则推定出另一事实。换言之,事实推定是依靠常态因果联系运用逻辑推理认定事实的特殊司法证明方式,有利于提高诉讼程序效率和帮助当事人合理承担举证责任。[1] 有实证研究发现,大量司法实践在生态环境损害认定过程中运用事实推定作为主要方法。[2] 但这种通过违法行为推定侵害事实的方法在学术界存在较大争议。适用事实推定需要具备四个前提条件:首先,必需查明的事实缺乏必要性证据,且现行立法没有相应的法律推定;其次,基础事实必须真实可靠;第三,必须具备正当的必要性;最后,事实推定过程要公开,并允许被告进行反驳。[3] 显然,考虑到环境民事公益诉讼的公益性和复杂性特征,上述条件基本可以满足,应用事实推定具有一定的合法性基础。然而,其专业性特征也导致学者们对日常生活经验法则是否适用于生态环境损害认定存在一定质疑。一方面,事实推定必须在一般证明方式无法证明事实时才能使用,但在一些案件中法官并未要求原告穷尽一般证明手段,而是直接推定了生态环境损害的存在。[4] 另一方面,作为事实推定的基础,经验法则不同于一般性普通经验,必须体现出高度的盖然性和客观性,并且需要一定的知识背景。[5] 法官是否具有相关知识和专业经验能够公正客观地完成从违法排污事实

---

[1] 张海燕:《民事推定法律效果之再思考——以当事人诉讼权利的变动为视角》,《法学家》2014年第5期。
[2] 刘静:《生态环境损害赔偿诉讼中的损害认定及量化》,《法学评论》2020年第4期。
[3] 张芳芳:《论民事证据制度中的事实推定》,《学术研究》2003年第10期。
[4] 张悦:《论事实推定》,载何家弘编《证据学论坛》(第五卷),中国检察出版社2002年版。
[5] 王雄飞:《论事实推定和法律推定》,《河北法学》2008年第6期。

到生态环境损害结果的因果推定是让人怀疑的。此外,过于依赖法官的事实推定可能导致赋予其过度的自由裁量权,产生证明责任转移的效力,影响法律的安定性。①

第六节 损害赔偿

在损害认定后,接下来便是确定被告需要承担的损害赔偿额度。这是保障环境民事公益诉讼制度发挥修复环境损害功能的重要环节,也是实现环境污染行为外部性内部化的主要手段,旨在让环境加害人承担污染行为的全部社会成本。② 然而,由于生态环境损害难以量化导致赔偿额度确定规则的不完善,直接制约着环境民事公益诉讼制度对环境公共利益的保障力度。可以说,损害赔偿额度之确定是环境民事公益诉讼研究的瓶颈性难题。③ 而损害赔偿的额度主要与赔偿范围和计算方法有关,正如叶金强所言,"不同的损害计算方法的选择,得出的损害赔偿的范围和数额会有不同。"④

环境损害赔偿范围的界定是一个逐步完善的过程。《侵权责任法》和《环境保护法》均没有明确规定。最早是2014年10月和11月环保部分别颁布了《环境损害鉴定评估推荐方法(第Ⅱ版)》和《突发环境事件应急处置阶段环境损害评估推荐方法》,最早对赔偿范围进行了规定,具体包括:应急处置费用、人身损害、财产损害、生态环境损害(包括服务功能期间损害和永久性损害),以及事务性费用。在两个行政规范性文件之后,最高人民法院于次年也颁布了两个司法解释,对赔偿范围进行了界定。依据2015年1月颁布的《关于审理环境民事公益诉讼案件适用法律若干问题的解释》,赔偿范围包括:生态修复费用(包括制定

---

① 朱春华:《论推定的效力——一个法经济学的初步分析》,《法商研究》2007年第5期。
② [美]罗伯特·珀西瓦尔:《美国环境法——联邦最高法院法官教程》,赵绘宇译,法律出版社2014年版。
③ 江必新:《中国环境公益诉讼的实践发展及制度完善》,《法律适用》2019年第1期。
④ 叶金强:《论侵权损害赔偿范围的确定》,《中外法学》2012年第1期。

方案和监测监管费用）、期间服务功能损失、赔偿损失、合理预防及处置措施费用、检验鉴定费用、律师费等合理费用。同年6月，在《关于审理环境侵权责任纠纷案件适用法律若干问题的解释》中，赔偿范围被明确为：环境修复费用、财产损失、人身损害，以及为防止污染扩大或消除污染而采取必要措施的合理费用。在这一时期，行政规范性文件和司法解释关于赔偿范围的界定存在明显的抵牾。例如：司法解释中并没有使用生态环境损害的概念，也没有明确规定应急处置费用和事务性费用。在环境修复费用中，没有考虑到无法修复环境功能损失的情况，导致永久性损害被排除在环境民事公益诉讼的赔偿范围之外。相关实证研究结果表明：在生态环境损害赔偿术语和范围上相关规定的脱节造成了在司法实践中法官对赔偿范围的理解混乱和判决结果的莫衷一是。

2017年8月，中办、国办联合印发的《生态环境损害赔偿制度改革方案》将损害赔偿的范围明确界定为清除污染费用、生态环境修复费用、生态环境修复期间服务功能的损失、生态环境功能永久性损害造成的损失，以及生态环境损害赔偿调查、鉴定和评估等合理费用。这份改革纲领性文件进一步明确了生态环境损害的赔偿范围。依据中央文件精神，最高人民法院于2019年6月颁布《关于审理生态环境损害赔偿案件的若干规定》，将赔偿范围细化为：生态环境修复费用（包括制定实施修复方案、监测监管、修复后评估费等）、期间服务功能损失、永久性功能损失、应急处置费用、调查检验费用、鉴定评估费用、律师费等合理费用，司法解释与行政规范性文件在这一问题上逐渐趋于一致。2020年12月修订后的《司法解释》，进一步补充了生态环境修复包括修复完成后的验收费用、修复效果后评估费用，增加了生态环境功能永久性损害造成的损失，以及增加了原告可以申请的生态环境损害调查费用，清除污染以及防止损害的发生和扩大所支出的合理费用。2021年1月1日颁布实施的《民法典》首次在法典层面明确了环境损害的赔偿范围，为司法实践提供了坚实的法律依据。第一千二百三十五条规定，"违反国家规定造成生态环境损害的，国家规定的机关或者法律规定的组织有权请求侵权人赔偿下列损失和费用：（一）生态环境受到损害至修复完成期间服务功能丧失导致的损失；（二）生态环境功能永久性损害造成的损失；（三）生态环境损害调查、鉴定评估等费用；（四）清除污染、修复生态环境费用；（五）防止损害的发生和扩大所支出的合理费用"。

尽管环境民事公益诉讼制度关于赔偿范围的界定已日趋完善，但关于赔偿额度的计算问题尚未真正得以有效解决，在司法实践中赔偿额度的确定尤为困难，判决结果往往容易引发较大争议。根据目前公认的赔偿范围，赔偿数额可被细分为四个主要部分：应急处置费用、生态环境服务功能损失赔偿、生态环境修复费用和事务性费用。① 首先，在确定应急处置费用时，其计算的关键在于对原告采取的应急处置措施（例如：要求被告停止侵害、预防性消除危险等）的合理性进行判断，原告行为与环境侵害未发生或未扩大之间是否具有因果联系是合理性存在与否的必要条件。在司法实践中，针对案件情况的不同，应采取的应急处置措施也会存在差异，准确判定具体措施与预防目的之间的合理性属于法官的自由裁量权范畴。在判定合理性后，法官还需要对满足合理性要求的应急处置措施所产生的费用中的合理部分进行量化。其次，生态环境服务功能损失赔偿包括服务期间损失赔偿和永久性功能损失赔偿。这是环境民事公益诉讼赔偿额度确定中最为困难的部分，其难点在于对生态环境服务功能的空间范围和损失起止时间的确定，以及对损失的经济价值的量化。② 再次，生态环境修复费用的确定与修复方式的选择有关，而修复方式的选择需要兼顾修复效果与修复成本之间的平衡。在计算生态环境修复费用前，需要预先明确环境基线状态，将其作为修复目标。所谓环境基线状态是指被污染前的生态环境水平，其基准的划定依赖于日常环境监测数据，对技术性要求较高。最后是事务性费用，其具体内容也相对明确，主要包括调查检验费用、鉴定评估费用、律师费等。法

---

① 徐以祥、王宏：《论我国环境民事公益诉讼赔偿数额的确定》，《法学杂志》2017年第3期。
② 王莉：《环境侵权救济制度研究——以环境正义为视角》，河南人民出版社2011年版，第104页；汪劲：《环境法学》，北京大学出版社2014年版，第307页。

官需要对相关费用是否在合理范围进行确定。相比于前三类，事务性费用的确定相对容易一些，往往依赖于各类报销票据，法官也有一定的自由裁量权。

在计算方法上，《环境损害鉴定评估推荐方法（第Ⅱ版）》第8.3.1条针对生态环境损害评估主要列举了替代等值分析方法和环境价值评估方法。其中，替代等值分析方法旨在通过采取修复措施重建同等资源、生态系统服务功能或环境价值，因此可被进一步细分为资源等值分析方法、服务等值分析方法和价值等值分析方法。资源等值分析方法主要以资源量为单位表征环境损益（例如：水资源量、生物种群数量等）；服务等值分析方法主要以生态系统服务为单位表征环境损益（例如：生境面积、服务恢复的百分比等）；价值等值分析方法主要以货币价值量为单位表征环境损益的价值贴现。与替代等值分析方法不同，环境价值评估方法无须具体的环境修复行为，直接采用货币评估方法对环境损害进行量化，具体包括直接市场价值法、揭示偏好法、效益转移法和陈述偏好法。

关于生态环境损害评估方法的选择原则，《环境损害鉴定评估推荐方法（第Ⅱ版）》第8.3.1.3条明确规定：作为一种虚拟治理成本法，环境价值评估方法只有在替代等值分析方法不可行时才考虑采用。尽管如此，但已有实证研究显示，该原则在司法实践中并没有被广泛采用。相反，自2014年泰州天价环境公益诉讼案首次使用虚拟治理成本法后，因该方法简便易行而逐渐在环境民事公益诉讼的赔偿额度计算中居于主导地位。[①] 在泰州案中，江苏高院在二审中最终依据污染物排放量、单位污染物治理成本和受损环境功能敏感系数等变量确定了1.6亿元的赔偿额度。[②] 然而，一些学者对虚拟治理成本法成为普适性万能计算法之趋势提出了质疑。刘兰秋和赵然指出，在专业性较强的损害赔偿纠纷中，

[①] 陈幸欢：《生态环境损害赔偿司法认定的规则厘定与规范进路——以第24批环境审判指导性案例为样本》，《法学评论》2021年第1期。

[②] 乔刚：《泰州1.6亿元天价环境公益案诉讼手记》，法律出版社2018年版。

法院对损害赔偿额度认定时具有明显的鉴定依赖倾向。① 在虚拟治理成本法中，污染物排放量相对比较容易确定，受损环境功能敏感系数在环保部于2017年9月颁布的《关于虚拟治理成本法适用情形与计算方法的说明》中已有较为明确的规定，但单位污染物治理成本的确定高度依赖于专业鉴定，法院难以审查其合理性，可能成为影响环境民事公益诉讼案件审判结果公正性的风险点。为了解决虚拟治理成本法中"审判权受制于鉴定权"的问题，法院往往采用调整受损环境功能敏感系数的方式重新取得对赔偿额度认定的主导权。然而，由于具体调整原则缺乏法律依据，因此极易引发社会公众对审判结果的争议。目前，我国环境司法环境仍存在鲜明的政策导向性特征，法院在审判时往往将地方经济发展作为主要目标。② 当巨额赔偿额度可能导致地方利税大户破产倒闭时，面临"可接受性难题"的地方政府将很可能向法院施压要求轻判。③ 因此，在没有法律依据和充分论证的情况下，赋予法院调整系数的自由裁量权或许会助长司法任性之风和地方保护主义的盛行。④

---

① 刘兰秋、赵然：《我国医疗诉讼鉴定制度实证研究——基于北京市三级法院司法文书的分析》，《证据科学》2015年第2期。
② 陈幸欢：《环境司法的政策导向及自主性研究——基于'两高'与中央政府工作报告的对比分析》，《湖南社会科学》2020年第1期。
③ 江国华、张彬：《中国环境民事公益诉讼的七个基本问题——从'某市环保联合会诉某化工公司环境污染案'说开去》，《政法论丛》2017年第2期。
④ 吕忠梅：《环境司法理性不能止于"天价"赔偿：泰州环境公益诉讼案评析》，《中国法学》2016年第3期。

第三章 审判逻辑复杂性的方法论应对

第一节 现有研究评述

随着环境民事公益诉讼司法改革实践的推进，学术界的理论研究也不断深化。总体来说，现有文献从多视角对环境民事公益诉讼进行了较为系统的研究，并提出了诸多制度完善建议，包括：扩张原告资格，完善检察机关的支持起诉职能，优化因果推定方式，限制法院的释明权扩张等。[①]

然而，目前研究依然存在明显不足。首先，在研究重点上，大部分研究是从法理层面关注单一制度细节，结论较多通过理论思辨和比较法研究得出，属于探讨"应然"的规范研究。其次，由于环境司法往往涉及地方经济发展，因此容易受到地方保护主义的影响。[②] 但现有研究主要聚焦于庭内因素，而对庭外因素普遍关注不足。再次，在研究方法上，个案分析仍是主流，缺乏新研究方法的使用。尽管个案分析在深入挖掘案件细节方面具有显著优势，但在普遍性解释力上稍显不足。即便是少数基于多样本的实证研究，往往也止步于通过描述性统计进行横向对比

[①] 吕忠梅：《环境司法理性不能止于"天价"赔偿：泰州环境公益诉讼案评析》，《中国法学》2016年第3期；王灿发、程多威：《新〈环境保护法〉下环境公益诉讼面临的困境及其破解》，《法律适用》2014年第8期；蔡彦敏：《中国环境民事公益诉讼的检察担当》，《中外法学》2011年第1期；王秀卫：《我国环境民事公益诉讼举证责任分配的反思与重构》，《法学评论》2019年第2期；秦天宝：《论环境民事公益诉讼中的支持起诉》，《行政法学研究》2020年第6期。

[②] 王灿发、冯嘉：《我国环境诉讼的困境与出路》，《环境保护》2016年第15期。

和差异解读。① 芝加哥大学社会学教授赵鼎新认为,"社会科学研究方法的重心应该是解释而不是解读。"② 解读的弱点在于获取知识的途径因缺乏方法论保障使得理论无法被证伪,甚至可能发展成为滥读。

经过十余年的发展,环境民事公益诉讼制度已经积累了比较丰富的司法案例。但遗憾的是,目前基于大样本数据对审判结果的影响因素及其作用机制的实证研究仍然比较缺乏。如第二章所述,现有文献围绕一些可能对审判结果产生影响的因素展开了学术争论,主要争论焦点总结如下:(1)在原告资格方面,环保组织是否有足够专业能力承担起原告责任?拥有公权力的检察机关是否会破坏诉讼双方的平等主体关系?由于与地方政府具有利益关系,检察机关能否保持相对独立性,并有效发挥起诉支持的作用?(2)在举证责任方面,举证责任倒置能否解决环保组织举证困难的问题?当原告为检察机关时,举证责任倒置是否会加剧诉讼双方的不平等?(3)在管辖规则方面,原告倾向于选择侵权结果发生地以避免地方保护主义,还是倾向于选择侵权行为实施地以方便获取相关证据?(4)在损害认定方面,不同类型的污染案件在因果关系认定难度上的差异是否会对审判结果产生显著影响?在司法实践中,证据证明和事实推定哪种方式更有利于环境维权?(5)在侵害赔偿上,法官在多大程度上会依赖专业鉴定进行赔偿额度认定?地方保护主义在多大程度上会影响赔偿额度认定?

法律现实主义认为,在司法审判的过程中,事实的认定和法律规范的寻找都不是一个纯粹的理性过程。面对隐藏的客观真相和复杂的社会关系,在法院审理案件时诸多法律因素和非法律因素以不易被人察觉的方式影响着判决。因此,法是一种与社会相关的因变量,研究应该通过

---

① 吕忠梅、张忠民、熊晓青:《中国环境司法现状调查——以千份环境裁判文书为样本》,《法学》2011年第4期;王锐、李爱年:《我国生态环境民事公益诉讼的问题及对策——基于187份典型裁判文书的分析》,《中南林业科技大学学报》(社会科学版)2020年第5期;刘超:《环境行政公益诉讼的绩效检视与规则剖释——以2018年140份环境行政公益诉讼判决书为研究样本》,《甘肃政法学院学报》2019年第6期。

② 赵鼎新:《社会与政治运动理论:框架与反思》,《学海》2006年第2期。

司法实践认识法律与社会之间的互动关系。① 诚然，尽管现有研究围绕上述焦点展开了激烈的学术争论，但争论双方的论点主要基于理论思辨、逻辑推演或个案经验得出，并未通过大样本的实证检验。因此，从科学方法论的角度来看，这些研究仍停留在理论假说层面。实证检验的缺乏容易导致学术争论陷入"各执一词"的理论争执困境之中，不利于推进纵向的学术积累。此外，现有研究中提出的诸多因素或许会对审判结果产生预期的影响，但过于关注单一制度细节。审判结果是一个多因素复杂交互作用的产物，这些因素可能相互促进，也可能相互制约，整体性研究的缺乏导致审判逻辑依然隐藏于重重迷雾之中。

那么，环境民事公益诉讼有哪些审判逻辑？哪些因素在其中发挥着关键性作用？哪些因素看似重要，但实则发挥的作用有限？这些发挥作用的影响因素形成何种作用机制影响着审判结果？对这些问题的回答将有利于我们加深对环境民事公益诉讼制度的理解，推进我国环境治理的法治进程。不同于传统环境法学领域探讨"应然"的规范研究，本书沿着"从理论假设到实证检验"的研究思路，基于全国层面大样本司法审判数据，使用新兴的社会科学研究方法进行探索"实然"的实证研究，剖析影响审判结果的关键性变量及其作用机制，深化对中国环境民事公益诉讼审判逻辑的认知。

第二节　定性比较分析

本书关注的是影响因素的综合作用，而非单个因素的边际影响，因此主要使用近年来新兴的一种科学研究方法——定性比较分析法（Qualitative Comparative Analysis，简称 QCA）。作为新兴的社会科学研究方法，QCA 诞生于 20 世纪 80 年代末，由美国社会学家查尔斯·拉金提出。②

---

① 范愉：《新法律现实主义的勃兴与当代中国法学反思》，《中国法学》2006 年第 4 期。
② Charles C. Ragin, *The Comparative Method: Moving Beyond Qualitative and Quantitative Strategies*, University of California Press, 1989.

由于该方法的创新性及其在政治学、社会学、管理学等社会科学领域的广泛应用,拉金先后于1989年获得国际社会科学委员会授予的斯坦罗卡奖、政策研究组织授予的唐纳德·坎贝尔方法创新奖,以及于2014年获得美国社会学协会授予的拉扎斯菲尔德研究方法终身成就奖。然而,该方法在法学领域的应用尚且罕见,本书也是将该方法应用于法学的开创性研究之一。

传统的质性研究方法聚焦于对个案的深入剖析,单个案例的信息量较大,因此通常只选取一个或几个样本,导致外部推广度差。传统的量化研究方法聚焦于从大样本中探寻外部推广度高的规律,但缺乏对个案的深入剖析。两者均源于还原论思想,认为复杂的现象可以将其化解为各部分之组合来加以认识和理解。与此相对,QCA源于系统论思想,将研究对象视作复杂系统进行整体性分析,认为组成部分间的互动决定了其意义,不能机械孤立地分析。[①] 因此,其最大的优点是将质性研究和量化研究进行有效结合,既可以在个案层面开展条件组态的整体分析,又可以进行大样本案例的比较分析,兼顾了剖析深度和外部推广度。具体而言,主要有如下三大优势:(1)QCA突破了量化研究方法对样本量的最低要求,适用于处理对量化研究而言样本量太小,但对质性研究而言样本量太大的中间情况。[②](2)QCA避免了因扰量化研究的自变量共线性问题,能挖掘存在于多个因素之间的复杂的非线性交互作用。[③](3)QCA可以通过集合间的隶属关系直接判断条件组态与结果之间的因果关系,而不像回归分析那样只能得出相关性结论而非因果关系结论。而且,QCA的因果关系是非对称性的,导致结果高水平或低水平的条件组态未必相同。换言之,两者可以包含不同的条件变量,而不仅仅是相同条件变量在水平上的差异。这一

[①] Herbert A Simon, *The Sciences of the Artificial*, Cambridge, MA: MIT Press, 1969.

[②] Olav S. Stokke, "Qualitative Comparative Analysis, Shaming, and International Regime Effectiveness", *Journal of Business Research*, Vol. 60, No. 5, 2007, pp. 501 – 511.

[③] Julian Cárdenas, "Varieties of Corporate Networks: Network Analysis and fsQCA", *International Journal of Comparative Sociology*, Vol. 53, No. 4, 2012, pp. 298 – 322.

点也与现实更加接近。①

作为一种基于组态分析视角的整体性集合研究方法，QCA强调理论研究对实证分析的指导和实证反馈对理论研究的修正，将每个案例视作一个由多个原因条件和结果条件结合而成的条件组态，通过案例间的逻辑比较构建研究议题的因果性关系。与追求单个变量对结果的影响净效应的回归分析不同，QCA关注自变量组合与因变量之间的"多重并发因果关系"，系统性考察条件变量之间的互动关系和可能性组合，寻找激发事件发生的关键性因子和复杂的成因组合，深化对其背后的复杂因果关系的理解。② 这种逻辑比较类似于人们在进行逻辑判断时的思维方式。例如：在进行简单的双案例对比分析中，共有两个原因条件 A 和 B。面对着两个结果不同的案例，如果甲案例的原因条件 A 为真，B 为假；而乙案例的原因条件 A 和 B 均为真，这样我们就可以通过比较得出结论：原因条件 A 对结果无影响，原因条件 B 对结果有显著影响。然而，当原因条件或案例数量较多时，这种逻辑判断就超出了人脑力的分析处理能力。QCA 的优势是利用布尔代数运算法则简化原因条件与结果条件之间的关系，再依靠计算机强大的运算能力进行逻辑分析。

所谓"多重并发因果关系"是指不同自变量的组合可能产生相同的结果。其中，"多重"是指因果路径的数量，而"并发"则意味着路径之间具有等效性，否定任何形式的恒定因果关系。因此，QCA 不像回归分析那样追求与数据拟合度最好的单一因果模型，而是在多个案例比较的基础上关注因果关系的多样性，拓展了因果关系的分析框架。在寻求因果律的过程中，有两个关键概念与多重并发因果关系的思想高度一致，即：充分性和必要性。设 a 是条件，b 是结果。如果由 a 能推出 b，但由 b 不能推出 a，则 a 是 b 的充分条件。如果由 a 不能推出 b，但由 b 能推

---

① Peer C. Fiss, "Building Better Causal Theories: A Fuzzy Set Approach to Typologies in Organization Research", *Academy of Management Journal*, Vol. 54, No. 2, 2011, pp. 393–420.

② Benoit Rihoux and Charles C. Ragin, *Configurational Comparative Methods: Qualitative Comparative Analysis (QCA) and Related Techniques*, Sage Publications, 2009.

出 a，则 a 是 b 的必要条件。如果由 a 能推出 b，且由 b 也能推出 a，则 a 是 b 的充要条件。

从集合的角度来看，设所有满足条件 a 的个案构成的集合为 A，所有满足条件 b 的个案构成的集合为 B。如果 A⊆B，那么 a 就是 b 的充分条件，因为一个个案属于集合 A 就必定属于集合 B，条件充分；如果 B⊆A，那么 a 就是 b 的必要条件，因为一个个案属于 B 就必须得属于集合 A，条件必要。换言之，必要条件是当结果发生时总会出现的条件，但仅有这个条件并不能产生该结果，还需要与其他条件相组合才行；而充分条件则是仅有这个条件便能产生该结果。施耐德和瓦格曼指出，集合关系能够为社会现象提供重要且明确的信息，而这些明确的信息恰恰被相关关系所掩盖，因为集合中的条件之间可能并无显著的相关关系。①

在基本分析逻辑上，QCA 通过布尔运算得到条件变量和结果变量下的集合隶属分数，再借助集合理论识别子集关系进行因果推断。如果结果集合构成条件集合的一致性子集，可以认为该条件是结果的必要条件；如果条件集合构成结果集合的一致性子集，可以认为该条件是结果的充分条件。条件发生用大写字母表示，条件不发生用小写字母表示，符号"∗"表示条件同时发生，符号"+"连接两个替代性的因果路径。例如："A∗b+B∗c=Y"表示 A 发生且 b 不发生和 B 发生且 c 不发生都可以导致 Y 的发生，A∗b 和 B∗c 是两个等效的因果路径。QCA 追求的是得出"INUS"②条件组合，即：单个因素对特定结果而言是非充分但必要的条件，而这些因素组成的组态对该结果而言却是非必要但充分的条件。

布尔运算是由英国数学家和逻辑学家乔治·布尔于 1847 年发明的一种为仅具有两个可能值（例如："真""假"）的变量而开发的逻辑推

---

① Carsten. Q. Schneider and Claudius Wagemann, *Set-Theoretic Methods for the Social Sciences*: *A Guide to Qualitative Comparative Analysis*, Cambridge: Cambridge University Press, 2012.

② INUS 是 "Insufficient but Necessary part of an Unnecessary but Sufficient condition" 的缩写，意思是"某个充分不必要条件中的必要不充分部分"。例如：当我们说"A 是 Y 的原因"的时候，我们实际上表达的意思是"A 与其他一些条件（例如：B）一起组成了 Y 的一个充分原因。"

演方法，其初衷是用数学方法研究逻辑问题。自20世纪30年代以来，布尔运算被广泛应用于电路系统、电子计算机等领域。布尔最小化是QCA获得因果路径的核心运算，是将复杂条件组态进行简化的过程。简化的基本逻辑是：如果两个条件组态仅在一个条件不同的情况下而产生相同的结果，则认为这个条件对结果没有影响可以被剔除，以得到更清晰的因果路径。举例说明：设有三个条件变量（A、B和C）和一个结果变量（Y），如果从两组案例得到的初始因果路径为 $A*B*C+A*b*C=Y$，则表明无论条件变量B存在与否，都将导致结果Y的发生，这说明条件变量B对结果变量Y没有影响，可以被剔除掉，这样两条因果路径便被简化为一条因果路径 $A*C=Y$。在新的因果路径中，条件A和C都是结果Y的必要不充分条件，他们必须组合起来才能共同形成导致结果Y发生的充要条件组态。

第三节 基本分析逻辑

依照集合形态的不同，QCA可细分为清晰集（crisp-set）、多值集（multi-value）和模糊集（fuzzy-set）三类，分别简称为csQCA、mvQCA和fsQCA。其中，csQCA是20世纪80年代后期出现的第一种QCA技术，将变量转换为"0或1"的二分变量，是主要用于处理二进制数据集的工具。由于csQCA强制使用二分变量，在处理非二进制数据集时可能导致信息丢失的风险，并由此产生矛盾组态，因此允许多值变量的mvQCA被开发出来以弥补csQCA的不足。然而，不管是csQCA，还是mvQCA，都无法量度变量在程度上的变化。在数学领域，模糊集理论的发展使得处理集合的部分隶属问题成为可能，基于此发展出功能更为强大的fsQCA技术，可以使用0（完全不隶属）与1（完全隶属）之间的任何数值，允许研究者校准集合的部分隶属程度。相较于csQCA和mvQCA，fsQCA同时具有定性和定量的属性，不但划分了集合隶属的类别，而且校准了隶属的程度，具有精确区分的能力。本书采用fsQCA作为主要研究方法，并使用 fsQCA3.0 作为分析软件。

作为案例导向而非变量导向的研究方法，fsQCA 在学术研究中具有广泛应用，既适用于探索性的归纳式研究，也适用于检验性的演绎式研究。[①] 其中，前者是从提出研究命题出发，后者是从提出研究假设出发，本书主要偏向于后者。鉴于环境民事公益诉讼的审判逻辑的复杂性，条件的组合关系众多且难以预测，因此将从已有的理论研究结论出发，提出的研究假设通常是逻辑上可能的组态集合的子集，然后广泛收集相关司法判例，运用 fsQCA 展开分析。基于分析的组态结果回溯相应案例，针对发现的条件组态展开深入分析和总结，进而形成新的理论解释。以下简要介绍利用该方法进行组态分析的基本逻辑与具体步骤（参见图 3-1）。[②]

一 条件变量的选取

里豪克斯和拉金指出，条件变量的选取必须以已有理论研究和相关经验知识为基础。[③] 具体来讲，主要有四种变量选取方法：（1）围绕研究问题确定与之紧密相关的条件变量；（2）基于研究框架中的分析维度匹配相关的条件变量；（3）通过文献归纳从已有理论研究中获得重要的条件变量；（4）通过调研访谈从研究现象中总结可信的条件变量。一般而言，条件变量越多，所需的案例数量也越多。在给定中小样本数量的前提下，如果变量过多，会出现严重的有限多样性问题，陷入对单个案例的个体化解释困境。即便在大样本的情境下，变量数量的增加也会导致分析结果的复杂性显著增加，难以对众多组态建立有效解释。因此，在选取变量时应秉持"求精不求全"的原则，综合权衡条件和案例之间的数量关系平衡。

---

① Scott R. Eliason and Robin Stryker, "Goodness-of-Fit Tests and Descriptive Measures in Fuzzy-Set Analysis", *Sociological Methods & Research*, Vol. 38, No. 1, 2009, pp. 102 – 146.

② Peer C. Fiss, "Building Better Causal Theories: A Fuzzy Set Approach to Typologies in Organization Research", *Academy of Management Journal*, Vol. 54, No. 2, 2011, pp. 393 – 420.

③ Benoit Rihoux and Charles C. Ragin, *Configurational Comparative Methods: Qualitative Comparative Analysis (QCA) and Related Techniques*, Sage Publications, 2009.

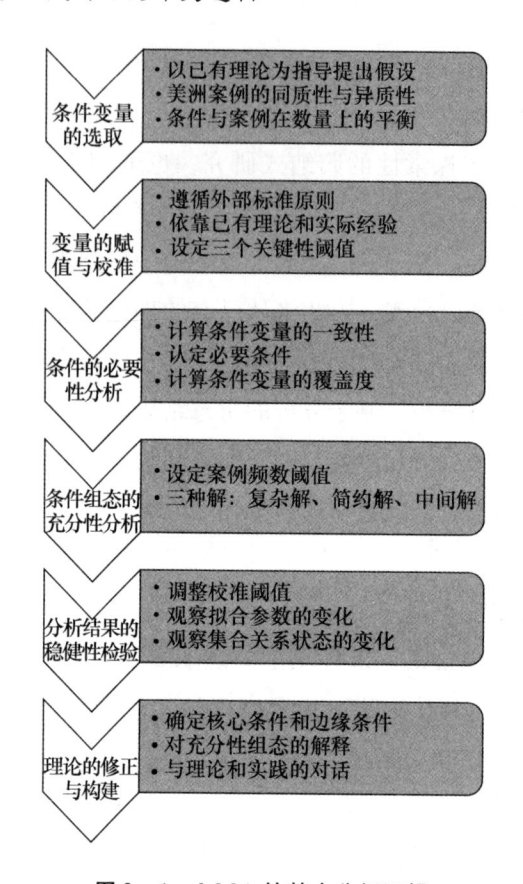

```
条件变量         • 以已有理论为指导提出假设
的选取           • 美洲案例的同质性与异质性
                • 条件与案例在数量上的平衡

变量的赋          • 遵循外部标准原则
值与校            • 依靠已有理论和实际经验
准               • 设定三个关键性阈值

条件的必要        • 计算条件变量的一致性
性分析           • 认定必要条件
                • 计算条件变量的覆盖度

条件组态的        • 设定案例频数阈值
充分性分析        • 三种解：复杂解、简约解、中间解

分析结果的        • 调整校准阈值
稳健性检验        • 观察拟合参数的变化
                • 观察集合关系状态的变化

理论的修正        • 确定核心条件和边缘条件
与构建           • 对充分性组态的解释
                • 与理论和实践的对话
```

图 3-1 fsQCA 的基本分析逻辑

数据来源：作者自绘。

二 变量的赋值与校准

变量的赋值与校准是指给案例赋予集合隶属分数的过程。理想的校准应遵循外部标准原则，依靠已有理论和实际经验，而非对数据本身的机械划分，以便超越样本的有限信息。对于 fsQCA 而言，赋值校准的关键是设定好三个阈值，即：完全隶属、完全不隶属和交叉点，并提供充分的理由和解释。拉金提出了是三种校准方法：直接赋值法、直接校准法和间接校准法。其中，直接赋值法和直接校准法适合于定量数据，利用统计模型或逻辑函数进行客观赋值；间接校准法适合于定性数据，经常使用基于李克特量表的问卷数据，因为其在设计阶段就已经对条件变

量的程度进行了区分。① 当赋值校准完成后,便构建出真值表。

三 条件的必要性分析

前已述及,必要条件是导致结果发生必须存在的条件,但是它的存在并不能保证结果必然发生。在 fsQCA 中,当结果集合构成条件集合的子集时,那么这个条件便是结果的必要条件。因此,必要性分析就是探讨结果集合在多大程度上构成条件集合的子集的计算过程。一致性(consistency)是衡量必要条件的一个重要指标,由于案例在模糊集的集合中都是部分隶属的,当案例在一个集合中的隶属度一直小于或等于在另一个集合中的隶属度时,就存在了模糊子集关系。

必要条件分析是考察条件组合作为结果的超集,即结果 Y 是条件 X 的子集,必要条件的一致性计算公式为:

$$\text{Consistency}(Y_i \leqslant X_i) = \sum [\min(X_i, Y_i)] / \sum (Y_i)$$

其中,"min"指两者中的较小值,"X_i"是在条件组合中的隶属分数,"Y_i"是在结果中的隶属分数。当所有的 Y_i 均小于或等于对应的 X_i 时,一致性分数为 1。通常认为,认定必要条件的一致性分数最低值为 0.9。另外,覆盖度(coverage)是衡量必要条件的另一个重要指标,是在子集关系确认后,判断这一关系的实证解释力度。与一致性不同,覆盖度并不存在可接受的下限阈值,但必要条件的覆盖度分数一般应高于 0.5。② 必要性覆盖度的公式为:

$$\text{Coverage}(Y_i \leqslant X_i) = \sum [\min(X_i, Y_i)] / \sum (X_i)$$

四 条件组态的充分性分析

与条件的必要性分析不同,条件组态的充分性分析关注多个条件变

---

① Charles C. Ragin, *Redesigning Social Inquiry: Fuzzy Sets and Beyond*, Chicago: University of Chicago Press, 2008.
② Carsten. Q. Schneider and Claudius Wagemann, *Set-Theoretic Methods for the Social Sciences: A Guide to Qualitative Comparative Analysis*, Cambridge: Cambridge University Press, 2012.

量组成的组态,而非单个条件变量。条件组态的充分性分析用于判断是否有条件组合作为结果发生的充分条件。借助真值表算法将得到逻辑上可能的条件组态以及包含的案例数量,软件默认会导出复杂程度不同的三种解:复杂解、简约解、中间解。其中,复杂解不纳入任何逻辑余项。简约解纳入全部逻辑余项,且不对其合理性加以评估。而中间解仅纳入符合理论方向预期和经验证据的逻辑余项,其最大的优点是不允许消除必要条件。因此,中间解优于复杂解和简约解。所谓"逻辑余项"是指逻辑上存在,但没有或缺乏足够经验案例的真值表行,或者说是在逻辑上存在,但在现实中实证不足的条件组态。逻辑余项取决于案例频数阈值的设定,低于频数阈值的真值表行会被认定为逻辑余项。频数阈值的设定需要综合考虑总案例数、条件变量数,测量与校准精度等方面,依据经验一般应至少保留总案例数 75% 的比例。[1] 充分性模糊子集关系的一致性计算公式为:

$$\text{Consistency} (X_i \leqslant Y_i) = \sum [\min (X_i, Y_i)] / \sum (X_i)$$

其中,"min"指两者中的较小值,"X_i"是在条件组合中的隶属分数,"Y_i"是在结果中的隶属分数。一致性衡量的是前因条件是结果的子集的程度,研究认为最低可接受的一致性阈值为 0.8。[2] 覆盖度又分为原始覆盖度(raw coverage)、唯一覆盖度(unique coverage)和解的覆盖度(solution coverage)。原始覆盖度是指给定组态解释结果案例占总案例的比例,包括组态间重叠解释部分的结果案例。唯一覆盖度是指除去与其他组态重叠解释的结果案例后,单个组态解释的结果案例占总案例的比例。解的覆盖度是指所有组态能够解释的结果案例占总案例的比例。[3] 覆盖度的计算公式如下:

---

[1] Benoit Rihoux and Charles C. Ragin, *Configurational Comparative Methods: Qualitative Comparative Analysis (QCA) and Related Techniques*, Sage Publications, 2009.

[2] Benoit Rihoux and Charles C. Ragin, *Configurational Comparative Methods: Qualitative Comparative Analysis (QCA) and Related Techniques*, Thousand Oaks: Sage, 2009.

[3] Charles C. Ragin, *Redesigning Social Inquiry: Fuzzy Sets and Beyond*, Chicago: University of Chicago Press, 2008.

$$\text{Coverage}(X_i \leqslant Y_i) = \sum [\min(X_i, Y_i)] / \sum(Y_i)$$

五 分析结果的稳健性检验

考虑到分析结果可能会因校准阈值的不同而产生差异,因此调整校准阈值被认为是一种有效的稳健性检验方法。以集合论为基础,施耐德和瓦格曼提出判定QCA结果稳健性的两个维度:(1)拟合参数的差异。如果调整前后,一致性和覆盖度的差异不足以保证新的实质性解释,那么结果可认为是稳健的;反之则认为结果不稳健。(2)集合关系状态。如果调整前后,条件组态之间具有清晰的子集关系,则可认为结果是稳健的;反之则认为结果不稳健。[①]

六 理论的修正与构建

在获得通过稳健性检验的充分性条件组态之后,需要对其拟合参数及其背后的复杂因果关系进行解释。这一过程既需要展开理论对话以修正和完善已有理论,又需要通过典型个案剖析以深化对现实经验的理解。对充分性条件组态的解释主要侧重回答以下两个问题:(1)判断不同组态是否代表着不同的作用机制;(2)解释组态中的条件变量如何互动以导致结果的发生。因此,需要通过比较组态之间的异同,识别条件变量之间可能存在的相互促进、替代或抑制的关系。通过对中间解和简约解的对比,可以确定核心条件和边缘条件。此外,考虑到因果关系的非对称性,除了对结果发生的组态进行分析外,还需要对结果不发生的组态进行分析,通过对比组态之间的差异也能够帮助判断导致结果发生的因果路径。

关于"如何判断分析结果证实或证伪已有理论"的问题,施耐德和瓦格曼基于集合理论提出一种解决思路(参见图3-2)。设结果发生的理论预期为T集合;基于案例得到的结果发生的因果路径为S集合;结

---

① Carsten. Q. Schneider and Claudius Wagemann, *Set-Theoretic Methods for the Social Sciences: A Guide to Qualitative Comparative Analysis*, Cambridge: Cambridge University Press, 2012.

果发生的案例为 Y 集合。由于每个集合都存在隶属和不隶属之分，不隶属的集合分别用 ~T、~S 和 ~Y 表示，于是存在 8 种可能的组合（$2^3 = 8$）。属于 TSY 的案例证实了已有理论；属于 T~S~Y 的案例适合用于细化已有理论；属于 ~T~SY 的案例适合用于扩展已有理论；属于 ~TSY 的案例适合用于构建新的理论。①

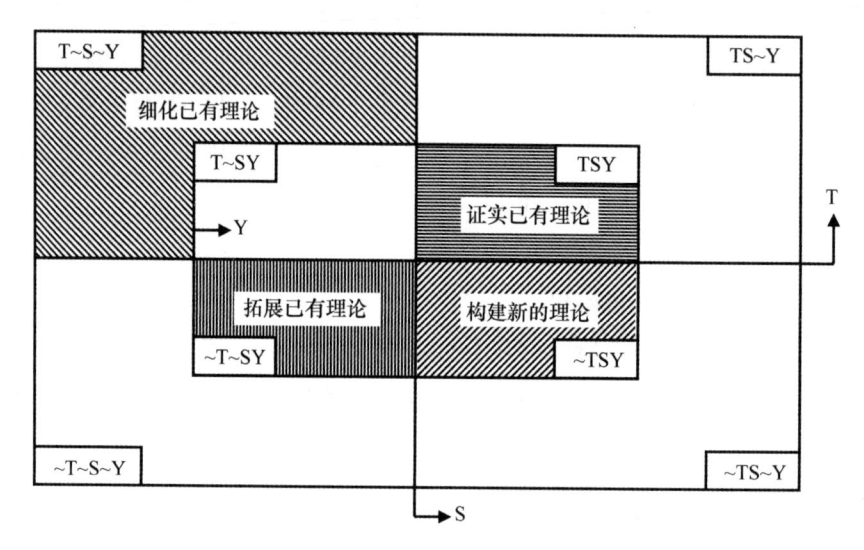

图 3-2　基于集合隶属关系的理论修正与构建思路

数据来源：作者自绘。

第四节　整体研究框架

本书的整体研究框架建立在法律现实主义的理论基础之上。在理念上，法律现实主义将欧洲的法社会学与美国的实用主义法学融为一体，摒弃超验的唯法理主义，以经验主义的态度客观地认识法律在现实社会中发挥的作用。

在古典自然法学中，法律被看作人类理性的产物和民族精神的体现，

---

① Carsten. Q. Schneider and Claudius Wagemann, *Set-Theoretic Methods for the Social Sciences: A Guide to Qualitative Comparative Analysis*, Cambridge: Cambridge University Press, 2012.

代表着至上的公平与正义，这使得法律蒙上了一层超然的神秘色彩。作为法社会学的奠基人，奥地利法学家埃利希反对19世纪欧洲大陆盛行的法典编纂浪潮，批评古典自然法学仅关注法律条文及其背后的抽象法理，将法律看作国家施加于社会的外生变量，忽视了法与社会的联系，抽离了法的社会本质。他将法律划分为"裁判规范（norms for decision）"和"活法（living law）"。其中，裁判规范是那些可以在法典中、在司法判决中、在法律的制定中找到的，并被法庭强制执行的规则。活法则是以社会关系自发秩序的形式产生于社会本身，是社会的内生变量。通过活法的概念，埃利希系统阐释了那些长期以来被法学界认为不是法律的，却在社会生活中发挥行为规范作用的规则体系，将社会规范（亦称为"民间法"）纳入法学研究范畴。[①]

受到埃利希的影响，时任哈佛法学院院长的美国法学家庞德将其法学思想引入美国，推动了实用主义法学的发展。庞德赞同埃利希对受到形式主义法律教条约束的古典自然法学的批判，但与埃利希从社会学视角重新审视法律不同，庞德主要聚焦于法学领域。对此，赫托总结道："关于法律与社会的关系，庞德与埃利希最大的区别在于关注焦点不同。庞德关注立法者、法官、律师和其他法律从业者的行为；而埃利希则关注人在社会组织中的行为（包括法律组织和非法律组织）。"[②] 埃利希在拓展法律外延的同时，也模糊了法律与社会规范的边界，这也成为法学家批评"活法"概念的重要原因。鉴于此，庞德从法学出发提出"书本上的法"（law in books）和"行动中的法"（law in action）的区分。"书本上的法"是指国家立法机关正式颁布的法律条文，而"行动中的法"则是法律条文在社会现实中的运作模式。[③] 相较于埃利希的二分法，庞德的二分法边界更为清晰，可操作性更强。他批评传统法学研究固守僵化的法

[①] ［奥］尤根·埃利希：《法律社会学基本原理》，叶名怡、袁震译，中国社会科学出版社2009年版。

[②] M. Hertogh, "A European Conception of Legal Consciousness: Rediscovering Eugen Ehrlich", *Journal of Law and Society*, Vol. 31, No. 4, 2004, pp. 457–481, p. 473.

[③] R. Pound, "Law in Books and Law in Action", *American Law Review*, Vol. 44, 1910, pp. 12–36.

律教条，主张不但要关注"书本上的法"，更要关注"行动中的法"。①

依据庞德的理论，司法判决是"书本上的法"与"行动中的法"互动的结果，不仅要关注法律条文的规范性，而且要关注法律实施的社会性。在第二章文献梳理的基础上，整体研究框架将围绕庭内因素和庭外因素两个维度对已有研究提及的影响审判结果的条件变量进行筛选与组合（参见图3-3）。顾名思义，庭内因素是在法庭上发挥影响作用的因素，代表着"书本上的法"；庭外因素是在法庭外发挥影响作用的因素，代表着"行动中的法"。

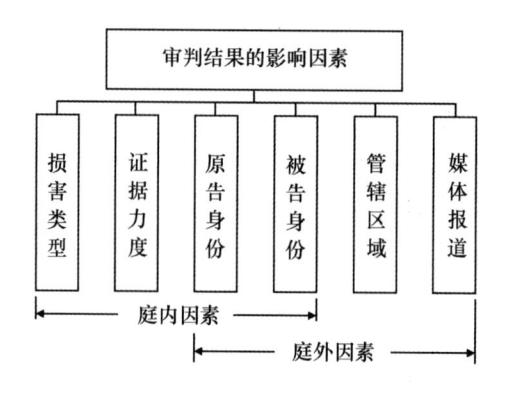

图3-3 "庭内—庭外"双维度的研究框架

数据来源：作者自绘。

首先，根据现行法律规定，环境民事公益诉讼包括损害结果、侵权行为和因果关系三个构成要件，其中因果关系要件既是核心要件，也是诉讼难点。能否在损害结果和侵权行为之间建立因果关系直接影响着审判结果。因此，在庭内因素维度上，选择与因果关系推定相关的损害类型和证据力度作为条件变量，前者反映举证难度的差异，后者反映证据力的差异。

其次，目前学术界主要存在两种不同的观点。一些学者认为，在

---

① ［美］罗斯科·庞德：《通过法律的社会控制》，沈宗灵译，商务印书馆2010年版。

以经济发展为核心的政治晋升考核机制下,地方政府对环境污染控制采取消极态度,甚至可能出现企业向政府行贿的政企合谋式环境污染。① "当经济发展与环境保护相矛盾时,理性的选择显然是偏向经济发展而不是环境保护。"② 因此,在环境民事公益诉讼中可能会出现地方政府间接干预司法审判的地方保护主义行为。③ 另一些学者认为,在生态文明入宪的背景下,环保型政绩考核机制和生态补偿制度的建立正向激励地方政府进行更多环境治理,日渐觉醒的社会环保意识也在逆向倒逼地方政府更加重视环保工作。④ 因此,在庭外因素维度上,选择与地方保护主义相关的管辖区域和与社会舆论关注度相关的媒体报道作为条件变量。

再次,在某种程度上,司法诉讼可以被看作原告与被告之间一场资源的博弈,博弈的战场不光在法庭上,也在法庭外。在法庭上,掌握经济资源更雄厚的一方有能力聘请更高水平的律师和更专业的专家团队,在主张举证和庭审控辩中更占优势。在法庭外,掌握政治资源或社会资源更丰富的一方可以凭借资源优势对法院的审判过程施加影响。1974年,美国法学家葛兰特在一篇法社会学的经典论文中提出了"当事人资源优势理论",强调当事人的资源水平决定诉讼能力。⑤ 随后,美国、英

---

① 刘超:《管制、互动与环境污染第三方治理》,《中国人口·资源与环境》2015年第2期;龙硕、胡军:《政企合谋视角下的环境污染:理论与实证研究》,《财经研究》2014年第10期。

② 张凌云、齐晔:《地方环境监管困境解释——政治激励与财政约束假说》,《中国行政管理》2010年第3期。

③ 王灿发、冯嘉:《我国环境诉讼的困境与出路》,《环境保护》2016年第15期。

④ 孙伟增、罗党论、郑思齐等:《环保考核、地方官员晋升与环境治理——基于2004—2009年中国86个重点城市的经验证据》,《清华大学学报》(哲学社会科学版)2014年第4期;于文超、高楠、龚强:《公众诉求、官员激励与地区环境治理》,《浙江社会科学》2014年第5期;W. Xiaohu, et al., "Why Administrative Leaders Take Pro-Environmental Leadership Actions: Evidence from an Eco-compensation Programme in China", *Environmental Policy and Governance*, Vol. 30, No. 6, 2020, pp. 385–398.

⑤ M. Galanter, "Why the 'Haves' Come Out Ahead: Speculations on the Limits of Legal Change", *Law &Society Review*, Vol. 9, No. 1, 1974, pp. 95–160.

国、加拿大、澳大利亚等国的多项实证研究均证实了该理论。① 尽管我国《宪法》第一百三十一条规定，"人民法院依照法律规定独立行使审判权，不受行政机关、社会团体和个人的干涉"，而且法学界也不愿承认非法律因素对司法独立性的干扰，但不可否认的是在司法实践中庭外因素有时确实发挥着某种不易察觉且不可言状的微妙作用，导致审判过程可能陷入行政干预或民意裹挟的旋涡之中。② 因此，选择原告身份和被告身份作为条件变量，其影响作用横跨庭内因素和庭外因素两个维度。

下面将对各个变量分别进行阐述，为后面的变量赋值与校准提供理论支撑。

一 损害类型

损害类型是指生态环境面临的重大风险类型。环境污染具有长期性、潜伏性、复杂性、广泛性和科技性等特征。③ 由于不同类型的环境损害在上述特征上存在很大差异，因此因果关系推定和损害赔偿认定的难度也不同。环境污染物的潜伏性越强，越易形成长期累积，导致交互作用越强，影响范围越大，最终提升污染源追溯和损害赔偿测算的技术难度。依据类型划分，环境损害主要包括生物多样性破坏、土壤污染、水污染、大气污染、固体废物污染等。例如：大气污染容易被发现，且可依据污

---

① S. Wheeler, et al., "Do the 'Haves' Come Out Ahead? Winning and Losing in State Supreme Courts, 1870 – 1970", *Law & Society Review*, Vol. 21, No. 3, 1987, pp. 403 – 446; B. M. Atkins, "Party Capability Theory as an Explanation for Intervention Behavior in the English Court of Appeal", *American Journal of Political Science*, Vol. 35, No. 4, 1991, pp. 881 – 903; D. R. Songer and R. S. Sheehan, "Who Wins on Appeal? Upperdogs and Underdogs in the United States Courts of Appeals", *American Journal of Political Science*, Vol. 36, No. 1, 1992, pp. 235 – 258; K. T. Mcguire and G. A. Caldeira, "Lawyers, Organized Interests, and the Law of Obscenity: Agenda Setting in the Supreme Court", *The American Political Science Review*, Vol. 87, No. 3, 1993, pp. 715 – 726; R. Smyth, "The 'Haves' and the 'Have Nots': An Empirical Study of the Rational Actor and Party Capability Hypotheses in the High Court 1948 – 99", *Australian Journal of Political Science*, Vol. 35, No. 2, 2000, pp. 255 – 274.

② 在现实中，庭外因素影响司法审判的案件并不罕见，其中民意干预司法的典型案件如彭宇案、药家鑫案等，行政干预司法的典型案件如周正龙案、赵发琦案等。

③ 施珵：《环境侵权诉讼中因果关系推定的适用》，《法律适用》2015年第3期。

染物浓度进行追溯，环境损害数额也可采用成熟的方法计算（例如：虚拟成本法）。水污染（特别是地下水污染）不易被发现，容易累积，但仍可依据污染物浓度进行追溯，并计算损害赔偿金额。相比之下，土壤污染是各种污染物长期复合、累积的结果，潜伏性更强，由于与水体和大气的复杂交互作用，大大提高了查明土壤污染成因的技术难度，其影响的综合性也增加了损害赔偿计算的难度。①

二 证据力度

证据力度反映原告的举证程度。根据《民法典》第一千二百三十条的规定，当发生污染环境或破坏生态纠纷时，行为人应当就法律规定的不承担责任或减轻责任的情形及其行为与损害之间不存在因果关系承担举证责任。换言之，被告需要提供较高程度的证明来反证因果关系推定。尽管在举证责任分配上，现行法律降低了原告的举证责任，有利于保护受害人，但并不意味着完全由被告承担所有的证明责任。为实现原、被告双方之间在诉讼中的平衡，原告的举证程度依然需要达到一定的盖然性。② 由于因果关系推定的技术性要求，原告提供的证据经常援引行政机关或司法机关出具的权威文件。经过对大量判决书的文本分析，我们发现原告使用最多的证据是环保部门监测数据、行政处罚决定书和刑事判决书。其中，刑事判决书的证据力度最高，表明被告环境侵害行为的严重性，"先刑后民"的原则为环境民事公益诉讼中的事实认定提供了权威依据。行政处罚决定书的证据力度次之。按照处罚级别由低到高划分，行政处罚包括罚款、整改、停产、查封、行政拘留等。处罚级别越高，表明侵害环境行为越严重，相关事实认定的依据越充分，在判决时越容易被法院采信。环保监测数据的证据力度再次之，尽管可以从数据

---

① 吴一冉：《损害担责原则在土壤污染中的司法适用——以常外"毒地"案为分析样本》，《甘肃政法学院学报》2020年第2期。
② 吕忠梅：《环境司法理性不能止于"天价"赔偿：泰州环境公益诉讼案评析》，《中国法学》2016年第3期。

上显示环境污染的程度，但未能与被告行为建立有效的因果关系。

此外，依据《关于审理环境民事公益诉讼案件适用法律若干问题的解释（2020修正）》第十四、十五条规定，对于应由原告承担举证责任且为维护社会公共利益所必要的专门性问题，法院可委托具有相应资格的专家或机构进行鉴定，鉴定结论经质证后可作为认定事实的根据，并作为生态环境修复和损失赔偿的专业依据。吕忠梅等认为，专业鉴定结论对于因果关系推定具有关键性作用。① 但由于环境问题的专业性和复杂性，普遍存在"鉴定难、鉴定贵"的问题，甚至高出案件标的额。② 况且并非所有案件都需要进行专业鉴定，部分涉及非法捕猎、非法捕捞的案件可以根据生物损害数量直接计算，无须依据鉴定结果。因此，专业鉴定不作为原告举证的强制要求。

三 原告身份

原告身份体现出原告诉讼能力的差异。现行法律形成了以环保组织和检察机关为主的原告序位。其中，环保组织优先，检察机关位于环保组织之后承担托底作用。此外，在海洋环境保护领域，《海洋环境保护法》第八十九条第二款赋予了国家渔业行政机关的原告主体资格。在司法实践中，三类原告作为共同原告或原告支持方存在多种组合形式。在诉讼能力方面，作为环境监管部门的行政机关可以运用公权力收集污染行为的相关证据，也可以向法院提供环境监测数据和行政处罚记录等，因此诉讼能力最强。③ 同样，作为国家法律监督机关，检察机关有权行使和利用调查取证权、检察建议权等社会组织不具有的公共权力资源。④ 在地方，检察院与法院在行政级别上平等，其举证的专家意见不会轻易被法院否定，

---

① 吕忠梅、张忠民、熊晓青：《中国环境司法现状调查——以千份环境裁判文书为样本》，《法学》2011年第4期。
② 江必新：《中国环境公益诉讼的实践发展及制度完善》，《法律适用》2019年第1期。
③ 王艳：《环境公益诉讼司法审判的省思与完善——基于2015—2018年统计数据的实证分析》，《环境法评论》2020年第2期。
④ 李庆保：《论环境公益诉讼的起诉期限》，《中国政法大学学报》2020年第2期。

因此也具有较强的诉讼能力。① 与行政机关和检察机关不同，环保组织获得污染信息和证据的渠道有限，主要通过媒体报道或申请政府信息公开获得。此外，不同级别的环保组织在掌握的资源和专业技术能力方面也具有明显差异。② 一些全国性环保组织（例如：自然之友、绿发会）往往具有"官方背景"，在诉讼能力上强于地方性环保组织。

四 被告身份

被告身份体现出被告诉讼能力的差异。依据掌握政治资源的多寡，被告身份分为行政机关、大企业、中小企业和个人四类。其中，行政机关掌握的政治资源最多。由于各级法院的人事和财政大权往往掌握在同级政府手中，因此当行政机关成为被告时，法院可能会因"吃人嘴短"而偏袒行政机关。③ 作为地方利税大户，大企业也掌握着较多的政治资源。由于原告停止侵害或赔偿损失的诉讼请求会使企业面临停工停产或天价赔偿，从而影响地方经济发展，法院迫于地方政府的压力可能会酌情判决。④ 相反，中小企业或个人抗诉能力和举证能力较弱，掌握的政治资源较少，对地方经济发展的影响较小，不但不会受到地方保护主义的庇护，甚至原告起诉时还会可能获得检察院或行政机关的诉讼支持。⑤

五 管辖区域

管辖区域是指诉讼案件的法院管辖情况。依据《关于审理环境民事公益诉讼案件适用法律若干问题的解释（2020修正）》第六条规定，原

---

① 陈幸欢：《生态环境损害赔偿司法认定的规则厘定与规范进路——以第24批环境审判指导性案例为样本》，《法学评论》2021年第1期。
② 李挚萍：《中国环境公益诉讼原告主体的优劣分析和顺序选择》，《河北法学》2010年第1期。
③ 王灿发、程多威：《新〈环境保护法〉下环境公益诉讼面临的困境及其破解》，《法律适用》2014年第8期。
④ 王灿发：《环境公益诉讼难在哪儿》，《人民日报》2013年5月18日。
⑤ 栗楠：《环保组织发展困境与对策研究——以环境民事公益诉讼为视角》，《河南大学学报》（社会科学版）2017年第2期。

告可以选择污染行为发生地、环境损害结果地、企业注册地或个人住所地进行起诉。因此，管辖区域分为本地起诉和异地起诉两种情况。在现实中，当面对掌握较多政治资源的被告时，原告往往选择异地起诉策略以规避地方保护主义的潜在干扰。因为被告并非本地企业，所以法院在审判时不需要考虑判决对本地经济发展的影响。但由于审判地与损害结果地不同，不利于法院调取相关证据，查清案件事实，可能会对赔偿计算或损失价值认定方面产生负面影响。① 因此需要结合其他因素进一步判断管辖区域与案件审判结果的关系。

六 媒体报道

媒体报道是指在法院宣判之前新闻媒体对案件的报道频率，反映社会舆论关注度。环境公益诉讼案件因涉及公共利益的维护而易成为"公案"。②"司法的政治力学现象是不可避免的。"③ 在我国的司法政治角力场中，媒体通过新闻报道引发社会广泛关注，从而向为政者施加舆论压力，促使其对司法施加巧妙而隐蔽的影响。例如：在泰州"12·19"长江污染案中，江苏卫视播出的《泰兴疯狂槽罐车工业废酸偷排长江连续多年》的报道引发社会强烈反响，导致泰州市人民检察院第一时间介入调查，帮助泰州市环保联合会最终胜诉，判罚被告承担1.6亿元的天价赔偿。类似地，在靖江"9·11"毒地案中，北京青年报刊发的《养猪场地下的秘密》系列报道引发全国性关注，央视、人民日报等多家全国性媒体跟进报道，最终促成全国首起由最高人民检察院、环保部、公安部联合挂牌督办的环境公益诉讼案。相比于行政机关或检察机关，掌握政治资源较少的环保组织更倾向于借助媒体力量组织和动员社会舆论，引导公共领域的话语建构。

---

① 颜运秋、余彦：《我们究竟需要什么样的环境民事公益诉讼——最高院环境民事公益诉讼解释〈征求意见稿〉评析》，《法治研究》2015年第1期。
② 孙笑侠：《公案的民意、主题与信息对称》，《中国法学》2010年第3期。
③ 孙笑侠：《司法的政治力学——民众、媒体、为政者、当事人与司法官的关系分析》，《中国法学》2011年第2期。

第四章　环境民事公益诉讼的实践图景

基于对大样本审判案件的描述性统计分析,本章将从宏观视角描绘出我国环境民事公益诉讼制度的实践图景,重点聚焦于"诉讼双方、审判地点、损害类型、诉讼过程和诉讼结果"五个维度,从数据中分析与挖掘案件的整体特征。

在数据收集上,案件判决文书主要来源于北大法宝司法案例数据库和裁判文书网,通过检索关键词"环境民事公益诉讼"获得,并以《环境民事公益诉讼观察报告(2015卷)》和《环境民事公益诉讼观察报告(2016卷)》、《环境公益诉讼案例精编》等出版物为补充,最终形成研究样本库以作为本书后续分析的数据基础。

在案件筛选上,剔除了环境刑事附带民事公益诉讼和生态环境损害赔偿附带环境民事公益诉讼的案件。其中,刑事附带民事公益诉讼在环境民事公益诉讼中占比较高,检察机关为唯一的起诉主体,诉讼请求不局限于物质损失的赔偿,审理时需兼顾民事责任与刑事责任之间的相互关系。由于判决结果包含了刑事的部分,会对民事诉讼审判逻辑产生干扰。此外,地方政府与环保组织针对同一环境损害事实提起的生态环境损害赔偿和环境民事公益诉讼合并审理时,原告的地位大为提高,并且生态环境损害赔偿在程序上还包括磋商机制,行政因素对民事诉讼的审判逻辑也会产生干扰。因此,上述两类案件均不纳入分析过程。

第一节 诉讼双方

一 整体情况

从 2007 年贵州、江苏无锡等地开始,在环境民事公益诉讼制度的早期地方性探索阶段只有少数零星的案件。自从以 2012 年新修订的《民事诉讼法》为标志的全国性立法实践以来,案件数量略有增长。然而,尽管新《民事诉讼法》第五十五条规定,对污染环境、侵害众多消费者合法权益等损害社会公共利益的行为,法律规定的机关和有关组织可以向人民法院提起诉讼,但却没有对"法律规定的机关"和"有关组织"明确界定,导致地方法院对于环境民事公益诉讼案件的审理普遍持有观望态度,案件的总体数量依然有限。2012—2015 年,受理案件最多的江苏省也只有 5 例。

随着 2015 年新修订的《环境保护法》第五十八条明确"有关组织"的具体要求,以及最高人民法院发布《关于审理环境民事公益诉讼案件适用法律若干问题的解释》,地方法院的案件审理有了清晰的法律依据和审判程序。同年,最高人民检察院在 13 个省、自治区和直辖市开启了公益诉讼试点。这些都激励了环保组织参与诉讼的热情,推动了环境民事公益诉讼案件数量的快速增长。2017 年新修订的《民事诉讼法》和《行政诉讼法》对"法律规定的机关"进行了界定,正式建立检察公益诉讼制度,导致由检察机关提起的案件数量逐年攀升,2019 年立案数量达到 142 件。2020 年之后,受到新冠疫情的影响,案件的总体数量出现一定程度的回落(参见图 4-1)。

从原告构成来看,在 2010 年至 2013 年间,行政机关(例如:地方环保局等)提起的诉讼数量较多,由于当时法律尚未对原告诉讼资格进行明确规定,相关案件得到了法院受理和判决。2015 年之后,随着原告诉讼资格逐渐明确,除海洋管理部门外的行政机关所提起的公益诉讼均被驳回,或判决后通过上诉裁定为原告不适格。与此同时,生态环境损

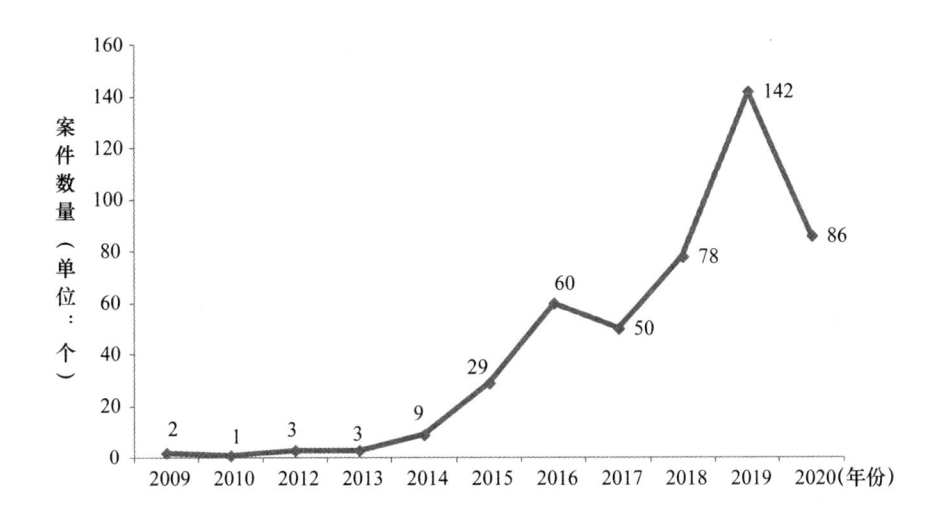

图 4-1　环境民事公益诉讼立案数量（2009—2020 年）①

害赔偿制度于 2015 年被创立并进行试点，2018 年开始在全国范围内广泛推开，目前已成为行政机关维护环境公共利益的主要途径。依据《民事诉讼法》第五十五条之规定，符合原告资格的社会组织或行政机关在起诉顺位上先于检察机关。仅当公示后其未提起诉讼时，检察机关才能起诉，主要发挥"兜底"作用。② 然而在 2015 年之后，原告构成却出现了明显的变化趋势，社会组织所提起的案件占比从 90% 减少至 10%，而检察机关所提起的案件却从 7% 增加到 90%（参见图 4-2）。

二　社会组织

与检察机关相比，社会组织可以异地起诉，诉讼对象的选择更为广泛。2009 年以来，全国总计 35 家社会组织作为原告参与环境民事公益

---

① 由于部分 2020 年及以前提起的案件尚未进入诉讼过程，案件总数仅覆盖已结案且公开裁判文书的样本。

② 李挚萍：《中国环境公益诉讼原告主体的优劣分析和顺序选择》，《河北法学》2010 年第 1 期。

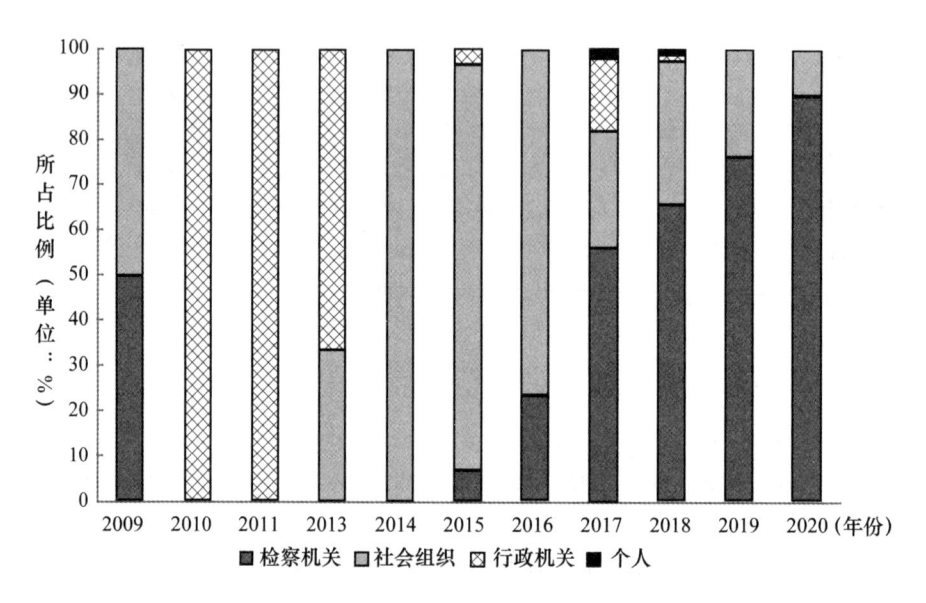

图 4-2 环境民事公益诉讼的原告构成（2009—2020 年）

诉讼。从 2014 年到 2020 年，每年平均有约 10 家社会组织提起诉讼。2016 年是社会组织参与环境民事公益诉讼的高峰期，共有 13 家提起诉讼，案件数量也最多，共有 46 件。近几年，随着检察公益诉讼制度的推行，社会组织的参与热情逐渐降低，案件数量也呈现下降趋势（参见表 4-1）。

表 4-1　　　　历年参与环境民事公益诉讼的社会组织数量

年份	2009	2013	2014	2015	2016	2017	2018	2019	2020	总计
参与的社会组织数量	1	1	8	8	13	10	10	9	6	35
诉讼数量	1	1	9	26	46	13	25	34	9	166

进一步聚焦曾经参与过环境民事公益诉讼的 35 家社会组织，从参与频率来看呈现明显的头部效应（参见表 4-2）。其中，有 19 家仅提起

过 1 件诉讼，多为地方性环保组织，诉讼的提起具有一定的偶然性。而排名前 4 位的社会组织共提起诉讼 109 件，约占诉讼总量的 65%。提起诉讼数量最多的中国生物多样性保护与绿色发展基金会（简称"绿发会"）和中华环保联合会均是具有一定官方背景的全国性环保组织。其中，绿发会的前身是成立于 1985 年的中国麋鹿基金会，由时任全国政协副主席的吕正操、包尔汉、钱昌照等同志发起，1997 年在时任国务院副总理温家宝同志批示下正式更为现名，由中国科学技术协会主管。中华环保联合会于 2005 年经国务院批准成立，现主管单位为生态环境部，受民政部业务指导和监督管理。根据 2021 年 10 月其官网显示，常务理事、理事中拥有众多中高级政要，其中正部级以上领导 40 人，副部级以上领导 155 人。

表 4-2　**按照提起环境民事公益诉讼数量的社会组织排名**

社会组织名称	数量
中国生物多样性保护与绿色发展基金会	41
中华环保联合会	26
北京市丰台区源头爱好者环境研究所	24
北京市朝阳区自然之友环境研究所	18
金华市绿色生态文化服务中心	8
山东环境保护基金会	7
中华环境保护基金会	6
广东省环境保护基金会	4
镇江市环境科学学会	4
重庆市绿色志愿者联合会	4
北京市朝阳区绿家园环境科学研究中心	3
福建省绿家园环境友好中心	3
重庆两江志愿服务发展中心	3

续表

社会组织名称	数量
大连市环保志愿者协会	2
河南省企业社会责任促进中心	
镇江市生态环境公益保护协会	
安徽省环保联合会	1
北京市朝阳区环友科学技术研究中心	
常州市环境公益协会	
东莞市环境科学学会	
福建省环保志愿者协会	
贵阳公众环境教育中心	
杭州市生态文化协会	
河南省环保联合会	
江苏省环保联合会	
江苏省泰州市环保联合会	
连云港市赣榆区环境保护协会	
清镇市生态保护联合会	
绍兴市生态文明促进协会	
湘潭环境保护协会	
湘潭生态环境保护协会	
益阳市环境与资源保护志愿者协会	
岳阳市江豚保护协会	
枣庄市环保公益联合会	
长沙市野生动植物保护协会	

三 检察机关

依据《民事诉讼法》第五十五条的立法本意，检察机关在环境民事公益诉讼中应该主要起到支持起诉的作用，只有在社会组织不愿起诉时，才作为法律监督机关行使起诉权。[①]《最高人民法院关于审理环境民事公益诉讼案件适用法律若干问题的解释》第十一条进一步规定，检察机关可以通过提供法律咨询、提交书面意见、协助调查取证等方式支持社会

---

① 石晓波、梅傲寒：《检察机关提起刑事附带民事公益诉讼制度的检视与完善》，《政法论丛》2019 年第 6 期。

组织依法提起环境民事公益诉讼,充分发挥其公权力的优势弥补社会组织在污染证据收集中的短板,特别是在异地起诉时,实现对公民环境权的救济。

然而,在环境民事公益诉讼的司法实践中,检察机关却未有效承担起支持起诉的法定职责,获得检察机关支持的社会组织并不多。通过与社会组织负责人的深度访谈,我们了解到,当社会组织提起诉讼时,在大多数情况下都会积极争取当地检察机关的支持与配合,但现实却是检察机关往往较少回应社会组织的诉求。究其背后原因,既与检察机关自身的工作考核体系有关,也与避免和地方政府或龙头企业发生直接性对抗有关。目前来看,检察机关支持起诉的相关配套制度建设尚不完善,关于启动程序、协助调查取证的范围、是否派员出庭、二审是否支持等制度细节还有待明确。① 从案件梳理来看,共有32个社会组织提起的案件获得了检察机关的支持起诉,其中中华环保联合会和绿发会数量较多,检察机关更倾向于支持全国性环保组织(参见表4-3)。

表4-3　　　　　　　　　检察机关支持起诉的情况

原告	数量	支持起诉的检察机关
中华环保联合会	9	漳州市龙文区人民检察院2次、昆山市人民检察院4次、江西省新余市人民检察院、广州市白云区人民检察院、常熟市人民检察院
中国生物多样性保护与绿色发展基金会	5	邢台市人民检察院、江苏省徐州市人民检察院4次
安徽省环保联合会	1	安徽省凤台县人民检察院
广东省环境保护基金会	2	广州市天河区人民检察院、广州市番禺区人民检察院
河南省企业社会责任促进中心	1	洛阳市人民检察院

---

① 唐绍均、王嘉琪:《环境民事公益诉讼中支持起诉制度的异化与匡正》,《深圳大学学报》(人文社会科学版)2020年第3期;张梓太、程飞鸿、张守慧:《检察环境公益诉讼的实践隐忧和完善路径——从功能与定位的视角切入》,《环境保护》2020年第16期。

续表

原告	数量	支持起诉的检察机关
重庆市绿色志愿者联合会	1	重庆市人民检察院第二分院
自然之友、福建绿家园	1	南平市人民检察院
常州市环境公益协会	1	常州市人民检察院
东莞市环境科学学会	1	东莞市人民检察院
江苏省泰州市环保联合会	1	泰州市人民检察院
连云港市赣榆区环境保护协会	1	连云港市人民检察院
湘潭生态环境保护协会	1	湘潭市人民检察院
岳阳市江豚保护协会	1	岳阳市人民检察院、岳阳市岳阳楼区人民检察院同时支持
长沙市野生动植物保护协会	1	湖南省长沙市人民检察院、湖南省长沙市开福区人民检察院同时支持
镇江市生态环境公益保护协会	1	扬中市人民检察院、丹阳市人民检察院
中山市环境科学学会	1	中山市人民检察院
昆明市环境保护局	1	昆明市人民检察院
中山市海洋与渔业局	1	中山市人民检察院
云南省宜良县国土资源局	1	云南省宜良县人民检察院

相比于支持起诉的法定职责，检察机关作为当事人直接提起诉讼的积极性更高。检察机关提起的刑事附带民事公益诉讼案件数量最多，不涉及起诉顺位的考虑，仅在2018年就有1248件，是环境民事公益诉讼案件的11倍。除了刑事附带民事的案件外，检察机关提起的环境民事公益诉讼案件中58.6%属于"先刑后民"，即：刑事诉讼审判结束后再提起民事公益诉讼，案卷资料相对丰富，环境损害事实和造成的损失在刑事判决中也已认定。

从全国各地检察机关的积极性分布来看，丽水、重庆、广州、衢州等城市的地方检察院提起诉讼的案件数较多。一方面，与地方环境保护的重视程度密切相关；另一方面也与检察机关参与公益诉讼的考核机制和自身的业绩诉求有关（参见表4-4）。

表4-4　　　　　　　排名靠前的检察机关起诉数量前10名

城市	检察机关起诉数量
丽水	36
重庆	18
广州	13
衢州	12
白城	11
南京	11
南平	11
无锡	6
北京	5
潮州	5
广元	5
海口	5
上海	5
雅安	5

四　被告差异

根据当事人资源优势理论，当事人会充分利用拥有的资源禀赋将其转化为诉讼能力，从而对诉讼结果产生影响。因此，拥有资源优势的当事人更容易获取胜诉，从而导致原告在提起诉讼时出现选择被告的行为。①

在对被告身份的进一步分析后，我们发现：检察机关和社会组织对诉讼对象的选择倾向体现出显著差异。其中，检察机关更倾向于起诉个人和中小企业，两者合计占比高达96%。而社会组织则更倾向于起诉大企业及其子公司、政府、政府和企业组合等具有资源优势的被告，合计

---

① M. Galanter, "Why the 'Haves' Come Out Ahead: Speculations on the Limits of Legal Change", *Law & Society Review*, Vol. 9, No. 1, 1974, pp. 95-160.

占比达到56%。个人或行政机关作为原告的案件数量较少，按照现行法律规定，个人已不具备原告诉讼资格，而行政机关也仅限于海洋生态环境领域，不是环境公益诉讼的主流。因此，本书的分析重点主要集中在以检察机关和社会组织为原告的案件（参见表4-5）。

表4-5　　　　　　不同原告起诉的被告占比情况

原告	被告	数量	占比
个人	大企业子公司	2	100%
检察机关	大企业	6	2.14%
	大企业子公司	4	1.42%
	个人	214	76.16%
	中小企业	55	19.57%
	政府	1	0.36%
	政府+企业	1	0.36%
社会组织	大企业	56	34.36%
	大企业子公司	22	13.50%
	个人	26	15.95%
	中小企业	46	28.22%
	政府	3	1.84%
	政府+企业	10	6.13%
行政机关	大企业	3	18.75%
	个人	6	37.50%
	中小企业	7	43.75%

通过与检察机关工作人员和社会组织负责人的深度访谈，我们了解到双方对被告的选择逻辑差异主要与组织价值和组织目标有关。对于检察机关而言，全国人大常委会于2017年11月4日通过《关于在全国各地推开国家监察体制改革试点方案》之后，原隶属于检察机关的反贪污贿赂、反渎职、预防职务犯罪等职能被剥离到监察机关，相关人员也成

建制地转隶到监察机关，对检察机关既有的工作机制造成了不小的冲击。为了寻求新的职能定位，检察机关开始将视野更多地投向公益诉讼领域，在全国范围内大力推广检察公益诉讼制度改革。由于办案量和胜诉率是对检察机关的主要考核指标，因此在选择被告时更倾向于掌握资源更少的个人和中小企业，这也是近年来检察机关作为原告的案件数量大幅攀升的主要原因。而对于社会组织而言，提升组织的社会影响力是其主要目标，对那些损害后果严重的重大环境污染事件更为关注。这些案件的背后往往是生产规模更大且污染能力更强的大型企业，以及支持其发展的地方政府。尽管面对着拥有资源优势的被告诉讼难度会增大，但即使败诉也会吸引广泛的社会关注，从而提升组织的社会影响力。

第二节 审判地点

一 地域分布

从省份分布来看，全国共29个省、自治区和直辖市的法院受理过环境民事公益诉讼案件，受理案件数量排名靠前的省份主要集中在东部沿海发达地区。其中，浙江和江苏的案件数量最多，均超过60件。

被告为企业的比例越高，经济发展与环境保护之间的张力越大，诉讼难度也越大。其中，浙江、四川、福建、吉林、江西等省份的相关比例较低，主要是由于检察机关提起了较多针对个人的非法捕捞、非法狩猎、占用耕地、毁坏林地等案件。

相较于驳回起诉和撤诉，调解或判决更能体现法院的案件审理过程，代表了法院对原告诉讼的正式回应，撤诉案件中原告诉求是否得到满足无法验证。调解或判决的比例越高，原告（尤其是社会组织）被驳回起诉或撤诉的比例越低，提起诉讼的压力越小。2015年之前，环境民事公益诉讼制度尚不完善，审判程序还在探索过程中。鉴于法律的模糊性，地方法院往往采取立而不审的处理方式。但在江苏和福建，调解或判决的案件较多，体现出当地法院对于环境公益诉讼案件的态度相对更为积极。而湖北、广西、江西、甘肃、云南、山西、青海、内蒙古等省份该比例值低于70%（参见表4-6）。

表4-6　　各省份环境民事公益诉讼案件的分布情况

省份	受理总数	2015年以前调解或判决的案件数量	调解或判决的案件中被告为企业的比例	调解或判决的比例
浙江	66	0	18.46%	98.48%
江苏	62	18	47.06%	82.26%
山东	33	3	41.38%	87.88%
广东	30	1	39.29%	93.33%
四川	24	1	17.39%	95.83%
安徽	23	0	0%	91.3%
福建	23	4	15%	86.96%
重庆	21	0	28.57%	100%
湖北	19	0	69.23%	68.42%
吉林	18	0	11.11%	100%
辽宁	16	1	21.43%	87.5%
北京	13	1	60%	76.92%
河南	13	1	54.54%	84.62%
广西	12	0	80%	41.67%
江西	12	0	16.67%	50%
湖南	11	1	75%	72.73%
贵州	9	2	55.56%	100%
宁夏	9	1	100%	100%
甘肃	8	0	50%	25%
云南	7	2	50%	57.14%
海南	5	0	40%	100%
河北	5	0	75%	80%
山西	5	0	100%	60%
上海	5	1	66.67%	100%

续表

省份	受理总数	2015年以前调解或判决的案件数量	调解或判决的案件中被告为企业的比例	调解或判决的比例
陕西	4	1	33.33%	75%
天津	3	0	50%	66.67%
青海	2	0	100%	50%
新疆	2	0	0%	100%
内蒙古	1	0	0%	0%

从城市分布来看，2015年之前共有26个城市的地方法院受理过环境民事公益诉讼案件，主要以东部沿海的经济发达城市为主（例如：北京、上海、广州等），其中，无锡和徐州最多，均为5件。只有贵阳、昆明等少数先行试点城市来自西部地区（参见图4-3）。2015年之后，随着法律制度的日趋完善，司法实践逐渐由东部沿海地区向中西部内陆地区扩散，共有131个城市的地方法院受理过环境民事公益诉讼案件，其

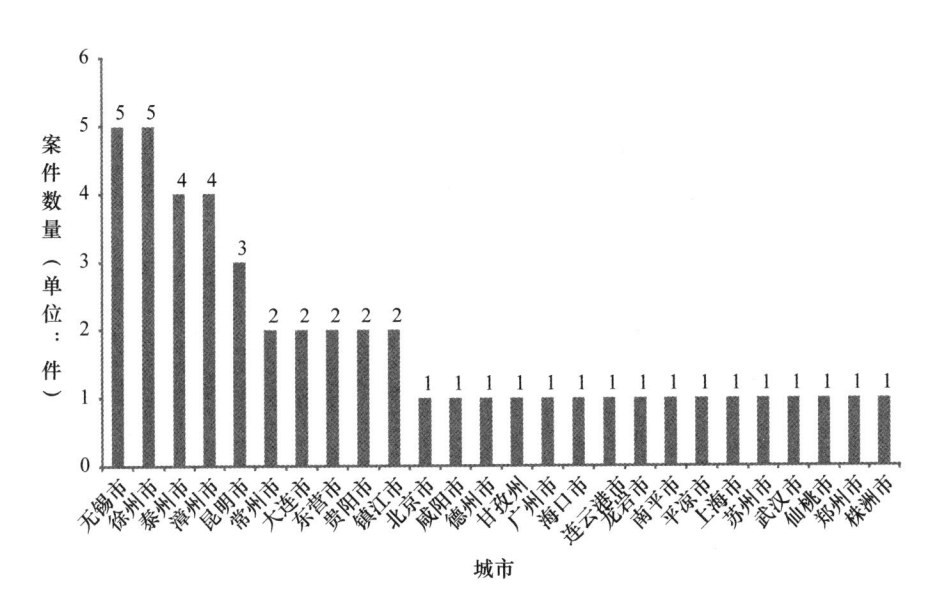

图4-3 2015年之前各城市环境民事公益诉讼案件的分布情况

中，案件数量排名靠前的城市分别是丽水（36件）、重庆（21件）、广州（20件）、南京（13件）等（参见图4-4）。

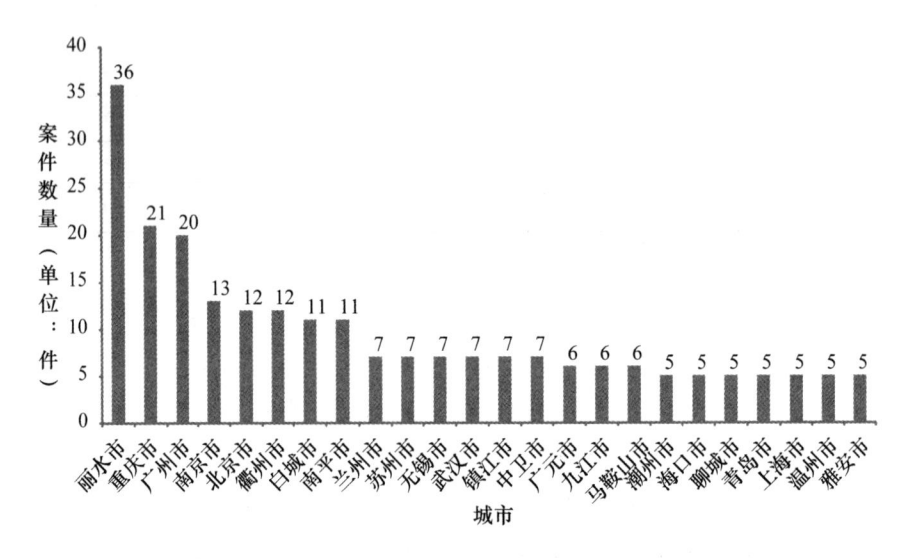

图4-4 2015年之后各城市环境民事公益诉讼案件的分布情况（5件及以上）

二 对地域差异的解释

我国幅员辽阔，不同地区之间在经济发展水平存在显著的不平衡现象，导致环境公益诉讼案件分布的地域差异。关于这一点，可以从环境库兹涅茨曲线（Environmental Kuznets Curve）得到理论解释。该曲线最早由美国环境经济学家格罗斯曼和克鲁格提出，他们通过对二氧化硫、微尘和悬浮颗粒三种大气污染物指标和人均收入水平的实证分析发现，环境质量与经济发展之间呈现一种倒U形曲线关系，即：环境污染水平在低收入水平上随人均收入增加而上升，在高收入水平上随人均收入增加而下降（参见图4-5）。①

在环境库兹涅茨曲线理论提出后，已有大量研究试图对其背后的规

---

① G. Grossman and A. Krueger, "Economic Growth and the Environment", *Quarterly Journal of Economics*, Vol. 112, 1995, pp. 353-377.

第四章 环境民事公益诉讼的实践图景 | 71

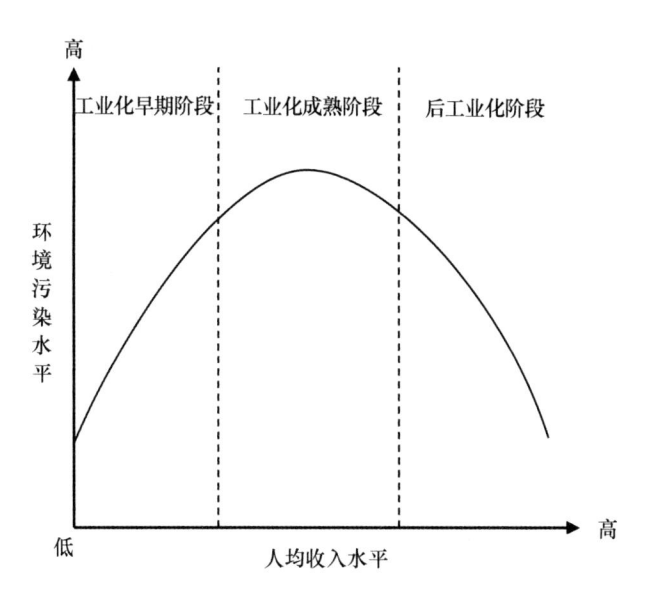

图 4-5 环境库兹涅茨曲线

律构建理论解释，大致形成以下三种学说：(1)"技术和产业结构学说"认为，经济发展要增加资源的使用，导致污染排放量的增加，但当进入高收入阶段后，技术研发支出上升，技术进步将提高资源使用效率，降低单位产出的要素投入，从而减少污染物的产生。同时，随着经济发展水平的提高，产业结构也会发生转变，从工业化早期的能源密集型重工业向后工业化的知识密集型服务业转变。当服务业替代工业的主导地位后，环境污染水平工业会相应降低。①(2)"环境质量需求学说"认为，收入水平低的社会群体对环境质量的需求也低，更愿意以牺牲环境为代价推动经济发展和收入水平的提高。收入水平提高后，人们对环境质量的需求会逐渐提高，不仅愿意购买环境友好型商品，而且环保意识也会

---

① S. M. De Bruyn, J. C. J. M. van den Bergh and J. B. Opschoor, "Economic Growth and Emissions: Reconsidering the Empirical Basis of Environmental Kuznets Curves", *Ecological Economics*, Vol. 25, No. 2, 1998, pp. 161–175; M. Lindmark, "An EKC-pattern in Historical Perspective: Carbon Dioxide Emissions, Technology, Fuel Prices and Growth in Sweden 1870–1997", *Ecological Economics*, Vol. 42, No. 2, 2002, pp. 333–347; M. Pasche, "Technical Progress, Structural Change, and the Environmental Kuznets Curve", *Ecological Economics*, Vol. 42, No. 3, 2002, pp. 381–389.

增强。当环境质量需求的收入弹性大于 1 时,人们会愿意接受更严格的环境规制,牺牲部分经济利益来改善环境质量。① (3)"环境规制与市场机制学说"认为,收入水平提高的过程也是环境规制和市场机制不断完善的过程。一方面,政府在不断健全关于环境质量检测和环境污染标准等方面的监管技术手段和政策法规体系;另一方面,污染权交易市场的建立将使污染行为的社会外部性内部化,市场的内生自调节功能会阻止环境恶化。这些都将最终推动环境压力和经济发展水平出现分离。②

上述三种学说均具有一定的合理性,从不同侧面解释了环境压力与经济发展之间的关系。在环境民事公益诉讼领域,如果用地方受理案件数量表示环境压力,用人均 GDP 表示经济发展水平,以前者为横轴和以后者(取自然对数)为纵轴形成散点图(参见图 4 - 6)。从中我们可以发现:两者整体上呈现比较明显的正相关关系,人均 GDP 越高,案件数量越多。这说明我国大部分地区还处于由工业化早期阶段向工业化成熟阶段的发展过程中,即便是江苏、浙江等沿海经济发达省份依然没有跨过库兹涅茨拐点,尚未进入后工业化阶段,尽管人均 GDP 排名全国前列,但案件数量也遥遥领先于其他省份。因此,对于大多数地方政府而言,环境保护与地方经济发展之间存在着张力,为了追求短期经济效益可能会对环境污染控制采取消极态度,环保部门在面对重点招商引资项目时往往难以发挥环境监管职能。③ 当然也有例外的城市,散点图中的北京和上海与总体回归趋势线之间有较大偏离,这两座一线城市人均 GDP 很

---

① S. Dinda, "Environmental Kuznets Curve Hypothesis: A Survey", *Ecological Economics*, Vol. 49, No. 4, 2004, pp. 431 – 455.

② X. Liu, "Explaining the Relationship Between CO_2 Emissions and National Income-The Role of Energy Consumption", *Economics Letters*, Vol. 87, No. 3, 2005, pp. 325 – 328; G. C. Unruh and W. R. Moomaw, "An Alternative Analysis of Apparent EKC-type Transitions", *Ecological Economics*, Vol. 25, No. 2, 1998, pp. 221 – 229; E. Magnani, "The Environmental Kuznets Curve: Development Path or Policy Result?" *Environmental Modelling & Software*, Vol. 16, No. 2, 2001, pp. 157 – 165; J. Roca, et al., "Economic Growth and Atmospheric Pollution in Spain: Discussing the Environmental Kuznets Curve Hypothesis", *Ecological Economics*, Vol. 39, No. 1, 2001, pp. 85 – 99.

③ 曾婧婧、胡锦绣、朱利平:《从政府规制到社会治理:国外环境治理的理论扩展与实践》,《国外理论动态》2016 年第 4 期;张紧跟、庄文嘉:《从行政性治理到多元共治:当代中国环境治理的转型思考》,《中共宁波市委党校学报》2008 年第 6 期。

高，但案件数量却较少，说明它们已经跨过库兹涅茨拐点，进入后工业化阶段。一方面，通过腾笼换鸟式的产业升级，服务业占比逐步提升；另一方面，提高环境准入门槛，倒逼企业升级环保设施。同时，日渐觉醒的公众环保意识也推动着环境法治水平的提高和环境治理能力的增强。

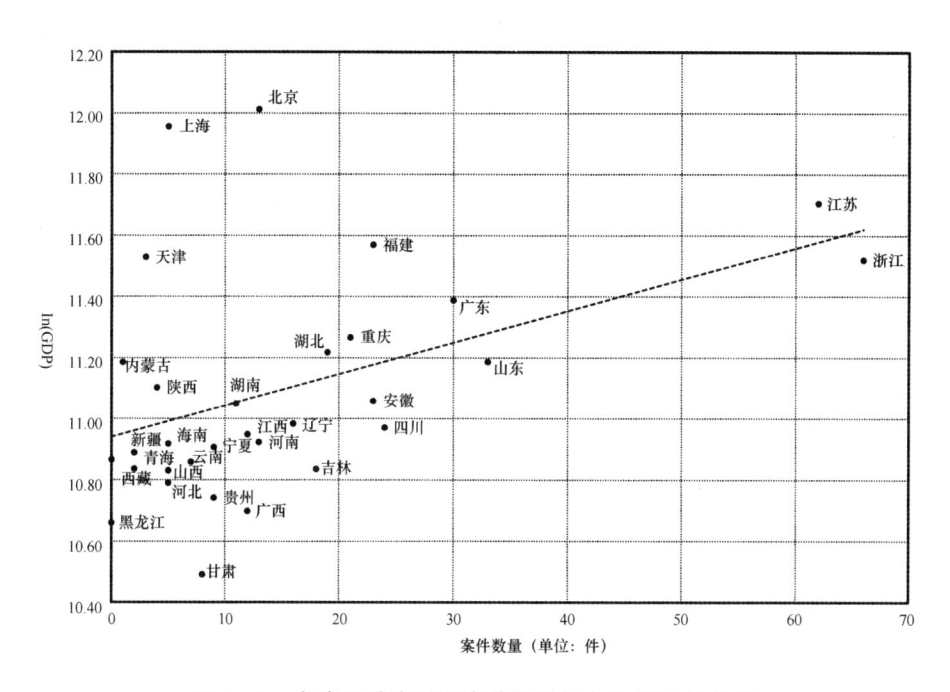

图4-6 各省份地方受理案件数量与人均GDP的关系

第三节 损害类型

一 损害类型的分布

随着法律制度的完善，被纳入环境民事公益诉讼受理范围的损害类型不断丰富，呈现多元化的特征。在2015年之前，案件范围相对比较狭窄，仅限于大气污染、水污染和土壤污染等传统的损害类型。在2015年新《环境保护法》及其司法解释颁布实施后，固体废物、生态破坏等新类型案件被纳入环境民事公益诉讼中，相关案件数量逐渐增多。此外，"环境"的内涵也进一步扩展，不仅包含自然环境，还包含人文环境，出现了涉及破坏文物的公益诉讼案件。根据裁判文书，我们按照损害类型对所掌握的案件进行分类，共梳理出大气污染、水与海洋污染、土壤污染、固体废物污染、复合污染、破坏林地草原、破坏耕地、非法捕捞、非法狩猎、濒危动植物、破坏文物等多种类型。

从案件的主导类型来看，2015年至2018年间水与海洋污染相关案件最多，2016年复合污染和2017年土壤污染相关案件也较多。这些损害类型都属于工业生产性污染，往往与企业排污行为密切相关。近几年，案件的主导类型发生了较大变化，其中2019年破坏林地草原和非法捕捞的案件较多，2020年非法狩猎的案件最多，有很强的个人指向性，表现为对自然资源的直接破坏（参见表4-7）。

表4-7　　　　　　　　历年不同损害类型的案件数量

年份（案件数量）	2009	2010	2012	2013	2014	2015	2016	2017	2018	2019	2020
破坏林地草原（64）	1	0	0	0	1	0	0	5	5	38	14
复合污染（水、土、气，51）	1	0	1	1	2	2	15	8	9	12	0
水与海洋污染（103）	0	1	0	2	3	19	22	15	20	19	2
生态破坏（20）	0	0	1	0	0	0	3	0	3	6	7
固体废物（19）	0	0	0	0	1	2	1	2	6	5	2
大气污染（34）	0	0	0	0	1	3	10	5	3	7	5
土壤污染（39）	0	0	0	0	1	1	7	12	11	6	1
破坏文物、濒危动植物（8）	0	0	0	0	0	2	1	0	1	2	2
非法捕捞（47）	0	0	0	0	0	0	0	0	13	25	9
非法狩猎（44）	0	0	0	0	0	0	0	0	1	9	34
破坏耕地（13）	0	0	0	0	0	0	0	0	1	4	8
其他（4）	0	0	0	0	0	0	3	0	1	0

对于每种损害类型的案件而言,首案往往会引发较高的社会关注度,推动着环境民事公益诉讼制度受案范围的不断扩展。例如:2017年马固村案的起因是古村内5处文物被拆毁。绿发会将郑州市上街区马固村委会、上街区人民政府、峡窝镇人民政府和上街区文广局告上法庭,最终该案以和解协议的方式结案,成为全国首个涉及文物保护的环境民事公益诉讼案。又如:在2018年弃风弃光案中,自然之友针对被告国家电网甘肃分公司继续使用燃煤发电,而放弃风力发电和太阳能光伏发电的行为提起诉讼,认为此举会引发全球气候变化并对生态环境产生负面影响。尽管兰州市中级人民法院在一审中驳回原告诉讼,但甘肃省高级人民法院认为原告有明确的被告及具体的诉讼请求和事实理由,应当受理,撤回一审裁定,指定集中管辖涉环境资源类案件的甘肃矿区人民法院审理。该案被视作是我国环境民事公益诉讼向气候变化诉讼领域的一次重要探索。

二 不同原告起诉的损害类型差异

通过对原告身份和损害类型的交叉分析,我们发现:社会组织和检察机关在环境民事公益诉讼中形成了"默契"的分工,体现出两者因不同的组织价值和组织目标差异而导致的行为逻辑差异(参见图4-7)。

对于社会组织而言,在大气污染、水与海洋污染等损害类型中所提起的案件占比均超过50%,能造成此类污染的企业的生产规模一般比较大。同时,属于其他类型的4件案件均为社会组织提起,具体涉及弃风弃光(2件)、旅游公司圈地阻碍公众游赏(1件)、外卖平台默认选择一次性餐具(1件)。尽管这4件案件的最终判决结果为调解、驳回或撤诉,但依然说明在探索新的诉讼领域方面社会组织比较积极。无论是影响范围广的传统类型案件,还是尚待开拓的新类型案件,均有一个共同点,即:容易引起社会的广泛关注。

对于检察机关而言,在非法狩猎、破坏林地草原、非法捕捞等损害类型中所提起的案件占比均超过90%,并且案件总数也比较多。这些类

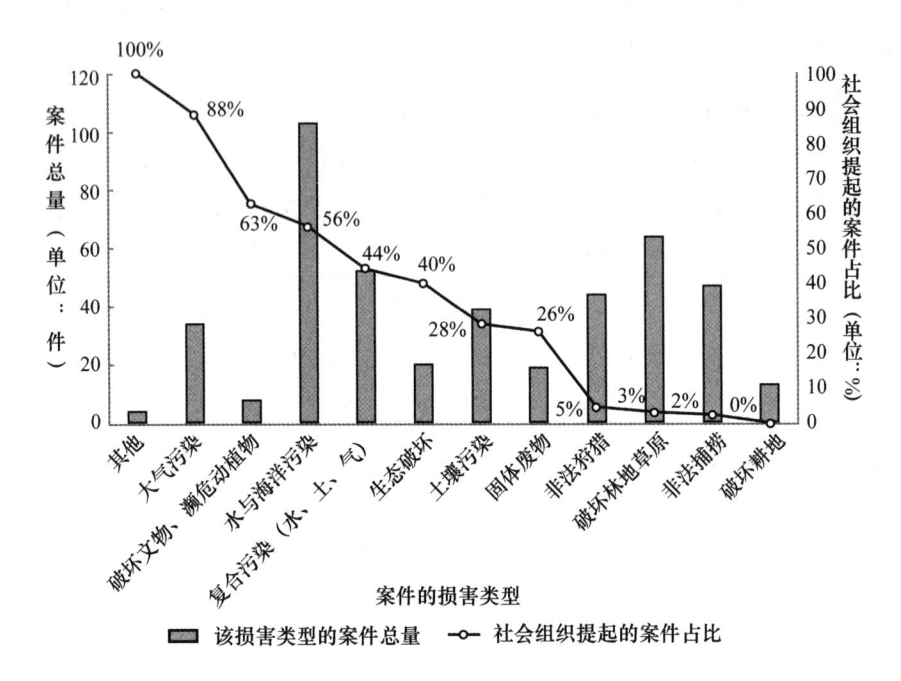

图 4-7 不同原告起诉案件的损害类型

型案件的违法主体主要以个人或中小企业为主,对生态环境整体的消极影响相对较轻,赔偿金额也较低,社会关注度往往不高。如果由社会组织异地起诉,有时诉讼成本甚至高于赔偿金额,因此由本地检察机关提起诉讼的成本更低。更重要的是,这类案件的被告诉讼能力有限,违法事实比较清晰,举证难度较小,胜诉率较高,因此受到考核指标导向的检察机关的青睐。

综上可见,在参与环境民事公益诉讼时,社会组织表现出更积极的风险偏好倾向,更愿意"啃硬骨头";检察机关则表现出更保守的风险厌恶倾向,更愿意"捏软柿子"。造成这一情况的底层原因在于两者赖以生存的基础不同,社会组织来自外部社会的公众认可,而检察机关来自内部科层的上级认可,不同的组织价值和目标导致了差异化的起诉行为选择。

第四节 诉讼过程

一 审判周期

审判周期是指从正式立案到一审判决所花费的时间，能体现出案件审理过程中的复杂程度，既包括原告和被告的冲突复杂程度（例如：涉及多个被告，可能需要多次开庭），又包括案件本身的复杂程度（例如：起诉类型没有先例，或者损害事实和结果判定困难等）。

从审判周期分布来看，48.6%的案件少于124天，25%的案件介于124天至244天之间，整体来看法院的审判效率比较高。在我们所掌握的案件中，审判周期最短的是安徽省铜陵市人民检察院起诉齐某非法采砂破坏长江铜陵段水域生态环境，被告已被追究刑事责任，铜陵市中级人民法院2019年12月19日立案后，依法适用普通程序，2019年12月23日公开开庭进行了审理，审判周期仅为4天。而审判周期最长的案件是绿发会诉雅砻江流域水电开发有限公司案，原告因被告水电开发将淹没雅江县五小叶槭的绝大部分分布区，对五小叶槭的生存构成严重威胁而起诉。作为全国首例保护濒危植物的环境民事公益诉讼案，该案入选了"全国法院生物多样性保护专题指导性案例"。与此前案件相比，复杂性在于其属于预防性诉讼，原告提起诉讼时损害结果尚未发生，只是存在潜在风险。然而，在世界自然保护联盟公布的红色名录中，五小叶槭被评估为"极度濒危"，一旦损害结果发生便无法挽救。2015年12月21日在四川省甘孜藏族自治州中级人民法院正式立案，但因案情复杂，经批准延长审理期限后最终于2020年12月17日判决，审判周期近5年。

对于不同身份的原告，审判周期存在着明显差异。从不同原告的审判周期直方图中，我们可以看出：在检察机关起诉的案件中，有129件的审判周期介于4天至104天，75件介于105天至204天，两者共占比为81.3%，平均审判周期为179.7天。而在社会组织单独起诉的案件中，只有6件的审判周期介于57天至156天，7件介于157天至256天，两者共占比为30.2%，平均审判周期为446.8天。可见，社会组织作为原告的案件一审的审判周期明显长于检察机关，相应的诉讼成本也更高。造成这一结果的原因是复杂的，尽管检察机关所起诉的案件普遍案情相对简单，且被告诉讼能力较弱，但其诉讼能力优势也是缩短审判周期的重要原因之一。如果检察机关愿意支持社会组织起诉，则可以大幅缩短审判周期。在此类案件中，有5件的审判周期介于9天至108天，5件介于109天至208天，两者共占比为43.5%，可惜在司法实践中检察机关支持社会组织起诉的情况并不经常发生（参见图4-8、图4-9、图4-10）。

各省份在审判周期上存在着较大差异。从平均审判周期来看，山西省最长，平均需要778天，紧随其后的北京、宁夏、河北、陕西均需要超过1年的时间。浙江、辽宁、海南、青海等的审判周期最短，其中青海仅需51天（参见图4-11）。

由于不同损害类型的复杂程度不同，审判周期也存在显著区别。其中，涉及破坏文物或濒危动植物的案件因价值认定困难，审理复杂程度

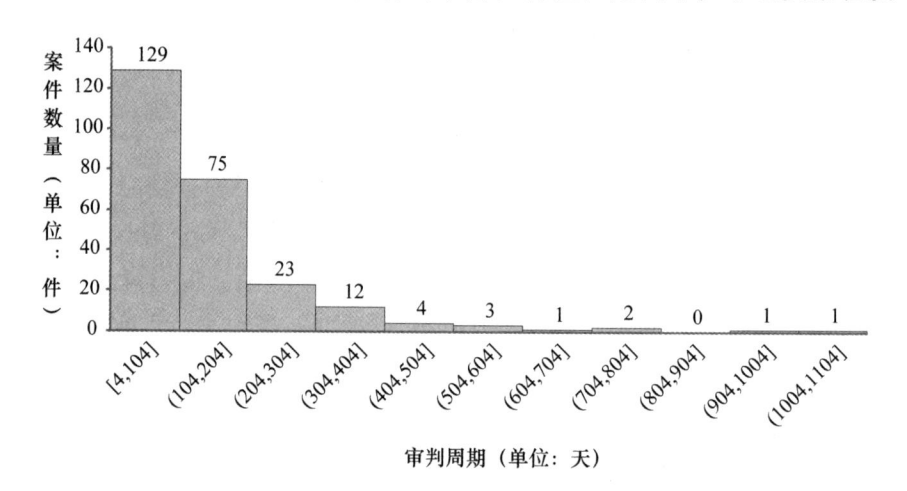

图4-8 检察机关起诉案件的审判周期直方图

最高，平均审判周期也最长，约为595天；大气污染、固体废物、复合污染、水与海洋污染等工业生产性的损害类型的审理周期也相对较长；而破坏林地草原、破坏耕地、非法捕捞、非法狩猎等个人指向性的损害类型的审理周期明显较短（参见图4-12）。

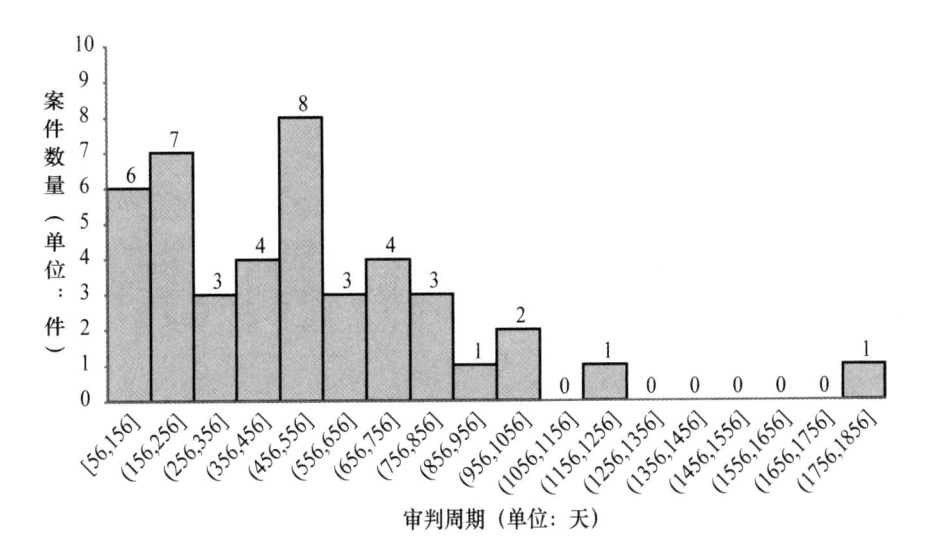

图4-9 社会组织起诉案件的审判周期直方图

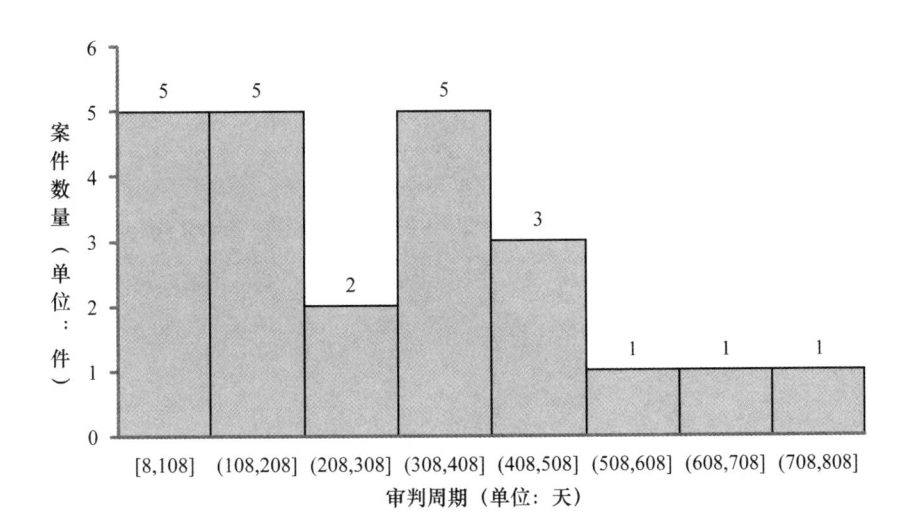

图4-10 检察机关支持社会组织起诉案件的审判周期直方图

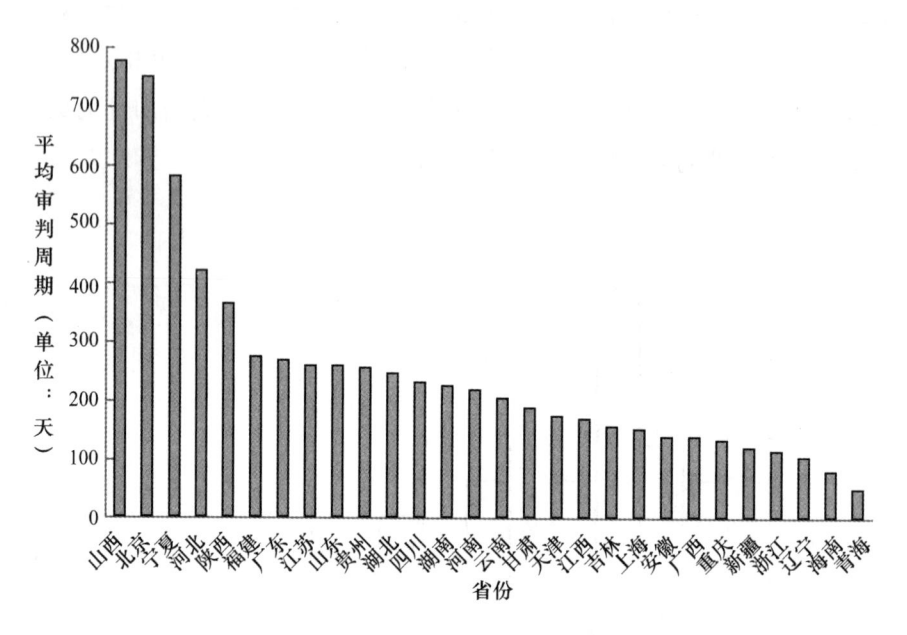

图 4-11 各省市的平均审判周期

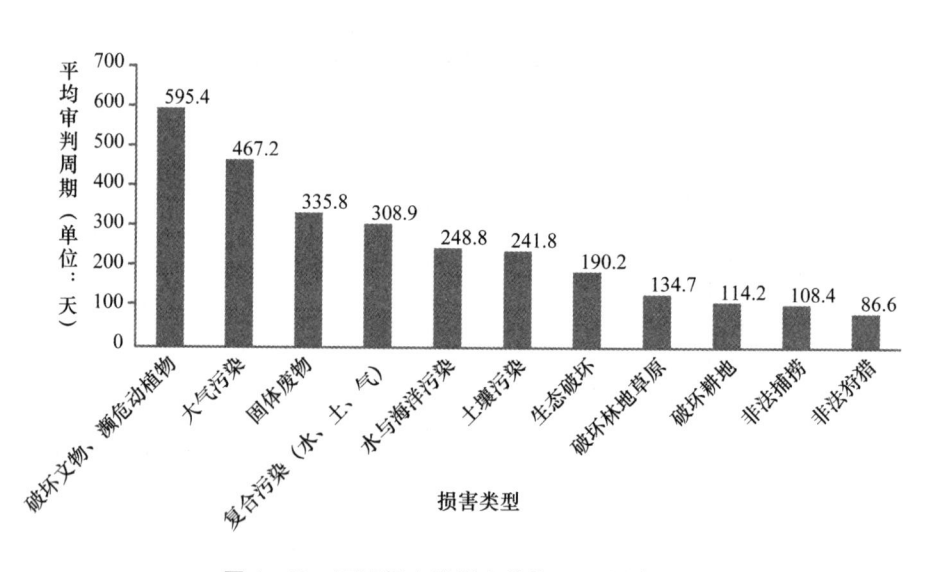

图 4-12 不同损害类型案件的平均审判周期

从不同的被告身份可以看出，被告的诉讼能力越强，原告面临的诉讼压力越大，法院在审判过程中可能存在的顾虑也越多，因此审判周期也越长。其中，当政府与大企业作为共同被告时，平均审判周期最长，为632.5天；其次是大企业作为被告，平均审判周期为525.8天；再次是政府与小企业作为共同被告，平均审判周期为523天。相反，当个人作为被告时，平均审判周期最短，为177.8天（参见图4-13）。

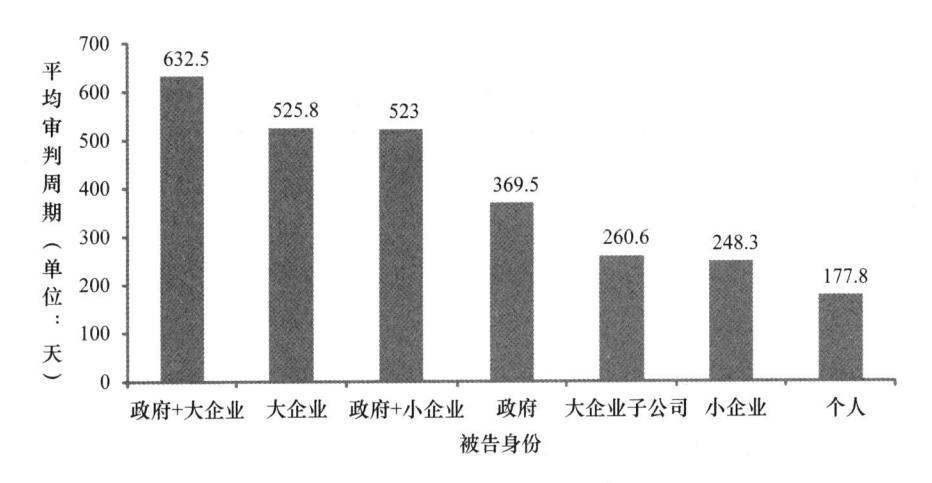

图4-13 不同被告的平均审判周期

二 上诉情况

上诉和再审的发生表明一审判决没有起到息诉止争的作用，上诉率高意味着当事人不服诉讼结果的情况比较普遍，再审率高则会对两审终审制的权威性和公信力造成巨大挑战。[①] 根据我们所掌握的案件，发生上诉的案件有50件，上诉率约为14.5%，其中6件由最高人民法院提审。

值得关注的是，由检察机关提起的环境民事公益诉讼案中，上诉方均为一审被告。在由检察机关支持起诉的案件中，一审被告上诉的占比也超过80%。而仅由社会组织提起的案件中，一审原告上诉的情况更为

---

① 吕忠梅、张忠民、熊晓青：《中国环境司法现状调查——以千份环境裁判文书为样本》，《法学》2011年第4期。

普遍,占比为69%。不同身份原告提起的案件在上诉情况上的差异可以从另一个侧面反映出诉讼能力对诉讼结果的潜在影响(参见表4-8)。关于再审结果,由一审被告提起上诉的案件中,31件维持原判,5件重新判决,改判率为13.5%;由一审原告提起上诉的案件中,7件维持原判,5件重新判决,改判率为41.7%。这表明:作为原告的社会组织在一审过程中确实可能面临着较高的地方司法保护主义左右诉讼结果的情况(参见表4-9)。

表4-8 不同原告提起的案件的上诉情况

原告身份	上诉方	案件数量
检察机关提起	一审被告	22
社会组织提起,检察机关支持起诉	一审原告	1
社会组织提起,检察机关支持起诉	一审被告	8
社会组织提起,检察机关支持起诉	一审原告、被告均上诉	1
行政机构提起,检察机关支持起诉	一审被告	2
社会组织提起	一审原告	11
社会组织提起	一审被告	5

表4-9 不同上诉方的再审结果与改判率

上诉方	案件数量	再审结果	改判率
一审被告	31	维持原判	13.5%
一审被告	1	省高院维持,最高法提审	13.5%
一审被告	5	重新判决	13.5%
一审原告	7	维持原判	41.7%
一审原告	5	重新判决	41.7%
一审原告、被告均上诉	1	维持原判	0%

从不同省份对比来看,广东的上诉案件数量最多,达到11件,上诉率也最高,达到36.7%。在上诉案件数量上,江苏、山东、安徽、河南

等省份紧随其后；而在上诉率上，河南、云南、贵州等省份均超过20%，反映出上述省份在一审判决结果上存在较大争议。而四川、湖北、吉林、宁夏、甘肃、海南、山西、上海、山西、天津、青海、新疆、内蒙古等省份均无上诉案件（参见图4-14）。

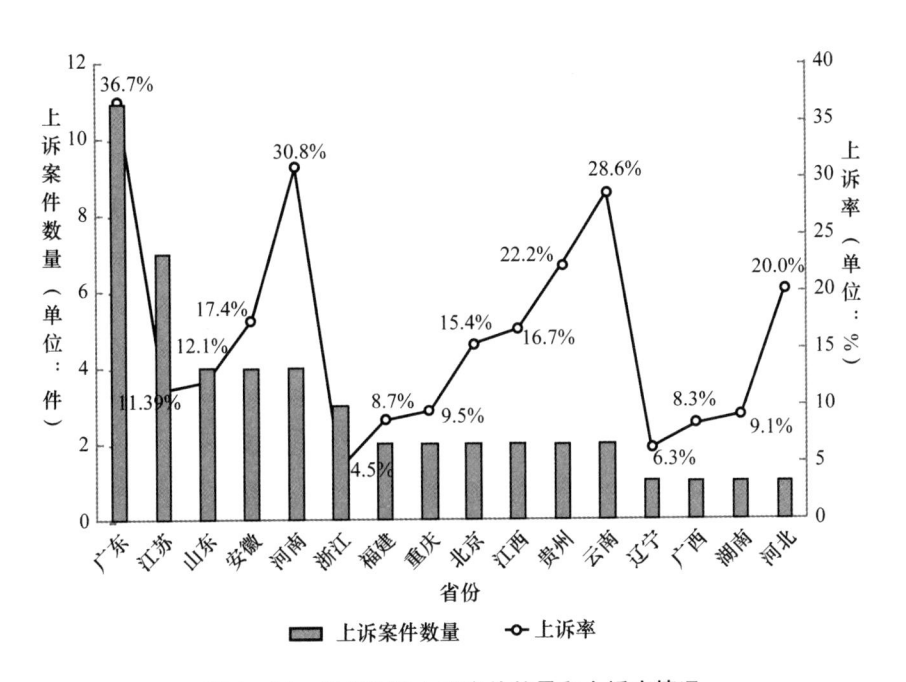

图4-14 各省市的上诉案件数量和上诉率情况

三 诉讼成本

诉讼成本是指原告为提起诉讼而先行承担的合理成本。尽管在2015年福建南平采矿毁林生态破坏案中①，最高人民法院明确规定了原告诉讼成本由败诉被告支付的审理规则，但能否转移由被告承担还取决于法

---

① 福建南平采矿毁林生态破坏案是2015年新《环境保护法》实施以来首个判决的环境民事公益诉讼案，被选入"2015年最高人民法院指导案例"。在该案中，原告为北京的"自然之友"与福建本地的"福建绿家园"，针对四名被告的采矿毁林行为提起诉讼。最终，法院判决原告胜诉，被告除了需要承担250万元的生态环境修复费用外，还需要承担原告的评估费、律师费以及为诉讼支出的其他合理费用，约16.5万余元。

院判决。对于当事人而言，诉讼成本是影响环境民事公益诉讼司法实践的重要制约因素之一。正如贵阳清镇市人民法院环保法庭庭长蔡明所说，"无论是个人，还是环保组织，作为原告打环保官司，都难以承受巨大的诉讼成本。"① 昆明中级人民法院环保法庭负责人袁学红也认为："打一个环保公益官司，诉讼费、律师费、鉴定费、为诉讼耗费的其他人员费用等，加起来动辄数十上百万元，要让作为原告的公益诉讼组织来承担这笔庞大的费用是不可能的。"②

对于检察机关而言，诉讼成本主要包括对环境损害成本的检测费、专家咨询费、鉴定费等费用。在我们所掌握的案件中，共有128件由检察机关提起的案件产生了鉴定、评估、检测、咨询等诉讼成本，其中31件由地方政府前期处理并垫付。每件案件的平均诉讼成本为8.47万元。在判决中，法院对检察机关的诉讼成本的支持率③为100%，全部转由败诉被告承担。对于社会组织而言，诉讼成本除了检测费、专家咨询费、鉴定费等技术性费用外，还包括律师费、差旅费等事务性费用。我们共统计到60件由社会组织提起的案件中提及了诉讼成本，除其中6件败诉案件诉讼成本由原告自行承担外，在其余54件胜诉案件中原告主张的平均诉讼成本为43.48万元，而法院对社会组织的诉讼成本的支持率仅为37.67%。

关于法院对社会组织主张的诉讼成本支持率偏低的情况，我们通过与法官的深度访谈了解到，法院在判定社会组织主张的诉讼成本时往往采取不同策略。对于鉴定费和差旅费，主要依据实际发生的且与案件直接相关的票据计算，相对比较客观。而主要争议集中在律师费上。社会组织委托律师属于商业行为，一般是按照市场定价，也有一些案件是按小时付费或按被告赔偿金额的一定比例计算。但法院认为提起诉讼属于

---

① 汪志球：《环保官司成本高，谁来埋单》，《人民日报》2011年2月17日。
② 中国新闻网：《昆明将建中国首支"环境公益诉讼救济基金"》，2010年4月7日。
③ 支持率是指法院判决由败诉被告应承担原告的诉讼成本占原告所主张的诉讼成本的百分比。

公益性行为，而非盈利性行为，因此不认同社会组织与律师之间签订的劳务合同中确定的市场佣金标准，经常进行酌情核减。例如：中华环保联合会、金华市绿色生态文化服务中心诉湖北雄陶陶瓷有限公司大气污染责任纠纷案中，中华环保联合会主张律师费20万和差旅费10万，金华市绿色服务中心主张律师费30万元。但法院认为律师费用过高，应以合理为限，最终酌情认定包含律师费和差旅费的诉讼成本共计6万元，其中中华环保联合会为5万元，金华市绿色服务中心为1万元。显然，法院此举提高了社会组织承担的诉讼成本，降低了其提起诉讼的积极性。

诚然，相关制度建设仍在不断完善中。通过对《最高人民法院关于审理环境民事公益诉讼案件适用法律若干问题的解释》的2021年和2015年两版的新旧条文对比，我们发现：关于原告可以主张的诉讼成本的规定已有很大不同。在2015版《解释》中，诉讼成本包括检验费、鉴定费以及合理律师费和诉讼支出等其他合理费用。而在2021版的《解释》中，对诉讼成本进行了进一步明确，具体包括生态环境损害调查、鉴定评估等费用，清除污染以及防止损害的发生和扩大所支出的合理费用，以及合理的律师费以及为诉讼支出的其他合理费用。然而，针对法院对社会组织所主张的诉讼成本支持率偏低的问题，目前仍然制约着我国环境民事公益诉讼的司法实践。

第五节 诉讼结果

环境民事公益诉讼的诉讼结果分为不予受理、原告撤诉、调解结案、判决结案四类。在2015年新《环境保护法》颁布实施后，由于个人或团体不享有诉权，因此其提起的诉讼法院均不予受理；除海洋环境监管部门在海洋环境保护领域提起的诉讼以判决结案外，行政机关在其他领域提起的诉讼也均未被受理。而检察机关和社会组织的诉讼结果存在较大差异。其中，检察机关不存在不予受理的情形，95%的案件均以判决方式结案，撤诉率和调解率都很低。相比之下，在由社会组织提起的诉讼中,只有44%的案件以判决方式结案,调解率为23%,撤诉率为18%,还有15%的案件被法院驳回起诉,不予受理(参见表4-10)。

表4-10　　　　　　　　　不同原告的诉讼结果差异

原告身份	诉讼结果	提起的案件数量	占比
个人或团体	不予受理	3	100%
行政机构	不予受理	7	44%
	判决结案	9	56%
社会组织	不予受理	24	15%
	原告撤诉	30	18%
	判决结案	71	44%
	调解结案	38	23%
检察机关	原告撤诉	6	2%
	判决结案	266	95%
	调解结案	8	3%

一　不予受理

法院立案是原告提起环境民事公益诉讼需要跨越的第一道门槛,不予受理是指法院没有接受原告的诉讼请求,相关案件尚未进入司法审判程序便被驳回。法院在接到起诉书后,主要需要审查三个关键点:(1)诉讼主体是否适格;(2)是否属于法院管辖范围;(3)是否属于环境民事公益诉讼案件。[①]这三个条件必须同时满足后,法院才能受理原告的诉讼请求,否则将予以驳回。

在我们掌握的案件中,共有34件的诉讼结果为不予受理。依据其被告身份进行进一步分析,大企业和大企业子公司占比为52.9%,小企业占比为32.4%,企业和政府作为共同被告占比为5.8%,个人占比为

---

① 黄秀蓉、钭晓东:《论环境司法的'三审合一'模式》,《法制与社会发展》2016年第4期。

8.8%。依据案件裁定书，不予受理的原因主要包括：（1）原告不属于法律规定的机关或有关组织。现行法律尚未赋予公民个人环境公益诉讼的原告资格，其只享有环境私益诉讼的起诉资格。（2）对于行政机关，尽管在2015年新《环境保护法》实施之前，由于《民事诉讼法》规定不清晰，法院受理了一些行政机构提起的环境民事公益诉讼，但目前只有海洋行政管理部门在海洋环境保护领域享有起诉资格。（3）社会组织不符合法律规定的资格要求。《环境保护法》第58条规定，适格的社会组织必须"专门从事环境保护公益活动连续五年以上且无违法记录"。（4）所诉的被告主体不适格，主要包括项目主体变更，并未实施污染行为，或不应与子公司列为共同被告等原因。（5）诉讼请求与行政机关的行政责任冲突，属于行政职权范畴，不属于法院判决的事项。

尽管随着相关法律制度的完善，以原告不适格为由不予受理的案件正在逐渐减少，但在司法实践中符合资格要求的社会组织仍然可能面临着法院以组织章程或业务范围与提起的案件类型没有直接关联为由驳回诉讼的情况，在一定程度上体现出地方司法保护主义行为的客观存在。例如：在绿发会诉宁夏8家企业的环境污染系列案[①]中，一审法院和二审法院均以其组织章程未明确"从事环境保护公益活动"为由驳回起诉，原告不服并上诉至最高人民法院，最终由最高人民法院针对如何判断社会组织是否从事环境保护公益活动进行了详细阐述，并发回一审法院重审。

二 原告撤诉

为了维护公共利益，环境民事公益诉讼中对于原告撤诉有严格的要求。根据《最高人民法院关于环境民事公益诉讼的司法解释理解与适用》，原告可以撤诉的唯一条件是相关行政部门已履行职责使原告的诉讼请求全部实现，但却未明确撤诉的要件。在36件撤诉案件中，被告为大企业和大

---

① 裁判文书：（2016）最高法民再46号。

企业子公司的占比为44.4%，小企业占比为33.3%，行政机构和企业作为共同被告占比为11.1%，个人比为11.1%。关于案件受理费的承担，由被告缴纳的有15件，由原告缴纳的有7件，其他未明确记录。

原告的撤诉一般以行政机关的积极行政介入或被告主动承担环境修复责任为前提，具体的撤诉理由包括：由行政机关出具已对所诉污染行为采取行政措施的官方声明，或被告与行政机关达成生态环境损害赔偿协议等。例如：在北京市丰台区源头爱好者环境研究所诉湖北绿色家园材料技术股份有限公司环境污染责任纠纷案中，原告以"环保部门已经介入对污染地块的监督和敦促"为由撤诉。原告撤诉可以降低环境案件审判对被告社会声誉的不利影响，但其必要条件是原告的诉讼请求全部实现。然而，我们发现在司法实践中这一要求在个别案件中并未有效落实，可能导致社会组织因受到被告的威胁或不正当利益裹挟而撤诉的情况出现。例如：在绿发会诉常州永泰丰化工有限公司环境污染责任纠纷案中，原告以"被告停止生产，不具备履行修复责任的事实可能"为由撤诉，但未表明其诉讼请求是否全部实现。关于原告撤诉申请的审查要求，在今后的法律制度完善中有待进一步明确与强化。

三 调解结案

当原告已掌握关于被告环境污染行为与损害事实的充分证据，且被告愿意主动承担环境修复责任时，诉讼双方往往倾向于选择在法院的调解下结案。依据《民事诉讼法》第89条第3款之规定，调解结案与判决结案拥有同等的法律效力，具有给付内容的调解书具有强制执行力。但与判决结案不同的是，调解结案不需要由严格司法程序所构建的封闭抗辩空间，只需要由法官为当事人提供一个灵活的开放交流空间。在这个空间中，对纠纷解决起作用的既包括正式的法律规则，又包括非正式的调解策略与技巧。这样做的好处是不仅可以减少双方诉累，降低原告的诉讼成本以及审判对被告造成的社会负面影响，而且可以节约宝贵的司法资源，提升对环境权益的救济效率。

需要指出，考虑到环境民事公益诉讼涉及公共利益，调解过程除了考虑诉讼双方的合意外，还必须重点考虑可能产生的社会影响，因此原告和被告的处分权均需受到一定程度的限制，需要法院对其进行审核后向社会公示。依据《最高人民法院关于环境民事公益诉讼的司法解释理解与适用》第25条之规定，"环境民事公益诉讼当事人达成调解协议或者自行达成和解协议后，人民法院应当将协议内容公告，公告期间不少于三十日。公告期满后，人民法院审查认为调解协议或者和解协议的内容不损害社会公共利益的，应当出具调解书。当事人以达成和解协议为由申请撤诉的，不予准许。调解书应当写明诉讼请求、案件的基本事实和协议内容，并应当公开。"

调解率是反映案件当事人的利益冲突程度和让步空间的主要指标。在已掌握的案件中，共有46件案件以调解方式结案，调解率为10%。调解率偏低表明当事人利益冲突比较大，矛盾比较尖锐，法院难以协调诉讼双方的利益冲突。① 在这些调解结案的案件中，被告为大企业和大企业子公司的占比为41.3%，小企业占比为23.9%，个人占比为26%。在对调解结案的接受度上，社会组织更乐于接受调解，调解率达到23%，而检察机关更愿意通过判决方式结案，其调解率仅为3%（参见表4-10）。

通过与检察机关和社会组织的深度访谈，我们了解到造成这种差异的主要原因是多方面的。首先，掌握公权力的检察机关在诉讼能力上明显强于社会组织，并且其诉讼成本也更低，因此较少会出于节省成本的考量选择调解结案。其次，检察机关更倾向于选择诉讼能力较弱的小企业或个人作为被告，诉讼难度较小，判决结案反而要比需花费更多时间成本用于沟通协商的调解结案更加经济。再次，迫于上级考核压力的检察机关有追求高办案量和高胜诉率的利益诉求，判决结案有利于提高办

---

① 吕忠梅、张忠民、熊晓青：《中国环境司法现状调查——以千份环境裁判文书为样本》，《法学》2011年第4期；王艳：《环境公益诉讼司法审判的省思与完善——基于2015—2018年统计数据的实证分析》，《环境法评论》2020年第2期。

案量,而对被告的选择能保证高胜诉率。对此,不禁有学者提出质疑:"诚然,被告的败诉意味着环境责任的承担,但若屡屡败诉是否也意味着对原告的过于偏袒?抑或在选择被告之初,就已经预判了可能的结果,非可胜诉的情况不起诉?"①

相比之下,诉讼能力有限的社会组织在面对更强的诉讼对手时,往往出于节省成本的考量愿意接受调解结案。借用一位绿发会负责人的原话就是:"我们更侧重于结果导向,在保障实现维护环境公益目标的前提下,判决和调解哪种方式对我们的成本更低,我们就更愿意选择哪种方式。"在38件由社会组织提起且通过调解方式结案的案件中,通过对比原告诉讼请求和调解结果,可以发现原告的诉讼请求满足程度较高,大多数案件中全部实现了原告的索赔金额,少量案件的被告甚至自愿超额承担原告索赔的金额。例如:中华环境保护基金会诉中国石化集团南京化学工业有限公司环境污染责任纠纷案中,被告在赔偿原告主张的28.28万元的基础上,自愿出资200万元用于所在地的生态环境保护,以挽回其作为国企的社会声誉损失。作为交换,原告在调解协议中放弃了要求被告在媒体上赔礼道歉的主张。

四 判决结案

无论是对检察机关,还是对社会组织而言,判决结案都是最主流的结案方式,检察机关的判决率更高达95%。在346件以判决方式结案的案件中,个人作为被告占比最高,为65.6%;小企业作为被告占比次之,为21.4%;大企业和大企业子公司作为被告占比最低,为11.6%。

判决的结果可以进一步分为原告胜诉、原告部分胜诉和原告败诉。其中,原告胜诉是指原告的全部诉讼请求均得到法院的支持;原告部分胜诉是指原告只有部分诉讼请求得到法院的支持;原告败诉是指原告所有诉讼请求均未得到法院的支持。对于每件案件而言,如果有上诉,则

---

① 张忠民:《环境公益诉讼被告的局限及其克服》,《环球法律评论》2016年第5期。

以二审判决结果为准；如果并未上诉或二审尚未宣判，则以一审判决结果为准。在判决结案的案件中，原告败诉的案件只有6件，表明在大多数案件中法院均认可被告损害环境事实的客观存在，但这并不意味着原告的诉讼请求都能得到支持。大量案件属于原告部分胜诉的情况，法院会根据认定的事实、环境污染程度、被告经济实力等因素进行酌情判决。在一些案件中存在着法院对原告诉求支持比例偏低的情况。

此外，法院对于败诉被告的责任履行方式也有一定的自由裁量空间。当原告主张由被告承担修复责任，如不履行则赔偿环境修复费用时，法院可以根据被告是否具有环境修复能力并结合污染处置的紧迫性选择直接判决被告承担修复费用的具体金额。对于部分个人被告，由于环境保护意识薄弱造成环境损害而又无力承担环境修复费用时，法院可以结合当地最低工资标准，判令被告提供一定时长的劳动，并由相关部门进行监督。对于部分企业被告，如果巨额赔偿可能会影响企业的生产甚至生存时，法院可以通过创新履行方式，支持一定比例的赔偿费用可以在企业技改费用中抵扣，降低企业的经济压力。例如：在2014年江苏常隆公司等六家企业1.6亿元天价环境损害赔偿案中，江苏高院在二审判决中创设性地提出，赔偿款的40%部分可以在满足特定条件的情况下，将企业投入的部分技改资金抵扣环境损害赔偿金。但是，抵扣的条件非常严格，要求企业在一年时间内完成技术改造、真正实现明显降低环境风险的效果，同时还要求一年内不得因环境违法行为受到处罚。

第五章　审判逻辑的整体性分析与解读

通过第四章的描述性统计分析，我们已经对环境民事公益诉讼制度的发展现状有了整体性认知。在此基础上，本章将从组态分析视角出发，运用 QCA 工具对影响法院对原告诉讼请求支持率的多重并发因果关系展开进一步分析，透过判决结果的表象揭示其背后错综复杂的审判逻辑。

QCA 工具对分析样本主要有两个要求。首先，样本选择必须满足一致性要求，样本之间应该具有共同背景，类似于回归分析中的控制变量选择，以使得样本可以在一致的环境下进行比较，避免其他因素的干扰。其次，样本选择还必须满足多样性要求，应同时纳入"正向"和"负向"的样本，保证样本在各个条件上的分布具有一定异质性。[①]

关于样本的一致性要求，需要法律背景、案件特征、审判结果等方面进行综合考虑。我们所掌握的案件的起诉时间分布在 2009 年至 2020 年间，跨越了我国环境民事公益诉讼制度的三个重要发展阶段。阶段的划分是以两部重要法律的颁布实施为界，即：2012 年 8 月 31 日修订的《民事诉讼法》在全国性法律层面首次确立了环境民事公益诉讼制度，以及 2015 年 1 月 1 日修订的《环境保护法》对环境民事公益诉讼的制度细节进行了具体规定。我们认为，不同阶段制度的完善情况主要影响原告（尤其是社会组织）提起的公益诉讼能否成功立案以及法院从立案到审判的时间。2012 年

---

① Benoit Rihoux and Charles C. Ragin, *Configurational Comparative Methods: Qualitative Comparative Analysis (QCA) and Related Techniques*, Sage Publications, 2009.

《民事诉讼法》修订后,由于法院对于如何认定原告资格没有明确标准,导致了相关案件立而不审。由于对诉讼结果的定性比较分析选择的是已经判决的案例,审判时间对判决结果的影响较小。此外,为了考虑案件的可比性,部分由社会组织提起的案件在审判过程中,被告与政府达成生态环境损害赔偿协议,法院不再重复支持原告的诉讼主张导致原告败诉,此类案件较为特殊,仅有两个案件,故未纳入分析样本。

关于样本的多样性要求,尽可能保证不同判决结果的案件在数量上的相对均衡。由于原告诉讼请求支持率较低的案件比较少,因此全部纳入分析样本。对于由同一原告在同一地区提起的多个相同环境损害类型的案件,由于案件事实相似,前因条件大致相同,仅选择其中一个典型案件纳入分析样本。除了考虑判决结果的多样性外,还要考虑各个前因条件的多样性。在完成样本初步筛选后,进一步检查案件信息的完整度,并剔除缺乏庭审辩证过程的案件。最终,在346件判决结案的案件中,共选出254件进入分析样本。

第一节 变量赋值

如第三章所述,"庭内—庭外"双维度的研究框架包括损害类型、证据力度、原告身份、被告身份、管辖区域、媒体报道六个自变量,因变量是原告诉讼请求支持率。关于变量赋值与校准所需的信息,媒体报道主要来源于网络搜索以及中国知网的"中国重要报纸全文数据库";被告身份的企业信息主要来源于企查查企业数据库;其他变量的信息均来源于判决书。

以现有研究成果和调研访谈资料为依据,对各个变量的信息进行赋值与校准,以构建真值表。其中,原告诉讼请求支持率采用直接校准法,其他变量均采用间接校准法。[①] 根据集合理论,模糊值为1表示完全隶

[①] Charles C. Ragin, *Redesigning Social Inquiry: Fuzzy Sets and Beyond*, Chicago: University of Chicago Press, 2008.

属,模糊值为0表示完全不隶属,取值0.5表示处于隶属与不隶属之间的交叉点,校准的关键在于交叉点的分配。①

一 原告诉讼请求支持率

判决的案件结果分为原告胜诉、原告败诉和原告部分胜诉三种情况,胜诉或败诉的核心在于法院是否认可原告主张的被告侵权事实,以及原告的诉讼主张是否具有合理性。判别标准是案件受理费的承担方式,根据《诉讼费用交纳办法》,"诉讼费用由败诉方负担……部分胜诉、部分败诉的,人民法院根据案件的具体情况决定当事人各自负担的诉讼费用数额。"与胜诉、败诉的定义不同,诉讼请求支持率刻画的是原告的诉讼请求在判决时被支持的程度,是对案件审判结果的进一步细化分析。在实践中存在原告虽然胜诉,但是诉讼请求支持率较低的情形。例如:中华环保联合会起诉江西龙天勇有色金属有限公司一案中,专家认为采用虚拟治理成本法的修复费用为8610万元,一审法院酌情认定损失时打了35%的折扣,法院认定原告胜诉,但未全部支持其诉讼请求。在具体变量赋值上,原告胜诉意味着原告诉讼请求支持率为100%,模糊值为1;原告败诉意味着原告诉讼请求支持率为0,模糊值为0。通过对样本的分析,我们发现:上述两种情况在司法实践中均相对较少,大部分案件属于原告部分胜诉的情况。

对于原告部分胜诉的案件,在计算原告诉讼请求支持率时重点考虑经济赔偿,兼顾其他诉讼请求的支持情况。其原因是相较于经济赔偿,停止侵害、排除妨碍等诉讼请求比较容易实现,法院一般会予以支持。在变量赋值时,如果在判决书中有实际判决赔偿金额和原告主张赔偿金额的信息,则根据两者的比例确定原告请求支持率。例如:原告主张赔偿金额为100万元,实际判决赔偿金额为40万元,那么原告诉讼请求支持率为40%,模糊值为0.4。如果在判决书中没有实际判决赔偿金额和

---

① Benoit Rihoux and Charles C. Ragin, *Configurational Comparative Methods*: *Qualitative Comparative Analysis (QCA) and Related Techniques*, Sage Publications, 2009.

原告主张赔偿金额的信息，则参照原告承担诉讼费的比例近似地确定模糊值。主要依据来自《诉讼费用交纳办法》第29条之规定，"诉讼费用由败诉方负担，胜诉方自愿承担的除外。部分胜诉、部分败诉的，人民法院根据案件的具体情况决定当事人各自负担的诉讼费用数额。"如果法院仅支持了停止损害或赔礼道歉等简单诉求，而未支持修复环境或赔偿生态服务功能损失等核心诉求，则意味着原告大部分诉讼请求被驳回，原告诉讼请求支持率赋值为10%，模糊值为0.1。如果原告并没有提出经济赔偿，且其他诉讼请求均得到支持，那么原告诉讼请求支持率为100%，模糊值为1。

在完成全部案件的原告诉讼请求支持率的赋值后，运用fsQCA3.0的校准程序进行模糊值校准，模糊值为95%，设定为完全隶属；模糊值为5%，设定为完全不隶属，交叉点为50%。

二 损害类型

损害类型体现举证难度的差异。通过与北京自然之友、绿发会等环保组织的责任人和相关律师进行访谈并征求其专业意见后，我们得出了不同损害类型的举证难度排序。

首先，非法狩猎有明确的价值认定标准，破坏耕地可以通过测量面积并要求被告复垦，因此这两类案件的损失计算和责任承担最为简单，举证难度最低。其次是破坏林地草原和非法捕捞，两者在损失数量计算上比较简单，但因涉及生态服务功能损失赔偿，举证难度略高于非法狩猎和破坏耕地。再次，因污染源追溯技术难度和损害计算方法成熟度不同，大气污染、固体废物、水与海洋污染、土壤污染、复合污染的举证难度呈现递增关系，模糊值也形成逐级减小。最后，生态破坏类案件是指由于采矿、采煤等活动造成的生态破坏，不仅涉及林木的砍伐，还涉及对地质安全等方面的影响，因此举证难度也相对较高。破坏文物类案件主要是因为缺乏客观公认的文物价值损失鉴定标准，往往容易引发诉讼双方的激烈争执，对原告的举证要求也最高。

交叉点的选择依据是相关案件是否有明确的损失计算标准。考虑到水与海洋污染的案件审理已较为成熟，采用虚拟成本法得到普遍认可，而土壤污染较为复杂且在认定生态服务功能损失方面存在困难，因此交叉点设置在水与海洋污染和土壤污染之间。由于举证难度对原告获得法院的支持形成反向阻力，因此采取逆向赋值，即：损害类型越复杂，举证难度越大，模糊值越低（参见表5-1）。

表5-1　　　　　　　　　　损害类型的模糊值

损害类型	模糊值（逆向）
非法狩猎 破坏耕地	1
破坏林地草原 非法捕捞	0.9
固体废物污染	0.8
大气污染	0.7
水与海洋污染	0.6
土壤污染	0.4
复合污染（水、土、气）	0.3
生态破坏	0.2
破坏文物	0.1

三　证据力度

证据力度体现证据力的差异。对于有刑事处罚的案件，刑事判决书在民事诉讼的事实认定中可作为权威依据，法院必须接受，因此证据力度最强。对于行政处罚，参考《环境行政处罚办法》规定的逐级递减的处罚种类确定模糊值。依据其证据力度由强到弱的顺序，第一档为没收违法所得、没收非法财物、行政拘留，以及行政部门应急处置；第二档为责令停产、停业、关闭和暂扣、吊销许可证或者其他具有许可性质的证件；第三档为罚款；第四档为警告和责令整改。

交叉点选取的关键是相关处罚能否为被告环境损害事实认定和损失赔偿计算提供依据。在行政处罚力度较低时，环境损害存在一定偶然性，损害较小也弱化了司法索赔的必要性，因此交叉点设置在多次罚款和1至2次罚款、警告和责令整改之间。多次行政处罚为更加精准地认定损害事实和计算损害损失提供了更坚实的依据，其模糊值也相应提高。此外，如果判决书中提到在环境损害因果推定和损失评估的过程中进行了专业鉴定，在原有模糊值的基础上上调一档。由于证据力度对原告获得法院的支持形成正向助力，因此采取正向赋值，即：证据力度越强，模糊值越高（参见表5-2）

表5-2　　　　　　　　证据力度的模糊值

证据类型	模糊值（正向）
刑事处罚	1
没收违法所得 没收非法财物 行政拘留 行政部门应急处置	0.8
责令停产、停业、关闭 暂扣、吊销许可证或者其他具有许可性质的证件	0.7
3次及以上行政罚款	0.6
1—2次罚款 警告 责令整改	0.3
无	0

注：如果对环境损害因果推定和损失评估进行了专业鉴定，模糊值上调一档。

四　原告身份

原告身份体现原告诉讼能力的差异。具体而言，行政机关的诉讼能力最高，检察机关次之，社会组织最低。在提起诉讼时，原告可能存在多种组合方式。当有两个或两个以上的原告（包括提起诉讼方和支持起诉方）时，模糊值以诉讼能力最高的一方为基准进行调整。例如：当社会组织提起诉讼，并且检察机关支持起诉时，模糊值要比社会组织作为单一原告时要高。

考虑到社会组织之间的诉讼能力差异，社会组织的级别以其登记机构为参照分为国家级社会组织、省级社会组织和市级社会组织。国家级社会组织在全国范围内广泛参与环境民事公益诉讼，无论是专业经验，还是掌握的资源都更丰富，诉讼能力明显强于地方性社会组织。而省级社会组织和市级社会组织一般是在机缘巧合下偶尔参与当地的环境民事公益诉讼，两者的诉讼能力相差不大。基于此，交叉点设置在国家级社会组织和省级社会组织之间。此外，为了支援社会组织参与环境民事公益诉讼，社会上有一些法律服务机构会支持起诉，在一定程度上提升了原告的诉讼能力，所以模糊值在原有基础上适当上调。由于原告的诉讼能力对原告获得法院的支持形成正向助力，因此采取正向赋值，即：原告的诉讼能力越强，模糊值越高（参见表5-3）

表5-3　　　　　　　　　　原告身份的模糊值

原告身份	模糊值（正向）
行政机关提起 行政机关提起，检察机关支持起诉 检察机关提起，行政机关支持起诉	1
国家级社会组织提起，检察机关支持起诉	0.9
省级社会组织提起，检察机关支持起诉 市级社会组织提起，检察机关支持起诉	0.85
检察机关提起	0.8
国家级社会组织提起，法律服务机构支持起诉	0.65
国家级社会组织提起	0.6
省级社会组织提起，法律服务机构支持起诉	0.45
省级社会组织提起	0.4
市级社会组织提起，法律服务机构支持起诉	0.25
市级社会组织提起	0.2

五 被告身份

被告身份体现被告诉讼能力的差异。具体而言,行政机关的诉讼能力最强,企业次之,个人最低。其中,企业进一步分为大企业和中小企业。企业的分类主要参考企查查企业数据库中的信息,根据企业简介、所有制形式、注册资本,以及在判决书中被告提出的是否为政府重点招商引资项目、对地方经济是否有重要贡献等论述进行分类。当存在两个或两个以上被告时,模糊值以诉讼能力最高的一方为基准进行调整。此外,针对同一地区同一行业的多家中小企业提起的诉讼,其判决结果可能会影响到地方行业的发展,带来较大的经济影响,因此地方政府的关注也可能会对法院审判施加影响。

交叉点选取的关键是被告身份能否引起地方司法保护主义行为,因此设置在同一行业的多个中小企业和单个中小企业之间。由于被告的诉讼能力对原告获得法院的支持形成反向阻力,因此采取逆向赋值,即:被告的诉讼能力越强,模糊值越低(参见表5-4)。

表5-4　　　　　　　　　　被告身份的模糊值

被告身份	模糊值(逆向)
行政机关 行政机关、企业	0.1
大企业 大企业、个人	0.3
多个同一行业中小企业 大企业子公司	0.4
中小企业 中小企业、个人	0.7
个人	0.9

六 管辖区域

管辖区域体现地方司法保护主义的可能性。根据审判地与被告经营所在地是否为同一区域，分为同地管辖和异地管辖。考虑到环境民事公益诉讼案件一审多为市级中级人民法院，因此不考虑不同县域的情况。对于存在多个被告的情况，以案件中的主要责任主体为准。当诉讼对地方经济发展产生消极影响时，同地管辖可能会导致行政干预司法行为的出现，而异地管辖能够有效避免地方司法保护主义。鉴于管辖区域只有两种情况，所以采取清晰值，不需要选取交叉点。由于异地审判对原告获得法院的支持形成正向助力，因此赋值为1；而同地审判则赋值为0（参见表5-5）。

表5-5　　　　　　　　　管辖区域的清晰值

管辖情况	清晰值
异地管辖	1
同地管辖	0

七　媒体报道

媒体报道体现社会舆论对司法审判的潜在影响。媒体报道的模糊值主要依据媒体影响力和报道频次确定。关于媒体影响力，将媒体分为国家级、省级和市级。其中，国家级媒体主要有18家，分别是2家正部级单位（人民日报、新华社）、9家副部级单位（求是、解放军报、光明日报、经济日报、中国日报、中央人民广播电台、中央电视台、中国国际广播电台、科技日报、人民日报海外版），以及7家正局级单位（中国纪检监察报、工人日报、中国青年报、中国妇女报、农民日报、法制日报、中新社）。省级媒体主要是由省委宣传部主办的官方媒体（例如：北京日报、四川日报等）和影响力较大的非官方媒体（例如：财新周刊、澎湃新闻、凤凰网等）。市级媒体则是由市委宣传部主办的官方媒体。媒体级别越高，影响力也越大，社会关注度也越高。当有多家媒体参与报道时，模糊值以影响力最高的一方为基准进行赋值。此外，对于被多次报道的案件，适当上调模糊值。

交叉点的选择依据是衡量媒体报道是否会引起社会高度关注。我们认为仅有1家市级媒体报道时的覆盖面较窄，在媒体本身影响力不足的情况下难以引起社会关注，因此交叉点设置在1家市级媒体报道和多家市级媒体报道之间。由于媒体报道对原告获得法院的支持形成正向助力，因此采取正向赋值，即：媒体影响力越大，报道频率越高，模糊值越高（参见表5-6）。

表5-6　　　　　　　　　　媒体报道的模糊值

媒体报道	模糊值（正向）
多家国家级媒体	1
1家国家级媒体 多家省级媒体	0.8
1家省级媒体 多家市级媒体	0.6
1家市级媒体	0.3
无媒体报道	0

第二节　组态分析

一　变量必要性分析

必要性分析是对单一自变量对因变量的解释力进行量度。通过将真值表导入fsQCA3.0，计算得出每个自变量的一致性和覆盖率。一致性表示自变量对因变量的单个解释力度；覆盖度表示自变量能够解释的样本数占总样本数的比例。如果一致性介于0.8至0.9之间，则认为该自变量对因变量具有较强的解释力，可视为充分条件；如果一致性高于0.9，则认为该自变量是因变量的必要条件。

由表5-7可知，6个自变量的一致性均低于0.9，但覆盖度均很高，说明尽管这些自变量均不是因变量的必要条件，但在大部分样本中发挥作用。其中，原告身份和被告身份的一致性高于0.8，两者均对审判结果产生显著影响;损害类型和证据力度的一致性接近于0.8,对审判结果也具有较强影响;管辖区域和媒体报道的单个解释力相对较弱。然而,审判结果并非依赖于单一自变量,而是各种因素综合作用的结果。因此,有必要对自变量的组合效应进行进一步分析。

表5-7　　　　　　　　　自变量的必要性分析结果

自变量	一致性	覆盖度
损害类型简单	0.7076	0.9526
损害类型复杂	0.3467	0.8960
证据力度强	0.7331	0.9166
证据力度弱	0.2868	0.8690
原告身份高	0.8222	0.9450
原告身份低	0.2325	0.8949
被告身份低	0.8156	0.9500
被告身份高	0.2378	0.8766
异地管辖	0.2115	0.8970
本地管辖	0.7885	0.8819
媒体报道多	0.1899	0.8373
媒体报道少	0.8244	0.9130

二　条件组态分析

条件组态是共同作用于因变量的自变量的组合。6个自变量构成64种可能的条件组态。在构建真值表时,频数阈值设为3,覆盖了87%的案例,一致性阈值设为0.8,PRI阈值设为0.75。选择对中间解进行重点分析,并以简单解为辅助。标准化分析时,损害类型、证据力度、原告身份、被告身份四个条件设定为存在时有利于提高原告诉讼请求支持率,管辖区域和媒体报道由于缺乏足够的理论和证据支撑,设定为"存在或不存在"。共得到5个条件组态,其中,中间解与简单解中共同出现的自变量被视为核心条件,比边缘条件对因变量的影响更大。5个条件组态和总体解的一致性均高于 0.9，表明对审判结果具备较强的解释力。总体解的覆盖度为 0.7820，表明得出的 5 个条件组态能够解释 78.2% 的样本（参见表 5-8）。

表 5-8　　　　　　条件组态分析结果（频数阈值 = 3）

自变量	法院做出有利于原告判决的条件组态				
	组态 1	组态 2	组态 3	组态 4	组态 5
损害类型		★	★	★	
证据力度	★	★			★
原告身份	▲		▲	▲	▲
被告身份			★	★	★
管辖区域	△	△		▲	
媒体报道		△	△		△
一致性	0.9626	0.9631	0.9696	0.9663	0.9673
原始覆盖度	0.4898	0.3727	0.5559	0.1186	0.5019
唯一覆盖度	0.0783	0.0308	0.1267	0.0229	0.0160
总体解的一致性	0.9526				
总体解的覆盖度	0.7820				

注：★表示核心条件存在，▲表示边缘条件存在，△表示边缘条件不存在，空格表示模糊状态。

组态 1 以"证据力度强"作为核心条件，并补充"原告身份高"和"本地审判"为边缘条件。组态 2 以"损害类型简单"和"证据力度强"为核心条件，并补充"本地审判"和"媒体报道少"为边缘条件。组态 3 和组态 4 共享"损害类型简单"和"被告身份低"两个核心条件，以及"原告身份高"的边缘条件。在组态 3 中，增加了"媒体报道少"的边缘条件；组态 4 中增加了"异地审判"的边缘条件。组态 5 以"证据力度强"和"被告身份低"为核心条件，补充"原告身份高"和"媒体报道少"两个边缘条件。

作为衡量组态解释能力的关键性指标，原始覆盖度表示某一条件组态能够解释的样本数量占总样本数量的比例，唯一覆盖度表示仅能通过该组态得到解释的样本数量占总样本数量的比例。在 5 个条件组态中，组态 3 的唯一覆盖度最高，达到 0.1267；组态 1 的唯一覆盖度次之，达到 0.0783。这表明有两种路径在解释法院做出有利于原告的审判结果上比较典型，分别有 13% 和 8% 的案例仅能够通过这两种条件组态得到解释。

三 稳健性检验

检查分析结果的稳健性是 QCA 研究的关键步骤。将真值表中的频数阈值设为 4，其他选项保持一致，覆盖了 82% 的案例，经过布尔运算未得到简单解，因此选择复杂解进行比较，复杂解包含 5 个组态。由表 5-8 和表 5-9 对比可见，除了组态 1' 和组态 2' 是以组态 1 和组态 2 的子集形式出现外，其他 3 个组态均没有变化。经过参数的调整，没有导致组态的数量、组成部分以及一致性和覆盖度的实质性变化，因此可以认为分析结果是可靠的。[①]

表 5-9　　　　　条件组态分析结果（频数阈值 =4）

前因条件	法院做出有利于原告判决的条件组态				
	组态 1'	组态 2'	组态 3'	组态 4'	组态 5'
损害类型		▲	▲	▲	
证据力度	▲	▲			▲
原告身份	▲	▲	▲	▲	▲
被告身份	▲		▲	▲	▲
管辖区域	△	△		▲	

---

① T. Greckhamer, et al., "Studying Configurations with Qualitative Comparative Analysis: Best Practices in Strategy and Organization Research", *Strategic Organization*, Vol. 16, No. 4, 2018, pp. 482-495.

续表

前因条件	法院做出有利于原告判决的条件组态				
	组态1'	组态2'	组态3'	组态4'	组态5'
媒体报道		△	△		△
一致性	0.9679	0.9772	0.9696	0.9663	0.9673
原始覆盖度	0.4605	0.3419	0.5559	0.1186	0.5019
唯一覆盖度	0.0574	0.0085	0.1267	0.0229	0.0160
总体解的一致性	0.9621				
总体解的覆盖度	0.07303				

注：▲表示条件存在，△表示条件不存在，空格表示模糊状态。

第三节 组态解读

一 因果路径

根据"庭内—庭外"双维度的研究框架，庭内因素主要涉及因果关系推定所需的证据要件和与损害结果量化有关的审判难度，分别用证据力度和损害类型来表示。庭外因素发挥作用主要取决于地方政府的态度是否会影响庭审过程，地方政府既有可能因社会高度关注而重视环境保护，积极支持环境民事公益诉讼审判；也有可能在影响地方经济发展时，采取地方司法保护主义行为，间接干预庭审过程。只有在第二种情形下，审判地点的选择和舆论环境的塑造才会发生作用，阻断地方保护主义行为向庭内传导。另外，诉讼双方实力与原告和被告的身份有关，双方的博弈既在庭内，又在庭外，能够影响因果关系推定、赔偿数额判定和地方政府态度。在组态分析的基础上，共得到影响原告诉讼请求支持率的五条多重并发因果路径，下面将逐一进行论述（参见图5-1）。

组态1包括证据力度强、原告身份高和本地管辖三个条件变量，主要是庭内因素在发挥作用。组态1覆盖的案件具有明显的地方性特征，在民事公益诉讼之前受到过较为严厉的刑事处罚或行政处罚，在本地审判时，只要原告具备较强的诉讼能力，能够在行政机关或检察机关的配

```
                    ┌──── 庭外因素 ────┐
         ┌──── 庭内因素 ────┐
      证据要件与审判难度   诉讼双方实力   地方态度影响
```

组态1: [证据力度强] × [原告身份高] × [本地管辖]

＋

组态2: [损害类型简单 / 证据力度强] × [本地管辖 / 媒体报道少]

＋

组态3: [损害类型简单] × [原告身份高 / 被告身份低] × [媒体报道少]

＋

组态4: [损害类型简单] × [原告身份高 / 被告身份低] × [异地管辖]

＋

组态5: [证据力度强] × [原告身份高 / 被告身份低] × [媒体报道少]

＝ 原告诉讼请求支持率高

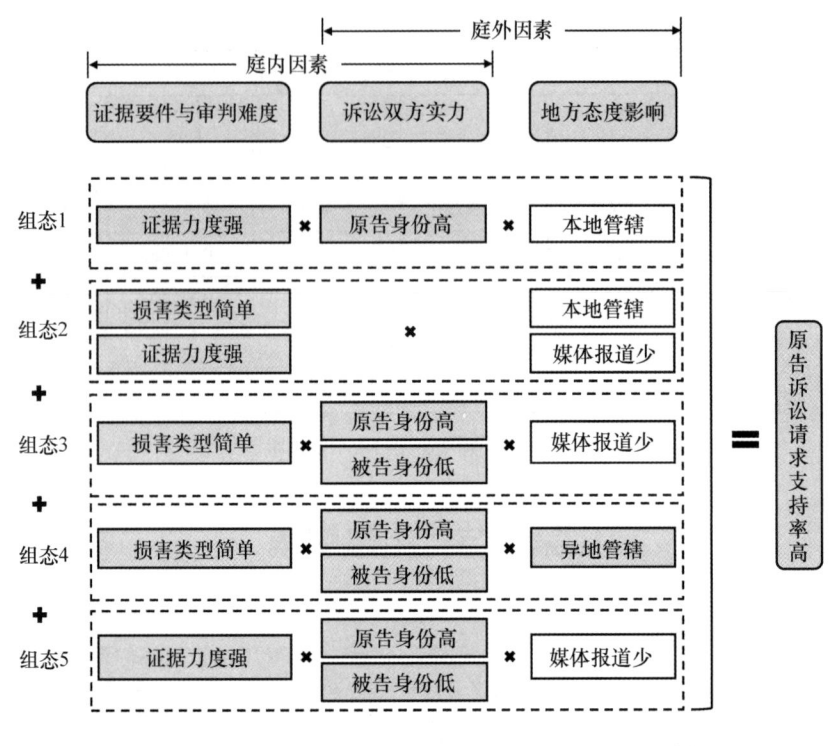

图 5-1　影响原告诉讼请求支持率的多重并发因果路径

注：加粗字体的因素为核心条件，非加粗字体的因素为边缘条件；对于原告高诉讼请求支持率而言，灰色背景的因素为动力因素，白色背景的因素为阻力因素。

合下充分利用已有证据，便能获得较高的诉讼请求支持率。值得注意的是，损害类型和被告身份都是处于模糊状态，表明这两个条件无论处于何种状态，都不会影响最终的诉讼结果。当面临较为复杂的诉讼案件，且被告属于大型企业，诉讼能力较强且对地方经济影响较大时，证据力度强和原告身份高两个变量将发挥关键作用，证据力度为认定侵权事实提供基础，原告身份高为复杂案件的调查取证提供支撑。在组态 1 中，庭外因素发挥的作用不大，是因为与刑事处罚或行政处罚相关的证据力度强和原告身份高（例如：检察机关参与或支持诉讼），也暗含了地方政府对于此类案件的支持态度。

组态 2 是唯一一条与诉讼双方的实力无关的路径，核心是损害类型简单和证据力度强两个庭内因素,庭外因素表现为本地管辖和媒体报道少。损害类型简单与媒体报道少相关联,由于案情简单,不会引起媒体大量报道和社会广泛关注。在组态2中,原告和被告的身份都处于模糊状态,当设定原告身份低、被告身份高这样的情景时(例如:市级社会组织在当地起诉大型企业),面对充分的证据和简单的案件事实,即使可能存在地方保护主义行为,但是由于法院审判的自由裁量空间较小,难以扭转审判的结果。

组态3的核心条件是损害类型简单、被告身份低,辅助原告身份高和媒体报道少,主要是庭内因素在发挥作用。与组态2类似,损害类型简单与媒体报道少两者存在逻辑一致性,并非是媒体报道少促进了高诉讼请求支持率。尽管这类案件缺乏前期的行政处罚或刑事判决可供援引,但由于损害类型简单,举证相对容易。因此当面对中小企业或个人被告时,无论是在异地审判,还是媒体关注度不足的情况下,原告都可以凭借在诉讼能力上的优势获得较高的胜诉概率。

组态4与组态3的区别是庭外因素不同,是5个组态中唯一一个庭外因素为正向的路径。组态3与组态4共享的条件是损害类型简单,案件审判难度不大;原告身份高,被告身份低,原告在诉讼能力上更有优势。不同的是,组态4中包含了异地管辖,表明审判地法院与被告没有经济关联,异地管辖包括某一类案件集中管辖和环境损害地审判两种情形,均不会受到地方保护主义行为的影响。在此前提下,原告可以凭借在诉讼能力上的优势获得较高的诉讼请求支持率。

组态5也是庭内因素起主导作用,和组态3的区别是庭内因素由损害类型简单变为证据力度强,表明这类案件在民事公益诉讼之前被告受过较为严厉的刑事处罚或行政处罚,原告和被告在诉讼能力上存在明显差异。在组态5中,损害类型处于模糊状态,即使面临较为复杂的审判案件,由于证据事实清楚,且原告有较强的诉讼能力和调查取证能力,加之作为被告的中小企业或个人难以获得地方政府的保护,即使舆论关注度不高,原告也能获得较高的诉讼请求支持率。

二 审判逻辑

综合上述五条多重并发因果路径可见，环境民事公益诉讼的审判逻辑主要受到庭内因素的影响。从5个条件组态的构成来看，"损害类型"和"证据力度"对原告诉讼请求支持率起着关键性作用。对于损害类型简单且前期证据充分的案件，原告和被告的身份不会对审判结果产生显著影响（参见组态2），说明法院的审判逻辑总体上是以证据为准。由于环境污染问题的复杂性和因果关系推断的技术性，获取相关证据并不容易。如果前期已有充分的证据基础，原告可以通过直接援引的方式降低举证难度，法院也会做出倾向于支持原告的判决。但即便如此，环境损害赔偿金额的计算仍需要原告做出相应的证明，因此对原告的诉讼能力会提出一定的要求。此时，"原告身份"会在庭内的举证质证过程中发挥重要作用（参见组态1、组态5）。如果缺乏前期充分的证据，那么就要求案件损害类型相对简单，举证难度较低，此时还要求"原告身份"和"被告身份"之间在诉讼能力上存在明显差距，特别是被告诉讼能力弱是关键性条件，只有这样原告的诉讼请求支持率才会比较高（参见组态3、组态4）。

其次，相比于庭内因素，庭外因素对审判结果的影响相对较小。"被告身份"在3个条件组态中均为核心条件，说明其对审判结果的影响要比其他三个因素更明显，反映出地方保护主义在某些案件中会对审判结果具有潜在影响。特别是在前期证据不充分的情况下，如果被告诉讼能力较强，则会对原告产生很大压力，这类案件往往容易为行政干预司法提供可操作的空间，原告往往难以获得较高的诉讼请求支持率（参见组态3、组态4）。"原告身份"出现在4个条件组态中，说明在大多数案件中并未实行严格的举证责任倒置规则，对原告的诉讼能力均有较高要求。在不同条件组态中，"管辖区域"对审判结果的影响不同，证实了已有研究认为管辖区域对审判结果影响具有复杂性的结论。一方面，对于前期证据充分的案件，原告往往采用本地审判策略以方便法院调取相关证据（参见组态1、组态2）；另一方面，对于前期证据不充分的案件，原告则采用异地审判策略以规避地方司法保护主义对审判结果的潜在干扰（参见组态4）。在不同情况下，原告对案件管辖区域的选择从侧面反映出法院以证据为准的审判基本逻辑，只有在证据不足的情况下地方司法保护主义才可能对审判结果造成潜在影响。条件组态中并没有出现"媒体报道多"的条件，说明媒体报道并没有像已有研究认为的那样对审判结果产生显著影响。尽管媒体报道可能会使个别案件成为"公案"，引起社会的广泛关注，但从绝大多数案件来看社会舆论并不会对审判结果产生实质性影响。

第四节 审判情景

依据是否共享核心条件，5个条件组态可归纳为4种审判情景。需要强调的是，已有条件组态中未出现"损害类型复杂"、"原告身份低"、"被告身份高"等条件，表明处于模糊状态，即存在或不存在均可。但上述条件均刻画了案件诉讼的困难情形，其对审判结果的影响需要通过在各组态唯一覆盖的案件中通过典型案件分析进行进一步研究，案件选取原则重点关注存在"损害类型复杂"、"原告身份低"、"被告身份高"等条件，构建环境民事公益诉讼审判的不同情景。

一 审判情景A

审判情景A源自组态1，即：证据力度强、原告身份高和本地管辖三个条件变量，其唯一覆盖度为0.0783。在该组态唯一覆盖的案件中，选取损害类型复杂且被告身份高的案件进行个案剖析。

典型案件是广州市人民检察院起诉广州赫尔普化工有限公司和陆某一、陆某二水污染责任纠纷案[①]。一审由广州市中级人民法院审理，公

---

① 裁判文书：（2019）粤01民初326号。

益诉讼起诉人主张由被告修复鱼塘环境,承担应急处置费用33.808万元并赔礼道歉。广州赫尔普化工有限公司是中石化集团下属企业改制而成的公司,诉讼实力较强。本案中的个人被告转包了赫尔普化工有限公司的废物处置项目,在鱼塘边对运输废油渣的油罐车进行清洗,并将含油废水储存至水泥建造储存池内,导致了水污染和底泥污染,相关行为受到了刑事处罚,但刑事判决中未包括赫尔普化工有限公司。广州市黄埔区环保局委托广东省环境科学研究院对上述事件造成的环境损害进行评估,评估认定应急处置费用为33.808万元,生态环境损害费用为726.63万元。一审判决时法院全部支持了原告的诉讼请求。

　　该案争议焦点一是涉案池塘是否存在其他污染情况。赫尔普化工有限公司上诉至广东省高院,主张涉案前池塘已污染,被告陆某一等二人在不具备危险废物经营许可证的情况下,通过转包的方式承接中石化广州分公司的清池清罐业务,在鱼塘边对运输废油渣的油罐车进行清洗,并将含油废水通过胶管存储至储存池,致使鱼塘的底泥及水质受到污染,并受到了环保局处罚,一审时没有查清相关事实。对此,广州市检察院提交了环保部门的《行政处罚决定书》详细内容用以反驳,用以证明赫尔普化工有限公司认为其在中标涉案油罐清洗项目之前涉案鱼塘环境已受到严重污染的主张缺乏依据。二审法院认为,对陆某一等二人此前的行政处罚是由于"贮存项目没有执行环评制度、未设置危险废物识别标志及未制定有关防范措施和应急预案等事由,被环保机关行政处罚,在没有其他证据予以佐证的情况下,并不能证明涉案鱼塘在当时已受到严重污染。"

　　该案争议焦点二是赫尔普化工有限公司是否应承担责任。赫尔普化工有限公司在二审中还主张陆永辉等二人由于没有资金,挂靠电白油脂公司进行清洗油罐车业务,赫尔普化工有限公司是将项目委托给电白油脂公司,委托行为合法,不应承担责任。虽然陆某一等二人直接与赫尔普化工有限公司对接,但是以电白油脂公司的身份进行业务往来。已经生效的刑事判决书认定造成环境污染的是陆某一等二人,并未认定赫尔普化工有限公司是责任人，不应承担共同责任。对此，法院认为根据公安机关的笔录，"赫尔普公司知道或应当知道涉案清洗业务实际是由陆某一等人违法处置，却未采取相应制止措施，放任污染环境后果的发生，故一审法院认定赫尔普公司应对陆某一、陆某二的环境污染行为承担连带侵权责任正确"。环境侵权民事责任的承担，应以行为人是否侵害环境造成环境损害为认定标准，赫尔普公司未承担刑事责任，并不能凭此免除民事责任。

二审判决驳回了全部上诉，维持原判。在本案中，被告赫尔普化工有限公司经济实力较强，属于地方纳税大户，试图通过多方面举证以降低责任。本案的原告是广州市检察院，能够获取环保部门行政处罚的详细文件，调查取证能力较强。上诉时，广东省检察院参加诉讼，体现了检察机关的系统协作优势，可以灵活配置各级检察院的调查和诉讼力量。诉讼中行政部门参与处置和刑事判决均为法院支持原告诉讼请求提供了有力支持。

二 审判情景 B

审判情景 B 源自组态 2，即：损害类型简单、证据力度强、本地审判、媒体报道少四个条件变量，其唯一覆盖度为 0.0308。在该组态唯一覆盖的案件中，选取原告身份低且被告身份高的案件进行个案剖析。

典型案件是山东环境保护基金会起诉郑州新力电力有限公司大气污染责任纠纷案[①]，原告是省级社会组织，登记机关是山东省民政厅；而被告是列入省市重点项目的国有企业和郑州市主要供热企业，诉讼双方地位具有较大差距，审判机构是郑州市中级人民法院。起诉原因是被告自 2014 年 11 月 22 日以来在生产过程中因存在违法排放废气，受到行政处罚 22 次，但其拒不改正超标排放的违法行为，在生产过程中仍然超标排放废气，给环境带来持续性损害。因此，原告提出如下诉讼请求：

---

① 裁判文书：（2018）豫 01 民初 1260 号、（2019）豫民终 1592 号。

（1）判令被告立即停止对环境的侵害、消除危险，即停止污染环境的生产、排放行为并消除环境污染危险；（2）判令被告赔偿自2014年11月22日起至其停止侵害之日止，超标排放污染物所产生的环境治理费用；（3）判令被告赔偿生态环境受到损害至恢复原状期间因其违法超标排放污染物造成的生态环境的服务功能损失；（4）判令被告在国家级公开媒体向社会公众公开赔礼道歉；（5）本案诉讼费用、鉴定费及律师费等为诉讼支出的其他合理费用由被告承担。对此，被告辩称原告所指的污染行为发生在2017年以前，行为具有偶然性，是由于郑州市冬季供热压力较大以及相关政府部门的要求等综合因素造成的，并非被告主观过错所致。而且，被告的环保设施均符合国家要求，并符合达标排放，因此也不存在污染环境的危险。同时，被告认为原告的主体不适格，请求合议庭进行审查。

尽管网易和新浪在2013年报道了该企业煤改气推进缓慢，污染治理措施不力等新闻，但由于距离2018年起诉时间比较久远，可以认为与该案没有直接关联，属于媒体报道少的情况。该案属于大气污染案，损害类型比较简单，前期已受到多次行政处罚，证据比较充分。根据原告申请和鉴定需要，法院向环保局和被告调取了在线监测数据、调查报告、环境影响报告、整改情况、环保设施等资料，并委托生态环境部南京环境科学研究所司法鉴定所评估损害数额，编制修复方案。鉴定机构根据被告的污染排放数量和治理成本，采用比较成熟的虚拟成本法计算出环境损害数额。最终，基于上述证据和鉴定报告，法院做出原告胜诉的判决。除了将在国家级媒体公开道歉改为在河南省级媒体公开道歉外，法院支持原告全部其他诉讼请求，并判决被告赔偿152万余元环境治理费用。

综上，我们可以看到：在审判情景B中，原告诉讼请求支持率与诉讼双方的身份地位关系不大。对于诉讼能力有限的省级社会组织而言，跨省起诉当地大型国有企业本身就面临着重重困难。加之案件由当地法院审理，在理论上可能存在较高的行政干预司法的风险。然而，现实却是由于损害类型相对简单且前期证据充分，法院的自由裁量空间非常有限，因此并没有出现预期的地方司法保护主义行为，最终判决基本上做到了客观公正。如果非要吹毛求疵的话，法院对于被告的"偏袒"仅限于照顾颜面而已，将公开道歉的媒体级别由国家级降为省级，而原告其他实质性的诉讼请求均得到了法院的支持。

三 审判情景 C

审判情景 C 源自组态 3 和组态 4，两者共享损害类型简单、被告身份低和原告身份高三个前因条件，其唯一覆盖度 0.1496。下面分别针对组态 3 和组态 4 选取两个典型案件进行个案剖析。

组态 3 的典型案件是扬州市人民检察院起诉高卫龙等 10 名被告违反保护水产资源责任纠纷案①。该案的被告均为个体渔民，在禁渔期用通电的渔网非法捕捞水产品鲤鱼、鲫鱼等，导致电捕区域水生生物死亡或生理功能遭受不同程度损伤，鱼类的饵料生物遭受伤害，对浮游动植物和底栖生物有极高的致死作用，破坏了渔业生态资源。原告请求南京市中级人民法院判令被告对上述非法行为在国家级媒体上公开赔礼道歉，并由各被告对其相应非法行为造成渔业资源损失及生态环境补偿费用，根据不同情况分别承担连带赔偿责任，索赔总额合计 361.152 万元，支付专家咨询费 5 万元。作为赔偿金额的计算依据，监管机关江苏省高宝邵伯湖渔业管理委员会委托中国科学院水生生物研究所完成了《高宝邵伯湖电鱼案渔业资源损失评估报告》。被告对非法捕捞事实和捕捞次数表示认可，但对评估报告的委托主体、依据的《指南》、取样湖泊、渔获物种类、损失计算、责任承担等方面存在异议。原告针对本案所涉及的禁渔期、国家级水产种质资源保护区范围、电捕行为是否发生在保护区内等问题，提交了地方管理规定和国家保护要求等证据文件。该案虽无前期刑事处罚或行政处罚作为证据支撑，但原告扬州市人民检察院有

---

① 裁判文书：（2019）苏 01 民初 2644 号。

较强的调查取证能力，获取了被告捕捞行为的详细信息，并有监管部门的数据和评估支撑，能够全面佐证案件事实和评估细节，加之本案属于破坏渔业资源，损害类型相对简单，损失认定方法较为成熟，诉讼难度相对较低。最终，法院认定，《评估报告》通过科学的取样和分析方法做出，采集分析数据的时间与本案电捕行为发生时间相近、捕捞方式类似，采样湖泊与捕捞湖泊水系相通，具有可参照性，鱼类损失、鱼类繁殖损失、鱼类饵料生物损害的数额认定方法合理，予以认定，最终原告的全部诉讼请求均获得支持。

组态4的典型案件是重庆绿色志愿者联合会诉恩施自治州建始县磺厂坪矿业公司水污染责任纠纷案①。尽管原告为省级社会组织，但得到了重庆市人民检察院第二分院的支持起诉，而被告为湖北省自然人独资的小企业，双方的诉讼能力存在明显差距。2014年8月10日，被告在重庆和湖北两省交界处进行违法生产，其产生的废水、尾矿未经处理就排入临近有溶洞漏斗发育的自然洼地，导致重庆市巫山县千丈岩水库的饮用水源水质异常。原告向重庆市万州区人民法院提起诉讼，属于异地审理，请求法院判令被告停止侵害，恢复原状，搬迁厂址，在媒体上公开道歉，以及支付诉讼费用15.4644万元。被告辩称，水库污染是由气象灾害、特殊地质构造条件等多种原因的偶然结合造成，并且在短时间内就得到了控制，没有对水库造成长期的负面影响。同时，被告认为铁元素不是重金属且未纳入控制性指标，以此作为评价指标不合理。依原告申请，法院委托环境保护部环境规划院环境风险与损害鉴定评估研究中心和北京师范大学进行了环境损害评估，并采用虚拟治理成本法计算出针对土壤中铁元素污染的修复费用为99.1万元。在审理过程中，法院还多次召开专家咨询会议，邀请重庆大学水污染防治领域专家担任专家陪审员以弥补合议庭对水污染专业知识的不足。最终在科学证据下，法院认为采用铁指标用于评估饮用水风险具有合理性，判决被告立即停止

---

① 裁判文书：（2014）万法环公初学第00001号、（2016）渝02民终772号。

侵害，重新进行环境影响评价，未经批复和环境保护设施未经验收，不得生产；在判决生效后180日内，对被污染土壤进行生态修复，逾期不履行修复义务或修复不合格，承担修复费用99.1万元；对其污染生态环境，损害公共利益的行为在国家级媒体上赔礼道歉；支付重庆市绿色志愿者联合会为本案诉讼产生的合理费用及律师费共计15万元。除了厂址搬迁的诉讼请求未被支持外，原告其他主张均得到法院支持。

由此可见，审判情景C的特征是尽管缺乏前期的行政处罚或刑事判决可供援引，但由于损害类型比较简单，举证相对容易。因此当面对中小企业或个人等诉讼能力较弱的被告时，原告可以凭借在诉讼能力上的优势获得法院较高的诉讼请求支持率。

四　审判情景D

审判情景D源自组态5，即：证据力度强、原告身份高、被告身份低、媒体报道少四个条件变量，其唯一覆盖度为0.0160。在该组态唯一覆盖的案件中，选取损害类型复杂的案件进行个案剖析。

典型案件是云南省宜良县国土资源局起诉顾海森、杨晓红生态环境破坏责任纠纷案[①]。该案是在《环境保护法》修订之前的案件，由于《民事诉讼法》并未对适格主体进行明确，因此原告为行政机关，并得到了宜良县人民检察院的支持起诉，而被告是个人，诉讼双方实力差距明显。原告诉称：被告未经行政许可，于2010年1月起在昆明市宜良县九乡乡法古村擅自使用挖掘机和装载机等机械设备非法开采磷矿1100吨，为此受到宜良县国土资源局监察大队的行政处罚，但其仍未停止非法采矿行为。由于被告在无证采矿过程中将开挖出的废渣和剥土随意堆放，造成原有植被和地表土壤被毁坏，林地植被大面积被毁损，形成崩塌和泥石流隐患。因此，宜良县人民检察院此前已提起公诉，被告被认定非法采矿罪，但该案并没有引起媒体的关注。

---

① 裁判文书：（2012）昆环保民初字第7号。

在环境民事公益诉讼中，由于损害类型比较复杂，涉及植被破坏、土壤污染和地质安全等多方面影响，所以生态功能损失鉴定存在较大难度。原告在举证过程中援引了刑事判决书、行政处罚决定书和行政机关笔录等材料，并委托云林司法鉴定中心和云南省地矿局地球物理地球化学勘查队进行专业鉴定。依据鉴定报告，被告非法占用林地面积为12.84亩，非法开采行为所造成的矿产资源价值损失为123.15万元，地质环境保护与治理恢复费为15.5838万元。而被告认为鉴定报告中矿石品位与鉴定价值不符，并且矿山并非仅仅是两被告所挖，因此不应由两被告承担全部治理费用，但却并未提交相关证据予以证明。法院认为，鉴定报告由云南省国土资源厅出具文件专门予以认可，故对该鉴定结论应予采纳。最终，法院支持了原告的全部诉讼请求，被告承担138.7338万元的生态损失和环境治理费用。此外，被告还需承担鉴定费55833元、律师费44920.14元和案件受理费17832.82元。

从该案可以看出：案件的复杂性体现在被告非法采矿造成的生态破坏在损害赔偿认定方面存在一定难度。对于此类案情复杂但证据充分的案件，诉讼能力较强的原告可以通过援引已有证据和委托专业机构鉴定等方式对损害认定和损失赔偿进行充分举证，而诉讼能力较弱的被告则难以对损失认定从环境修复角度提出专业性主张。尽管社会关注度不高，但原告依然能获得较高的诉讼请求支持率。

第六章　不同原告主体的审判逻辑差异

第五章从整体性角度分析了环境民事公益诉讼的审判逻辑，但并没有针对两大原告主体（即：检察机关、社会组织）进行独立分析。如第四章所述，两者在参与环境民事公益诉讼时表现出不同的行为特征，法院对两者的诉讼请求支持率也存在显著区别。这让人不禁疑问：造成这种差异的原因是否是因为两者所起诉的案件具有不同的审判逻辑呢？为了回答这一问题，本章将以原告身份为控制变量，分别对检察机关和社会组织单独起诉的案件进行分析，探索不同原告主体的审判逻辑差异。

在研究样本库中，由检察机关单独提起的案件共有 186 件，原告诉讼请求支持率低于 0.5 的有 6 件，占比为 3.2%。相比之下，由社会组织单独提起的案件共有 34 件，原告诉讼请求支持率低于 0.5 的有 15 件，占比为 38.2%。可见，法院对社会组织的诉讼请求支持率远低于对检察机关。另外，由行政机关提起并判决的案件仅有 9 件，数量较少，主要集中在 2015 年之前，不再单独进行组态分析。对于由社会组织提起且检察机关支持起诉的案件，由于综合了两者各自的优势难以区分，因此也不再单列讨论。

在条件变量选择上，除了"原告身份"作为控制变量外，沿用"损害类型""证据力度""被告身份""管辖区域""媒体报道"作为自变量，变量赋值和校准方式与第五章一致。下面将进一步剖析由检察机关和社会组织提起的案件在组态结果上有何差异。

第一节 两类案件的组态对比

一 检察机关起诉案件的组态结果

首先对自变量进行必要性分析，对单一自变量对因变量的解释进行量度。从分析结果来看，5个自变量的一致性均低于0.9，但覆盖度比较高，表明这些变量不是必要条件，但在样本中发挥着重要作用。其中，证据力度强、被告身份低、媒体报道少的一致性超过了0.8，对审判结果有显著影响；损害类型简单、本地管辖的一致性在0.7至0.8之间，单个解释力相对较弱，需要进一步对自变量的组态结果进行分析（参见表6-1）。

表6-1　　　检察机关起诉案件的自变量必要性分析结果

自变量	一致性	覆盖度
损害类型简单	0.7135	0.9834
损害类型复杂	0.2995	0.9584
证据力度强	0.8326	0.9635
证据力度弱	0.1766	0.9694
被告身份低	0.8326	0.9687
被告身份高	0.1766	0.9887
异地管辖	0.2037	0.9356
本地管辖	0.7963	0.9706
媒体报道多	0.1516	0.9431
媒体报道少	0.8496	0.9684

接下来进行组态分析。5个自变量构成32种可能的条件组态。由于检察机关单独起诉的案件较多，频数阈值设为2，一致性阈值设为0.8，PRI阈值设为0.75。标准化分析时，损害类型、证据力度、被告身份三个条件设定为存在时有利于提高原告诉讼请求支持率，管辖区域和媒体

报道由于缺乏足够的理论和证据支撑，设定为"存在或不存在"。由于未获得中间解，选择复杂解进行分析。

检察机关起诉的案件共得到 4 个获得高诉讼请求支持率的条件组态，组态的一致性和总体解的一致性均高于 0.9，说明对审判结果的解释力较强（参见表 6-2）。总体解的覆盖度为 0.8278，4 个条件组态能够解释 82.8% 的样本。通过与全样本的 5 个条件组态进行对比，可以得到如下结论：（1）组态 1a 包括"损害类型简单"、"证据力度强"、"本地管辖"和"媒体报道少" 4 个条件，与全样本的组态 2 基本一致；（2）组态 2a 包括"损害类型简单"、"被告身份低"和"媒体报道少"三个条件，与全样本的组态 3 基本一致；（3）组态 3a 包括"损害类型简单"、"被告身份低"和"异地管辖"三个条件，与全样本的组态 4 基本一致；（4）组态 4a 包括"证据力度强"和"被告身份低"两个条件，全样本的组态 5 是组态 4a 的子集。综上，检察机关单独提起的案件与全样本的诉讼结果差异不大，并未得到新的条件组态（参见表 6-3）。

表 6-2　　检察机关诉讼案件的组态分析结果（频数阈值=2）

自变量	法院做出有利于原告判决的条件组态			
	组态 1a	组态 2a	组态 3a	组态 4a
损害类型	▲	▲	▲	
证据力度	▲			▲
被告身份		▲	▲	▲
管辖区域	△		▲	
媒体报道	△	△		
一致性	0.9912	0.9833	0.9703	0.9693
原始覆盖度	0.3883	0.6251	0.1256	0.6340
唯一覆盖度	0.0190	0.1508	0.0089	0.1630
总体解的一致性	0.9713			
总体解的覆盖度	0.8278			

注：▲表示条件存在，△表示条件不存在，空格表示模糊状态。

表6-3　　全部案件与检察机关起诉案件的组态结果对比

	全部案件的条件组态		检察机关起诉案件的条件组态
组态1	证据力度强*原告地位高*本地管辖		
组态2	损害类型简单*证据力度强*本地管辖*媒体报道少	组态1a	损害类型简单*证据力度强*本地管辖*媒体报道少
组态3	损害类型简单*原告身份高*被告身份低*媒体报道少	组态2a	损害类型简单*被告地位低*媒体报道少
组态4	损害类型简单*原告身份高*被告身份低*异地管辖	组态3a	损害类型简单*被告身份低*异地管辖
组态5	证据力度强*原告身份高*被告身份低*媒体报道少	组态4a	证据力度强*被告身份低

二　社会组织起诉案件的组态结果

针对社会组织起诉案件的变量必要性分析结果显示，5个自变量的一致性均低于0.9，但覆盖度相对较高，表明这些变量不是必要条件，但在样本中发挥着重要作用。其中，损害类型简单、本地管辖的一致性相对较高，对审判结果的影响较为显著；证据力度强、被告身份低、媒体报道多的一致性相对较低，单个解释力相对较弱，需要进一步对自变量的组合结果进行分析（参见表6-4）。

表6-4　　社会组织起诉案件的自变量必要性分析结果

自变量	一致性	覆盖度
损害类型简单	0.7419	0.8120
损害类型复杂	0.5077	0.6478
证据力度强	0.6236	0.7304
证据力度弱	0.5487	0.6503
被告身份低	0.5552	0.7669
被告身份高	0.6555	0.6733
异地管辖	0.2187	0.8760

续表

自变量	一致性	覆盖度
本地管辖	0.7813	0.5397
媒体报道多	0.4009	0.6083
媒体报道少	0.6995	0.6736

鉴于社会组织单独起诉的案件相对较少，因此频数阈值设为1，一致性阈值设为0.8，PRI阈值设为0.75。标准化分析时，损害类型、证据力度、被告身份三个条件设定为存在时有利于提高原告诉讼请求支持率，管辖区域和媒体报道由于缺乏足够的理论和证据支撑，设定为"存在或不存在"。经过标准化分析，得到案件诉讼结果影响因素的复杂解、简约解和中间解，其中中间解和简约解中都出现的变量视为核心条件，其他为边缘条件。

社会组织起诉的案件共得到4个获得高诉讼请求支持率的条件组态，组态的一致性和总体解的一致性均高于0.9，说明对审判结果的解释力较强（参见表6-5）。总体解的覆盖度为0.9065，4个条件组态能够解释90.7%的样本。进一步对比社会组织起诉案件的组态结果与全部案件的组态结果差异，两个组态结果不存在逻辑上的冲突，但在具体构成路径上存在着较大差异，社会组织起诉案件的组态结果出现了新的变量表达方式（参见表6-6）。根据第五章条件变量的赋值方案，在社会组织起诉的案件中，当全国性社会组织参与起诉时，原告身份取值为"高"；仅由省级社会组织或市级社会组织起诉的案件中，原告身份取值为"低"。根据组态结果对比，我们发现：（1）组态1b与全样本的组态2具有逻辑一致性，拥有"损害类型简单""证据力度强"和"媒体报道少"3个核心条件，隐藏了对管辖区域的要求，即本地管辖或异地管辖均可，但将全样本中处于模糊状态的被告身份限制为"被告身份高"，并作为核心条件；（2）组态2b与全样本的组态3具有逻辑一致性，拥有"被告身份低"和"媒体报道少"2个核心条件，以及"损害类型简单"1个边缘条件，将全样本中处于模糊状态的证据力度变量限制为

"证据力度弱",并作为核心条件;(3)组态3b以"异地管辖"为核心条件,以"损害类型简单"为边缘条件,与全样本的组态4具有逻辑一致性,组态4是组态3b的子集;(4)组态4b是一个全新的组态,在全样本组态中唯一与其有少许相似性的是组态4,两者都有"异地审判",但在组态4中是边缘变量,而在组态4b中则是核心变量。此外,组态4b还包括"证据力度强"和"媒体报道多"2个边缘条件。综合来看,社会组织起诉的案件与检察机关起诉的案件相比呈现不同的审判逻辑,"被告身份高""证据力度弱""媒体报道多"等新的变量表达方式有待进一步讨论。

表6-5　社会组织诉讼案件的组态分析结果(频数阈值=1)

自变量	法院做出有利于原告判决的条件组态			
	组态1b	组态2b	组态3b	组态4b
损害类型	★	▲	▲	
证据力度	★	☆		▲
被告身份	☆	★		
管辖区域			★	★
媒体报道	☆	☆		▲
一致性	0.8881	0.8831	0.98	1
原始覆盖度	0.3725	0.3395	0.1468	0.0499
唯一覆盖度	0.0999	0.0839	0.0499	0.0200
总体解的一致性	0.9065			
总体解的覆盖度	0.5612			

注:★表示核心条件存在,☆表示核心条件不存在,▲表示边缘条件存在,空格表示模糊状态。

表6-6　　全部案件与社会组织起诉案件的组态结果对比

	全部案件的条件组态		社会组织起诉案件的条件组态
组态1	证据力度强 * 原告地位高 * 本地管辖		
组态2	损害类型简单 * 证据力度强 * 本地管辖 * 媒体报道少	组态1b	损害类型简单 * 证据力度强 * **被告身份高** * 媒体报道少
组态3	损害类型简单 * 原告身份高 * 被告身份低 * 媒体报道少	组态2b	损害类型简单 * **证据力度弱** * 被告身份低 * 媒体报道少
组态4	损害类型简单 * 原告身份高 * 被告身份低 * 异地管辖	组态3b 组态4b	损害类型简单 * 异地管辖 证据力度强 * 异地管辖 * **媒体报道多**
组态5	证据力度强 * 原告身份高 * 被告身份低 * 媒体报道少		

注：文字加粗的自变量是与全样本组态不同的自变量。

第二节　社会组织起诉案件的审判逻辑

一　条件组态解读

依据"庭内—庭外"双维度的研究框架，庭内因素包括与庭审过程直接相关的证据要件、举证难度和诉讼能力，涉及案件的因果关系举证、损害结果量化、损害责任承担等方面（即：损害类型、证据力度）；庭外因素包括可能会对审判结果产生潜在影响的非法律因素，涉及行政干预司法和社会舆论裹挟司法等方面（即：管辖区域、媒体报道）。而诉讼当事人所掌握的资源既可以在庭内转化为调查、取证、举证、鉴定等专业诉讼能力，又可以在庭外转化为政治、经济或社会影响力等（即：原告身份、被告身份）。下面按庭内因素和庭外因素进行分类，通过将社会组织起诉案件与全部案件的审判逻辑对比进行进一步分析与解读（参见图6-1）。

组态1b包括损害类型简单、证据力度强、被告身份高、媒体报道少4个核心条件，呈现"被告身份高—证据力度强"的强均衡局面，庭内因素占据主导作用。从不利于原告的变量条件来看，被告身份高且媒

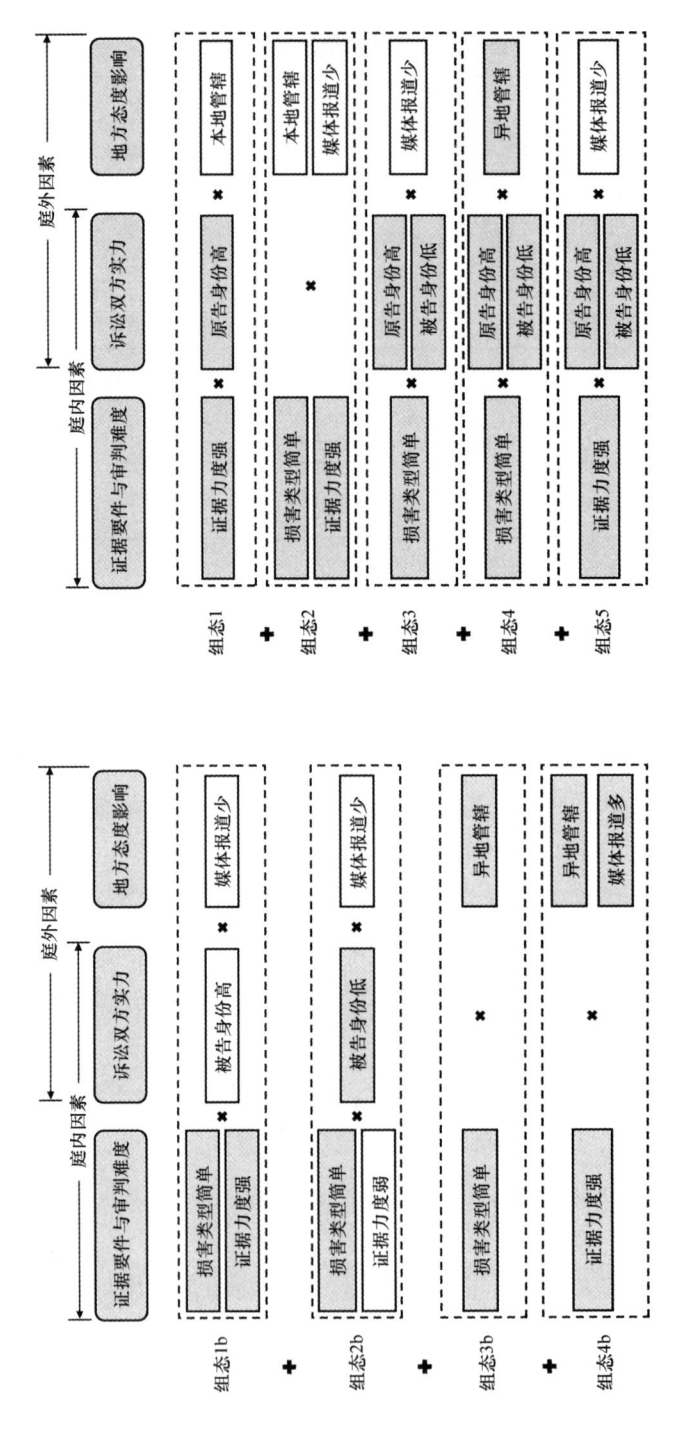

图 6-1 社会组织起诉案件（左）与全部案件（右）的审判逻辑差异

[注]：加粗字体的因素为核心条件，非加粗字体的因素为边缘条件；对于原告高诉讼请求支持率而言，灰色背景的因素为动力因素，白色背景的因素为阻力因素。

体报道少,表明被告有较强的诉讼能力和地方影响力,可能会引起地方保护。而媒体报道少,表明社会舆论关注度不高,很难通过社会话语建构来影响案件审判。组态1b中证据要件与举证难度的两个变量对案件审判结果影响较大。损害类型简单且证据力度强,意味着即使被告是对地方经济影响很大的龙头企业,可能会受到地方政府的袒护,但由于证据力度强,有刑事判决或较为严厉的行政处罚作为支撑,对被告损害环境的举证难度相对较低;同时损害类型简单,损害结果量化的难度较低。证据力度强和损害类型简单共同决定了案件的审判难度低,地方政府可以施加影响的空间和法院的自由裁量空间都相对较小,即使原告是省级或市级社会组织,也能获得较高的诉讼请求支持率。

组态2b包括损害类型简单、证据力度弱、被告身份低、媒体报道少4个变量。与组态1b相比,呈现"被告身份低—证据力度弱"的弱均衡局面,其他两个变量表达方式均一致。被告身份低意味着诉讼能力相对较弱,对被告的法律判决对地方经济的影响较小;损害类型简单、媒体报道少刻画了案件较为常见,社会关注度不高的案件背景。组态2b最值得关注的变量是证据力度弱,表明社会组织在提起该项诉讼时,没有前期的刑事判决或严重的行政处罚作为证据支撑,社会组织需要自行搜集证据,完成初步的因果关系举证,对原告的调查取证能力提出了较高的要求。

在组态3b和组态4b中,异地管辖均为唯一的核心条件,反映出社会组织在异地审判中可能面临的两种情况。组态3b包括损害类型简单和异地管辖两个变量,不涉及诉讼双方实力的对比,庭内庭外因素共同发挥作用。证据力度和被告身份都处于模糊状态,意味着当处于证据力度弱、被告身份高的条件下,组态3b依然成立。损害类型简单意味着案件举证难度不大,原告可以通过调查取证弥补前期证据的不足。异地管辖可以直接避免地方司法保护主义的影响,即使被告是地方影响力较大的龙头企业,当原告选择异地法院审判时,企业生产所在地政府即使想干预司法审判,在中国现行条块分割的行政体系下也难以影响其他地方的法院判决。进一步来看，异地审判时，社会组织往往会选择在损害发生地起诉。作为被告环境损害行为的利益损失方，更不会对被告企业有所偏袒。

组态4b包括证据力度强、异地管辖和媒体报道多3个变量，与组态3b的结构类似，不涉及被告身份，由庭内和庭外两方面因素构成，相较于其他3个组态，组态4b的庭外因素影响最强。损害类型和被告身份均处于模糊状态，当处于损害类型复杂，案件举证难度较大，且被告身份较高，地方影响力较强时，证据力度强可以保证审判天平难以向被告倾斜，被告损害环境的事实很难被推翻。异地管辖可以规避地方司法保护主义的影响，使审判过程不受行政干预。媒体报道多这一变量首次出现，表明社会关注度较高，社会公众对于被告污染环境和损害生态的行为往往带有抵制情绪，更倾向于支持原告，社会舆论的施压也会促使审判天平向原告倾斜。作为一条新的因果路径，组态4b体现出社会组织在提起诉讼时不同于检察机关的诉讼策略，即：选取那些前期证据比较充分的案件，在损害发生地进行异地起诉，并利用公众对本地环境质量的关注引导公共领域的话语建构，从而对法院判决施加影响。

二 庭内因素与庭外因素

从图6-1可以看出，社会组织起诉案件与全部案件有着不同的审判逻辑。由于检察机关起诉的案件数量更多，在较高的频数阈值下，社会组织起诉案件的部分组态路径被掩盖。在全部案件中，庭内因素发挥关键作用，证据力度和损害类型对诉讼结果至关重要。然而，在社会组织起诉的案件中，庭内因素和庭外因素共同发挥作用。尽管证据力度和损害类型依然重要，但是更加强调正反两方面力量的对抗，庭内因素往往以组合的形式出现（例如："被告身份高—证据力度强"的强均衡局面和"被告身份低—证据力度弱"的弱均衡局面）。此外，由于自身力量相对薄弱，社会组织在提起诉讼时更加注重借助外力来影响法院判决。进一步聚焦社会组织起诉案件的审判逻辑，需要对新出现的变量表现形式进行展开分析。

首先,"证据力度弱"本身并不是原告获得高诉讼请求支持率的前提条件,而是与其他变量共同发挥作用,相互制衡。值得讨论的是,为什么"证据力度弱"这一变量表现形式会出现在社会组织起诉案件的组态结果中?我们认为,相较于检察机关,社会组织的案件信息获取途径更广,包括社会公众举报、依据地方环境公开数据主动调查、志愿者调查发现等。因此,社会组织能够更早地介入到环境污染行为中,而行政机关或司法机关可能尚未发觉。此时,社会组织可以直接采用的证据较少,需要花费更多时间和精力调查取证,从而进一步判断是否适宜提起诉讼,这是为何会出现"证据力度弱"的原因。相比之下,对于有前期刑事判决的案件,检察机关的介入时间更早,往往作为刑事案件的公诉方,对案件信息掌握更为全面,在刑事判决之后,进一步提起环境民事公益诉讼,要求被告承担民事责任。

其次,"被告身份高"的出现也与社会组织和检察机关的起诉对象选择有关。正如第四章所分析的那样,社会组织起诉的大企业、大企业子公司、政府、政府和企业等实力较强的被告占比达到了55.83%;而在检察机关起诉的案件中上述四类被告占比仅为4.28%,个人和小企业是检察机关的起诉主体。在社会组织起诉的案件中出现这一变量表现形式再次印证出社会组织在参与环境民事公益诉讼时积极的风险偏好行为倾向。

再次,"异地管辖"仅当企业或个人生产或生活所在地与环境损害发生地不一致时才会出现,这一变量更多出现在社会组织作为原告的案件中。原告在提起诉讼时可以选择企业注册地或损害发生地进行起诉,因此社会组织在起诉时会衡量地方司法保护主义的潜在风险,从而判断是选择异地起诉还是本地起诉。而检察机关在起诉地点的选择权上受限制较多,主要在检察机关所在地进行起诉,出现异地管辖的情况相对较少。

最后,"媒体报道多"是社会组织起诉案件中独有的变量表现形式。

媒体报道主要有两种情况：一种是案件本身影响范围广，媒体大量报道引发社会关注，从而吸引社会组织跟进起诉；另一种则是社会组织先行起诉后主动联系媒体，提供案件相关素材，邀请媒体跟进报道。对于新闻媒体的态度是社会组织与检察机关的主要不同点之一。社会组织更愿意借助媒体力量，一方面通过公众监督制约地方司法保护主义行为，另一方面通过引导社会舆论提升社会组织自身的影响力和塑造社会正面形象。相反，检察机关与法院同属于公检法系统，媒体报道有利用社会舆论裹挟司法之嫌，有违于内部组织原则。这解释了为何社会组织起诉案件的数量少，但容易成为"公案"；而检察机关起诉的案件虽多，却往往社会关注寥寥的现象。

第三节　社会组织面临的审判情景

对于社会组织起诉的案件中，4个条件组态可以总结为三种审判情景，分别为：强均衡情景、弱均衡情景和异地审判情景。在异地审判情景下，社会组织可能面临两种情况，对应组态3b和组态4b两条因果路径，两个组态的共同点是都包含"异地管辖"这一核心条件。下面在每种审判情景中，挑选典型案件进行个案剖析。

一　强均衡情景

组态1b属于"被告身份高—证据力度强"的强均衡审判情景，包含"损害类型简单""证据力度强""被告身份高""媒体报道少"4个核心条件。典型案件为重庆市绿色志愿者联合会起诉郴州东江逸景营地旅游度假有限公司水污染责任纠纷案[①]。原告是经重庆市民政局批准成立的、专门从事环境保护的省级社会组织，被告为郴州市政府招商引资的重点企业。

---

① 裁判文书：（2018）湘1081民初476号。

案件起因是被告于 2013 年开始在资兴市东江湖兜率岛内违规建设 98 栋木质别墅，2014 年 10 月项目正式投入运营，作为餐饮和民宿使用。2016 年 3 月，资兴市环境监测站对该项目的外排污水进行监测时发现，水中化学需氧量和氨氮均超标。同年 11 月，资兴市人民政府以项目违反了《湖南省东江湖水环境保护条例》的规定，向被告下发了行政处罚决定书。2017 年 7 月，中央第六环境保护督察组将该项目问题向湖南省委和省政府进行了反馈。2018 年 1 月，原告正式提起诉讼，请求法院判令被告拆除违法建筑物，恢复生态环境或承担费用，赔偿生态服务功能损失，在国家级媒体赔礼道歉等。被告辩称，环保部门下达行政处罚及整改要求后，已积极进行整改，已被政府关闭和强制拆除，原告的诉讼请求均不合理。值得注意的是，涉案项目作为政府招商引资的重点项目，选址在水源地一级保护区内，办理建设手续时得到了地方政府的支持和批准。只是由于中央环境保护督察组向省委、省政府反馈了项目违规的问题，迫于上级政府的压力，市政府才不得不于 2018 年 6 月撤销相关许可决定，强制拆除建设项目，并进行生态复绿。

对于原告的诉讼请求，法院认为拆除违法建设不属于民事诉讼范围，且已行政强制拆除，故不再处理。鉴于被告已于 2018 年 6 月进行了复土植树，原告要求恢复生态环境的诉讼请求已经实现。至于原告认为拆除和复绿工作均由政府完成，并非被告完成，法院认为这并不影响当地生态环境已经恢复这一基本事实。关于生态服务功能损失赔偿，原告申请对被告非法排污导致的环境损害和生态服务功能损失进行专业鉴定，法院为此咨询了云南、江苏、河北等地多家环境司法鉴定机构，这些机构均表示项目客观条件不利于得出客观结果，均不接受委托。由于没有专业鉴定支持，因此无法确定生态服务功能损失的具体数额。此外，法院认为违规新建的建筑主要是木质别墅，并且只有短短两年的营业期较短，对当地生态环境破坏较小，所以赔偿请求未得到法院支持。关于赔礼道歉，法院认为结合被告的过错程度和项目本身的亏损情况，没有必要再要求被告公开赔礼道歉。最终，法院判决被告恢复生态环境（实际上已由地方政府履行），并支付原告的诉讼费用，驳回了其他诉讼请求。

尽管在判决中原告的诉讼请求多被驳回，但从客观的诉讼结果来看，原告提出的拆除违法建设和生态环境修复等主张在案件受理过程中已得到实现，实际上原告诉讼请求支持率还是相对较高。从时间线索来看，2017年7月31日中央第六环境保护督察组反馈了逸景营地项目存在的问题，原告的起诉于2018年1月11日立案受理，逸景营地于2018年5月被政府强制拆除，并完成生态修复。相关媒体报道中写道"案件审理中，资兴市人民法院积极与资兴市环保、城管、林业等部门沟通协调，推动完成了项目内违章建筑的拆除和复绿工作"①，可见原告的起诉行为对于实现上述诉讼主张起到了重要的推动作用。

重新梳理该案的几个关键条件。被告是地方招商引资企业，具有较为深厚的地方政治资源。相比之下，作为省级社会组织的原告在诉讼能力上处于劣势。在这样的审判情景下，原告只有充分利用前期比较充分的证据基础，特别是中央环境保护督察出具的权威意见，才有可能获得较高的诉讼请求支持率。即便如此，在法院判决中仍存在比较明显的地方司法保护主义色彩。例如：由地方政府代替被告履行生态环境修复责任，法院未判决被告承担生态服务功能损失赔偿，以及在国家级媒体赔礼道歉。由于案件属于水污染案件，审判过程相对简单，媒体报道较少，社会关注度有限。其最核心的要件是证据力度强，在中央环境保护督察的威慑下，地方政府感受到来自上级政府的行政压力，被告企业则受到较为严厉的行政处罚，这成为原告关于拆除违建和恢复生态的诉讼请求在客观上能够得以实现的关键，该案可被看作是社会组织在身处强均衡审判情景下的一个缩影。

二 弱均衡情景

组态 2b 包含"证据力度弱""被告身份低"和"媒体报道少"3个

---

① 参见搜狐网于2019年7月19日的一篇名为"判了！东江逸景营地98栋违规建设木制别墅全部拆除！"的报道，网址为 https://www.sohu.com/a/327911325_163182，访问日期为2022年5月2日。

核心条件，以及"损害类型简单"1个边缘条件。与组态1的区别在于证据力度和被告身份的组合正好相反，属于"被告身份低—证据力度弱"的弱均衡审判情景。典型案件为中华环保联合会起诉宜兴市江山生物制剂有限公司水污染责任纠纷案①。作为原告的中华环保联合会是经国务院批准成立，并在民政部注册的国家级社会组织，专门从事环境保护相关的业务，具有较强的诉讼能力。被告为宜兴市江山生物制剂有限公司，是从事加工酵母膏、酵母多糖等生产的民营中小企业，诉讼能力较弱。

2013年10月，原告收到江苏省宜兴市周铁镇徐渎村的群众举报，反映被告将生产废水通过雨水沟违规排放到厂区外的沟渠中，空气中弥漫刺鼻味道，对居民的健康构成威胁。接到举报后，原告多次派人实地考察，拍摄了南围墙外沟渠排放污水的照片。据此，原告以被告行为违反《环境保护法》《水污染防治法》《江苏省太湖水污染防治条例》等环保法律法规为由向无锡市中级人民法院提起环境民事公益诉讼，请求判令被告立即停止对环境的侵害、排除危害，不得通过雨水管道排放污水，承担律师费41600元、交通费400元及诉讼费用。被告辩称，该企业向来重视环境治理，自始至终没有污染行为；在工厂新建和扩建的过程中按规定向宜兴市环保局提交了环境影响评估报告并获得审批。同时，该企业在生产过程中也根据行政机关的要求配合整改，分别于2013年10月8日、2014年7月23日提出了整改方案，现整改方案已经完工，并经宜兴市环保局验收通过，故请求驳回原告诉讼请求。

在审理过程中，原告通过申请信息公开向宜兴市环保局调取了该项目的环评报告和环评批复要求等重要文件，发现被告外排的废水COD、氨氮、总磷等污染物均超过《化学工业主要水污染物排放标准》所允许的标准。在原告请求下，法院对被告采取了证据保全和行为保全措施，查封和扣押了被告自成立以来至2014年7月期间的生产报表、生产日

---

① 裁判文书：（2014）锡环公民初字第2号。

志、原辅材料台账及环评相关资料，对被告的污水处理、排放及对周边环境的污染状况进行拍照和录像，并委托无锡市环保局对厂区环境进行水质取样检测鉴定。依据鉴定结果，环保部门对被告作出《行政处罚决定书》，认为其排放的废水超过了国家标准，责令改正，罚款6万元。法院最终也认定了被告的违法排污事实，并判令被告立即停止排放废水和制定提标升级改造方案，并由环保部门验收和法院确认后在半个月内施工完成。关于41600元的律师费，法院结合原告律师调查取证的次数、难度以及实际参加诉讼等情况认为属于合理范围，予以支持，但400元交通费因原告未提供相应证据予以证明，不予支持。可见，原告在该案中获得了法院很高的诉讼请求支持率。

关于几项关键条件，该案属于水污染案件，损害类型比较简单，取证环节相对容易。原告通过现场拍照获得的照片便被法院认可作为重要证据之一。被告为民营中小企业，诉讼能力相对较弱，对经济发展影响有限。因此，在案件审理的过程中没有表现出明显的地方司法保护主义倾向，地方政府积极配合法院的工作对环境污染后果进行专业鉴定，并给予行政处罚。此外，地方政府还为原告提供了环境影响评估报告、行政处罚决定书、监测报告等一系列重要证据，减轻了原告的举证责任。尽管该案中地方政府对被告进行过行政处罚，但根据校准标准，一次行政处罚的证据力度较弱，并且是发生在案件审理过程中，因此案件的前期证据基础比较薄弱。该案由于案情简单且事实清晰，所以没有引起媒体的关注。另外，值得关注的是，原告作为国家级社会组织拥有丰富的信息获取渠道，通过群众举报及时了解基本案情并快速完成初步调查取证也是诉讼成功的重要因素。其丰富的诉讼经验在案件审理过程中发挥着重要作用，包括向环保部门申请信息公开以获得关键性证据和向法院申请证据保全和行为保全等。

三　异地审判情景 I

组态3b的典型案件为绿发会起诉深圳市速美环保有限公司、浙江淘宝网络有限公司大气污染责任纠纷案①，曾入选2019年度中国十大影响性诉讼。原告为经国务院批准成立，由中国科学技术协会主管，并在民政部登记注册的国家级社会组织；被告一速美环保有限公司是从事三元催化器等汽车尾气净化设施生产制造的民营企业，被告二淘宝网络有限公司是著名的民营互联网巨头。

案件起因是被告一在淘宝网购平台销售针对汽油车和柴油车的三款三元催化器产品，并将其宣传为所谓"年检神器"，可以帮助尾气排放不合格的车辆规避汽车尾气年度检测，以使原本尾气超标的车辆得以蒙混过关继续上路。作为网购平台经营者，被告二未对上述商品的合法性进行有效的审核监管，导致大量非法产品销入市场，对大气污染防控工作造成了严重影响。因此，原告针对被告一生产和销售非法商品的行为以及被告二未能有效履行检查监控职责的失职行为向杭州市中级人民法院提起环境民事公益诉讼，并于2016年11月8日被立案受理。

原告向法院提出如下诉讼请求：（1）判令两被告在全国性社会媒体公开道歉；（2）要求被告一停止销售相关非法产品；（3）被告二停止向被告一提供第三方交易平台服务；（4）请求判令两被告以连带责任方式承担生态环境修复费用15176.5万元（具体数额以评估鉴定报告为准）；（5）请求判令两被告以连带责任方式承担诉讼费和交通住宿费用共计10万元、律师费共计325.93万元及检测评估鉴定费用（以法庭调查结束前实际发生数额为准）。被告一辩称：（1）原告隐瞒了2015年年审不合格的事实，因此不具有公益起诉资格；（2）速美公司并非本案适格被告，因为根据原告起诉状提及的《大气污染防治法》第55条规定的责任主体并未包括作为销售者的速美公司。原告并非行政主体，没有任何权利代表国家行政机关直接向其做出行政处罚；（3）原告以其生产的非法产品提起诉讼，但根据鉴定机构证明，相关产品不属于非法产品，企业或

---

① 裁判文书：（2016）浙01民初1269号、（2017）浙民辖终10号。

使用方未受到过行政处罚。此外，原告没有提交速美公司存在大气污染的侵权事实，也没有产生任何的侵权后果以及侵权行为和后果之间存在因果关系，对此的举证责任在于原告。(4) 原告关于律师费的主张，速美公司没有收到原告支出律师费的发票、合同及支付凭证，因此拒绝支付。被告二辩称：(1) 淘宝网作为信息发布平台，不参与会员用户的交易行为，已尽到身份审查、事前提醒的义务，所涉非法定的明显违法信息，原告起诉后，已采取删除措施，因而不存在原告主张的帮助侵权行为，无须承担相应的法律责任。(2) 原告主张淘宝网停止对速美公司提供平台服务违反合同法的相对性原则，要求淘宝网承担连带赔偿责任没有事实和法律依据。

在审理过程中，原告申请调取速美公司在淘宝网上的注册信息、账户数据及交易记录，得到法院支持。根据原告的举证，三款产品已累计发生9066笔交易，已售出3万余件，总交易额为365万余元。原告申请法院委托鉴定机构对速美公司的三项产品是否符合机动车尾气净化设施进行专业鉴定，并评估机动车超标排放对大气污染的损害数量和替代性修复成本。法院认为，由于相关产品无国家标准且只有1个检材，无法满足检测实验需要，不具备鉴定条件，因此损害数量和替代性修复成本也无法确定。

最终，法院做出如下判决：(1) 被告一因销售三款产品，宣传可以规避机动车年检，应与机动车所有人承担连带责任。被告一所销售的产品属于机动车尾气净化或治理类产品范畴，本身不属于法律明令禁止生产与销售的产品，但因其不当的宣传和诱导，使得该三款产品可能被用于法律禁止的范围。该行为构成损害社会公共利益，应承担环境污染侵权责任，判令其在国家级媒体上公开赔礼道歉。(2) 对于被告二，由于被告一发布的宣传信息具有一定隐蔽性，所以被告二在已尽到身份审查、事前提醒等审查义务的基础上，不承担连带责任。此外，被告二在发现违法宣传后及时采取删除措施，无法认定其帮助速美公司实施侵权行为。(3) 关于生态环境修复赔偿，尽管无法通过专业鉴定来确定损害数量和修复成本，但鉴于案涉产品造成不特定地区大气污染物的增加导致环境污染的事实客观存在，法院酌情确定被告一赔偿生态环境修复费用为350万元。(4) 关于诉讼费用，法院认为原告主张的律师费过高，酌情确定被告承担律师费、差旅费、住宿费等必要开支共计15万元。综合来看，原告的诉讼请求得到了法院较高程度的支持，在损失认定环节上，虽然没有鉴定机构提供的专业支撑，但法院酌情判定了被告的修复责任，并确定了赔偿金额。

该案值得关注的是异地管辖对案件审判的影响。原告同时起诉速美公司和淘宝公司，却将第二被告住所地作为起诉地，体现出社会组织在选择起诉地点时的策略性。其目的正是为了规避深圳市中级人民法院的管辖，以避免地方司法保护主义的潜在影响。立案受理后，速美公司很快在2016年12月1日向一审法院提出管辖权异议。依据《民事诉讼法》第21条第3款之规定，法院以同一诉讼的多个被告住所地人民法院都享有管辖权为由予以驳回。2017年1月18日，速美公司上诉至浙江省高级人民法院，但被再次驳回。为何速美公司极力反对在杭州审理此案？其背后原因颇为耐人寻味。从判决结果来看，原告关于速美公司的诉讼请求基本上都得到了杭州市中级人民法院的支持；而关于淘宝公司的诉讼请求却均予以驳回，让我们从另一个侧面窥视到管辖区域对审判结果的潜在影响。由于速美公司是主要诉讼对象，淘宝公司被列为共同被告更多是基于管辖权的考量，因此对原告而言基本上达成了诉讼目的。

此外，该案另一个条件是损害类型相对简单，对原告的举证责任要求较低，这也是原告获得较高诉讼请求支持率的重要原因之一。原告提供的证据主要是关于违法商品的交易数量和销售金额。由于商品销往全国各地，对大气污染物增加具有不特定地区的影响，因此法院并未要求原告进一步证明被告存在大气污染侵权事实，以及其侵权行为与侵权后果之间存在因果关系。尽管无法进行专业鉴定，但法院依据《最高人民法院关于审理环境民事公益诉讼案件适用法律若干问题的解释》第23条之规定①，重点参考被告因侵害行为所获得的利益，最终确定速美公司承担350万生态环境修复费用和15万的原告诉讼费用，两者相加正好等于三款非法产品的总交易额365万。

四 异地审判情景Ⅱ

组态4b的典型案件为河南省企业社会责任促进中心起诉贵州铜仁市铜鑫汞业有限公司等固体废物污染责任纠纷案②。原告是经河南省民政厅批准成立，并由省工商联主管的省级社会组织；被告为贵州铜仁市铜鑫汞业有限公司、内蒙古东兴化工有限责任公司、河北保定保运化学危险货物运输有限公司、毛某、范某等多家企业和个人。

案件起因是东兴公司与铜鑫公司签订《固废委托处理合同》，由铜鑫公司处理东兴公司的1200吨废汞触媒。随后，铜鑫公司与保运公司签订《运输协议》，由保运公司负责承运。2016年6月17日，与铜鑫公司签订有《含汞废物业务提成合作协议》的张某代表铜鑫公司委托董某将废汞触媒从东兴公司运往贵州省铜仁市铜鑫公司所在地。董某将39.05吨废汞触媒交付给货运人毛某（跟车人范某），但其驾驶的豫AV5910车辆仅为普通货运汽车，而非具有道路危险货物运输经营资质的专用车辆。当日下午，二人驾车途经洛阳市洛宁县底张乡大阳村时，将装载的全部废汞触媒非法倾倒至洛阳碧水源农业技术开发有限公司院内。由于包装破损，导致固体废物散落，且未进行任何防护措施。加之当时处于雨水季节，导致含汞有毒物质迅速扩散，对水、土壤、大气、饮用水等造成严重污染。接到群众举报后，河南省环保厅与洛阳市环保局、公安局成立联合调查组，对现场进行勘验和防护处理。

---

① 《最高人民法院关于审理环境民事公益诉讼案件适用法律若干问题的解释》第23条规定，"生态环境修复费用难以确定或者确定具体数额所需鉴定费用明显过高的，人民法院可以结合污染环境、破坏生态的范围和程度、生态环境的稀缺性、生态环境恢复的难易程度、防治污染设备的运行成本、被告因侵害行为所获得的利益以及过错程度等因素，并可以参考负有环境保护监督管理职责的部门的意见、专家意见等，予以合理确定。"

② 裁判文书：（2017）豫民终232号。

原告于 8 月 19 日向洛阳市中级人民法院提起环境民事公益诉讼，并提出先予执行申请。收到申请后，法院很快裁定铜鑫公司立即将其非法倾倒的固体废物依法安全转移。在行政机关的配合下，原告向法院出具了东兴公司与铜鑫公司签订的合同、铜鑫公司与保运公司签订的协议、危险废物转移联单等证据以证明各被告知道或者应当知道正在从事危险废物运输，以及洛阳市环保局现场勘验笔录、涉案危险废物卸载现场照片、洛阳市环境监察支队对被告的调查询问笔录等证据以证明存在环境损害事实。另外，原告还委托河南农业大学资源与环境学院采集土壤样品进行检测，完成了《洛宁县废汞触媒倾倒事件对周边土壤环境污染损害评价报告》。报告显示，倾倒区周边土壤中汞重金属含量严重超标，造成了该区域的土壤生态环境损害，同时依据土壤生态环境修复方案计算得出调查与修复费用为 48.288 万元。洛宁县环保局在紧急处置过程中垫付了部分费用。

基于上述有力的证据，原告请求法院判令被告立即排除危害，消除环境污染风险，对受损环境恢复原状，赔偿因非法倾倒固体废物造成的全部经济损失，并承担原告的全部诉讼费用。而被告主要对河南省企业社会责任促进中心的起诉资格提出质疑，认为环境保护不属于其组织宗旨和业务范围，因此作为环境民事公益诉讼的原告显然不适格。此外，铜鑫公司认为废汞触媒对环境造成损害是因为当地环境保护行政机关处置不当造成，即第三者的过错责任造成环境侵权，存在法律规定的免责事由，应减轻或免除侵权人的责任。

法院对双方争议焦点进行了逐一回应。关于原告资格，法院认为该组织的宗旨中包含"促进生态文明建设"，业务范围包含"注重对企业在资源节约、节能减排、安全生产等方面的履责情况进行评估和指导，以减小企业决策对环境的负面影响，并带动社会各界参与到社会环境责任建设中来"等内容，并且曾多次举办诸如"6·5 世界环保日环保责任宣讲"等与环境保护相关的活动，可以认为维护环境公共利益符合原告的宗旨和业务范围。同时，原告成立已超过 5 年，且无违法记录，符合

《环境保护法》规定的原告资格。关于免责事由，法院认为，案发后当地环境保护行政机关对现场及时进行了应急防护处置，包括加盖彩钢房和派人 24 小时值守等措施，被告的理由明显不能成立。关于归责原则，法院认为，该环境侵权行为属于生产性环境侵权，应当适用无过错归责原则，即只需要考虑存在环境侵权行为、损害结果以及两者之间存在因果关系即可成立。在举证责任倒置原则下，原告已完成初步证明责任，而各被告均未就法律规定的不承担责任或者减轻责任的情形及其行为与损害之间不存在因果关系进行举证，因此法院判决各被告共同实施了侵权行为，应当承担连带侵权责任。由于此次污染事件涉及多家企业和个人，法院认为"社会责任中心选择起诉部分侵权人未违反法律规定"，不需要追加被告。

综上，洛阳市中级人民法院于 2016 年 12 月 22 日作出如下判决：被告铜鑫公司在判决生效后三个月内将倾倒废汞触媒污染及损害区域恢复原状、消除影响，将地表散落的颗粒状及粉状汞触媒彻底清除干净，并依法进行处置，对受污染土壤采用客土法修复方式完成，即将污染土壤铲除后，从周边区域采取未污染土壤进行回填。在法定期限内未履行该义务则应支付环境修复费用 48.288 万元；被告东兴公司、毛某、范某承担连带责任。行政机关垫付的彩钢房款、看护费用属于应急处置费用，由被告共同承担；行政机关的差旅费属于职责范围内的正常行政开支，不属于赔偿范围；原告的诉讼费用由被告共同承担。同日，该事件涉及的主要责任人之一董某被河南省长葛市人民法院以非法运输危险物质罪，判处有期徒刑二年零六个月。一审判决后，东兴公司和铜鑫公司对责任承担方式有争议，向河南省高级人民法院提起上诉，后被驳回，维持原判。

对几个关键条件进行逐一分析。首先，该案是我国首例涉及跨省固体废弃物损害的环境民事公益诉讼案。面对来自省外的被告，当地的行政机关和司法机关通力协作，联合办案。借用洛阳市中级人民法院新闻发言人石笑飞的原话，"本案体现了司法审判机关和行政执法机关的联动！"① 两者对来自本省的原告给予了最大程度上的支持。例如：行政机关为原告调取相关证据提供便利；行政机关的执法人员还作为证人出庭作证，对查明案件事实起到了重要作用；司法机关第一时间批准原告的先予执行申请等。异地审判为该案中原告、行政机关和司法机关的"一致对外"奠定了合作基础。

其次，该案的明显特征是证据力度强，这也是多方合作的结果。河南省环保厅重点关注案件进展，案发第一时间便成立了联合调查组，省、市、县政府机关三级联动，共同参与现场勘验和应急处置，很大程度上减轻了原告的举证责任。再次，媒体报道多是该案的另一大特征。最初案件始于群众举报，洛阳市和河南省主要媒体持续跟踪事件始末，迅速引起社会的广泛关注与讨论，不久后澎湃新闻、央广网、中国网等具有全国影响力的媒体纷纷跟进最终使该案成为全国闻名的"公案"。② 新闻媒体塑造的"同仇敌忾"的舆论场域有效地激励着行政机关、司法机关与原告更加积极地合作，各方都希望在镁光灯下向公众展现良好的社会形象，客观上为后来的法庭审理奠定了扎实的证据基础。

---

① 参见澎湃新闻于 2016 年 12 月 22 日的一篇名为"含汞危废倾倒河南：涉事公司被判 3 月内恢复污染损害区域原状"的报道，网址为 https://www.thepaper.cn/newsDetail_forward_1585491_1，访问日期为 2022 年 5 月 5 日。

② 例如：澎湃新闻发表《39 吨含汞危废倾倒河南两个月，环保部促运走无果》，央广网发表《39 吨汞废物被非法倾倒河南进展：毒废品已运离》，中国网发表《洛阳中院受理全国首例跨省废弃物污染环境公益诉讼案》等新闻报道。

第七章　对原告诉讼请求支持率低的案件反思

不同于回归分析技术的对称性假设，QCA 的因果关系具有非对称性特征，即：期望结果的出现与不出现的条件组态可能是不同的，而不仅仅是相同条件变量在水平上的差异。在 QCA 的非对称性假设下，即便可以得出原告诉讼请求支持率高时的条件组态，也不能由此反向推论出原告诉讼请求支持率低时的因果路径。[①]

为了更全面地分析环境民事公益诉讼的审判逻辑，需要对原告诉讼请求支持率低的案件进行研究。由于 6 个条件变量在理论上可能存在 64 种条件组态，但在分析样本中原告诉讼请求支持率低于 0.5 的案件仅有 27 件，无法满足组态分析对样本量的最低要求，难以得到简化的条件组态。因此，本章采用案例分析方法，通过对 27 件案件的归纳总结，共得到三种导致原告诉讼请求支持率低的主要原因：（1）原告举证责任问题；（2）环境损失赔偿问题；（3）地方司法保护主义。每种败诉原因还可以被进一步分为不同的情况。下面将针对不同的原因，选取其中的典型案件进行个案剖析，反思导致原告诉讼请求支持率低背后的审判逻辑。

[①] Peer C. Fiss, "Building Better Causal Theories: A Fuzzy Set Approach to Typologies in Organization Research", *Academy of Management Journal*, Vol. 54, No. 2, 2011, pp. 393–420.

第一节 原告举证责任问题

一 被告无损害行为

从侵权民事责任的构成要件来看，存在损害行为是原告提起诉讼的基本前提。如果缺乏充分的证据证明被告实施了损害行为，原告的起诉将被法院驳回。关于损害行为的举证，既可以通过援引间接证据（例如：行政处罚决定书、司法判决书等）实现，也可以通过获取直接证据（例如：目击证人证言、现场照片或影像资料等）实现。然而在司法实践中，两种举证方式都可能被推翻，导致原告最终败诉。下面的两件典型案件分别代表不同的举证方式。

典型案件一为金华市绿色生态文化服务中心起诉广西贵港市昌翔木业有限公司大气污染责任纠纷案①。案件起因是贵港市环保局委托国寰公司对被告在2018年11月排放的锅炉烟气进行监测，监测报告显示氮氧化物和颗粒物的浓度超过标准限值，其中颗粒物排放浓度超标3.65倍。依此，市环保局责令被告一个月内限制生产，并作出罚款70万元的行政处罚决定。然而，被告并没有及时整改，在复查时仍然超标排放大气污染物。因此，市环保局再次对其作出按日连续处罚决定，共计罚款1190万元。于是，原告以被告持续超标排放对大气环境造成严重影响为由向贵港市中级人民法院提起环境民事公益诉讼，并援引市环保局出具的《行政处罚决定书》（贵环罚字〔2019〕13号）和《按日连续处罚决定书》（贵环日罚〔2019〕03号）对被告存在损害行为进行举证。被告辩称，由于对市环保局的行政处罚决定不服，被告提起行政诉讼。法院以检测人员不具备环境监测资格，检测报告不能作为行政处罚的依据为由，已判决撤销市环保局作出的行政处罚决定书。因此，原告的诉讼请求没有事实根据，请求法院驳回原告的全部诉讼请求。

---

① 裁判文书：（2020）桂08民初29号。

经审理，法院认为，国寰公司作出的监测报告程序违法，不能作为认定被告存在违法排放行为的依据。由于市环保局的行政处罚决定已被撤销，所以被告存在损害行为缺乏事实根据。除此之外，原告并未举出其他充分依据证明被告存在违法排放大气污染物行为的事实。据此，在行政处罚已经被生效判决予以否定的情况下，无法证明被告存在损害行为，原告的全部诉讼请求被法院驳回。

典型案件二为辽宁省营口市人民检察院起诉王某生态环境破坏责任纠纷案①。案件起因是从 2013 年至 2015 年间，被告在盖州市碧流河河道内的三处方塘内养殖鱼和螃蟹。为了防止鱼蟹散失，被告在三处方塘四周修筑起 5 米多高的围坝，并在围坝上种树以加固围坝。原告依法调取了 2011 年至 2016 年涉案河段的卫星云图，显示 2011 年河道内没有方塘，2013 年之后出现三处方塘，由此认定被告在河道内挖砂建塘和修筑围坝的行为。随后，原告委托营口市水利勘测建筑设计院对其行为对河道生态环境可能产生的事实后果进行了专业鉴定。专家意见认为，该三处方塘的存在势必影响碧流河及其北支流的河势稳定，危害河岸堤防安全，妨碍河道行洪，破坏碧流河及其北支流流域水生态环境。因此，原告向营口市中级人民法院提起环境民事公益诉讼，请求法院判令被告恢复原状，或承担生态环境恢复费用 10.73 万元和鉴定费 4.825 万元。

被告辩称，作为一名经济困难的农民和曾经的在押服刑人员，被告根本没有调查取证的能力来维护自身合法权益。相比之下，检察机关在办理公益诉讼时有较被告更优越的调查取证权。既然检察机关与被告之间的诉讼能力并不对等，那么在案件事实的证明标准方面就不适宜"高度盖然性"，应参照适用刑事案件"排除一切合理怀疑"的证明标准才符合民事诉讼双方地位平等的诉讼原则。也就是说，检察机关必须要有直接证据证明被告存在挖塘筑坝的侵权行为，而不能仅仅依靠间接证据进行推定。按照被告的经济条件，根本无法负担挖砂建塘这样大的工程，

---

① 裁判文书：(2019) 辽 08 民初 5 号、(2020) 辽民终 991 号。

三处方塘早在被告 2010 年出狱前便已经形成。以检察机关现有的证据无法证明被告符合环境侵权的构成要件。然而，一审法院仍然坚持环境民事公益诉讼的举证责任倒置规则和高度盖然性原则，认为被告的行为符合生态环境损害侵权构成要件，应当承担相应的侵权责任，最终支持了原告的全部诉讼请求。

被告不服判决，向辽宁省高级人民法院提起上诉。经审理，二审法院认为，原告应当举证证明被告实施了在河道内修建、使用涉案方塘的破坏生态行为，涉案河流存在生态环境损害，并就破坏生态行为与生态环境损害结果之间存在关联性提供初步证明材料。然而，原告提交的卫星云图不足以证明涉案方塘由被告于 2013 年至 2015 年间陆续修建，故对其要求被告恢复涉案河道原状、承担相关费用的诉讼请求不予支持，因此撤销一审判决。

二 被告无损害结果

环境侵权责任有三个构成要件：一是行为人实施了破坏生态的行为；二是存在生态环境损害的结果；三是破坏生态行为与生态环境损害之间具有因果关系。因此，原告举证不仅要证明被告具有环境损害行为，而且还要证明存在环境损害结果。在司法实践中，即便被告确实存在损害行为，但如果无法证明损害结果的客观存在，那么法院也会以未完成初步证明责任为由驳回原告的诉讼请求。下面两件案件均属于被告虽有损害行为，但不存在或无法证明存在损害结果，而最终导致原告败诉的典型案件。

典型案件一为自然之友环境研究所起诉北京都市芳园房地产开发有限公司、北京九欣物业管理有限公司固体废物污染责任纠纷案[①]。案件起因是北京市昌平区都市芳园小区原是北郊农场千亩鱼塘的一部分，在建设过程中，都市芳园公司利用坑洼的鱼塘修整出面积约为 100 亩的人

---

① 裁判文书：(2015) 四中民初字第 233 号。

工湖，依靠深井抽取地下水灌湖。2014年10月22日，二被告使用工地渣土对人工湖进行填埋作业。原告认为，涉案湖区在性质上属于湿地，虽然二被告在填埋后进行了相关绿化和景观提升工作，但是不足以弥补填埋行为对湿地造成的损害，且新增加的生态功能无法与之前受到破坏的生态服务功能相平衡，因此向北京市第四中级人民法院提起环境民事公益诉讼，请求法院判令被告停止侵害，将所破坏湿地的生态环境修复到损害发生之前的状态和功能，或承担生态环境修复费用共计950万元，并承担原告的诉讼费用。

被告辩称，人工湖并不属于湿地，其用地性质为居住用地。根据《物权法》第七十三条之规定，小区内的道路、绿地、场所、人工湖等均属于业主共有，业主是真正的权利人。原告主张的权利并非公共利益，而是小区业主的私权范畴。由于地下水位下降以及湖底没有防渗工程，加之没有其它补充水源，致使人工湖面积逐年缩小已近干涸，湖景观已不复存在。经小区业主集体投票表决，73%的业主赞同对填湖改造，进行绿化和景观提升。在施工前一天（即2014年10月21日），被告已在该小区内张贴通知；在填埋当天，被告也未对湖沿岸的植被、湿地等生态环境造成破坏。

依原告申请并受法院委托，环境资源部环境规划院环境风险及损害鉴定评估研究中心对渣土填湖行为进行专业鉴定，并于2018年4月作出《都市芳园案件生态环境损害鉴定评估报告》。报告显示：（1）填埋行为未对评估区土壤和地表水环境造成损害；（2）填埋前原有人工湿地每年提供的生态系统服务价值为17.04万元；填埋后剩余的0.82公顷人工湿地在2015年至2018年每年提供的服务价值分别为2.69万元、4.08万元和8.10万元；填埋后被告在小区种植的5.18公顷人工林地每年能提供的生态系统服务价值为27.29万元。基于鉴定结论，法院认为二被告虽有填湖行为，但改造后的生态服务价值超过了改造前的价值，因此未造成环境损害结果。最终，法院以诉讼请求缺乏足够的事实依据为由驳回了原告的诉讼。

典型案件二为北京市丰台区源头爱好者环境研究所、北京市朝阳区环友科学技术研究中心起诉湖北鼎龙控股股份有限公司水污染责任纠纷案①。被告因超标排放污水于 2017 年 4 月被环保部门罚款和责令整改。时隔两年后，环保部门进行现场检查时发现被告在工业生产时擅自停用配套的污水处理系统，且污水已进入市政污水管网，于是责令被告停产整治，并对其罚款 300 万元。原告向武汉市中级人民法院提起环境民事公益诉讼，诉请法院判令被告立即停止超标排放污水的环境损害行为，消除对环境公益的危害风险，赔偿生态环境功能损失（以最终评估确定的数额为准），在全国主流媒体向社会公众赔礼道歉，并承担原告全部诉讼费用。

被告辩称，在受到行政处罚后，被告已立即停止环境损害行为，并进行全面整改消除危险，在证券时报、证券日报、上海证券报、中国证券报及中国证监会指定的信息披露网站巨潮资讯网进行披露并公开道歉，因此原告相关诉讼请求已基本实现，没有启动诉讼的实际意义。另外，被告虽然存在被行政处罚环保不合规的行为，导致污水进入市政污水管网，但并未流入外环境，没有造成环境损害结果，而且原告也无证据证明被告已经损害社会公共利益或者损害社会公共利益的重大风险，其诉讼请求没有依据，被告不应承担赔偿环境受到损失以及环境受损至恢复原状期间服务功能的损失。

在审理过程中，原告向法院申请向湖北省生态环境厅、武汉市生态环境局、武汉市生态环境局武汉经济技术开发区分局等多个政府部门调取包括行政处罚决定案卷、在线监测数据、环评审批报告、项目竣工验收等在内的数十项资料。但法院认为申请过于宽泛和笼统，且对于调查收集上述资料的必要性缺乏有力的基础事实依据，故未予准许。关于被告是否造成环境损害结果，法院认为其核心在于审查水污染物的排放是否直接到达外环境，并客观上造成公共利益损害，原告应承担上述举证

---

① 裁判文书：（2019）鄂 01 民初 6822 号。

责任。行政处罚决定只能证明被告有环境损害行为，但不能据此简单推定该行为已造成环境损害结果。根据排放方式，超标的水污染物进入市政污水管网后，将由污水处理厂集中处理后才排至外环境，非直接到达外环境。由于原告未提供进一步证据证明环境损害结果的客观存在，未完成环境因被告损害行为受损的举证责任，因此驳回了原告的全部诉讼请求。除了该案外，北京市丰台区源头爱好者环境研究所还提起过两起类似的诉讼[①]，由于基本案情和诉讼结果都比较相似，受篇幅所限不再作个案分析。

三 举证责任分配不当

《最高人民法院关于审理环境民事公益诉讼案件适用法律若干问题的解释》对举证责任进行了明确规定。其中，第八条第二款规定，原告提起环境民事公益诉讼应当提交"被告的行为已经损害社会公共利益或者具有损害社会公共利益重大风险的初步证明材料"。第十三条规定，"原告请求被告提供其排放的主要污染物名称、排放方式、排放浓度和总量、超标排放情况以及防治污染设施的建设和运行情况等环境信息，法律、法规、规章规定被告应当持有或者有证据证明被告持有而拒不提供，如果原告主张相关事实不利于被告的，人民法院可以推定该主张成立。"第十四条规定，"对于审理环境民事公益诉讼案件需要的证据，人民法院认为必要的，应当调查收集。对于应当由原告承担举证责任且为维护社会公共利益所必要的专门性问题，人民法院可以委托具备资格的鉴定人进行鉴定"。

由此可见，原告仅完成初步证明责任即可，被告则需要对其符合法律规定的不承担责任或者减轻责任的情形及其行为与损害之间不存在因果关系进行充分举证。根据实际情况，法院可以主动调查或调取相关证据，以及委托第三方进行专业鉴定。尽管举证责任倒置规则减轻了原告

---

① 裁判文书：（2019）浙03民初613号、（2019）浙06民初439号。

的证明责任，但在司法实践中如何认定原告是否完成初步证明责任属于法院的自由裁量权范畴。由于不同法院对初步证明责任规定的理解可能存在差异，导致在一些案件中对原告举证责任分配过重，甚至无法完成，从而导致原告最终败诉。

典型案件为绿发会起诉凯比（北京）制动系统有限公司、北京金隅红树林环保技术有限责任公司土壤污染责任纠纷案[①]。2009 年初至 2011 年 9 月期间，受被告一的委托，被告二将危险固体废物倾倒在北京市密云区西田各庄镇大辛庄村村西的 60 多亩基本农田中，造成地上树木死亡和土壤污染。2013 年 4 月 3 日，在区环保局的组织下，二被告将倾倒在土地上的危险固体废物清除。随后，检测机构对该土地土壤及固体废物进行检测，结果显示土壤和废弃物存在大量的重金属元素，以锑、铜含量最高，土壤遭受了倾倒废弃物的严重污染，丧失了作为基本农田的基本功能，不能用于农作物的种植。事件发生后，利害关系人及环保志愿者组织多次以各种方式督促二被告清除重金属污染，并消除地下水被污染的风险未果。

2016 年 5 月 12 日，绿发会到受污染土地查看并进行现场检测，铜、锑等重金属污染仍然存在，更为严重的是该地块内锑、铜、铬、砷、铅、锶等重金属存在通过径流和风蚀带来的周边土壤地表污染和河流、水库污染，通过雨水渗透带来地下水污染，通过食物链和通过人体与动物接触影响人体健康等破坏生态的重大风险。于是，绿发会于同年 7 月向北京市第四中级人民法院提起环境民事公益诉讼，请求判令二被告清除超标重金属污染，消除被污染土地周边土壤地表和河流、水库及地下水被污染风险，使土地恢复到被污染前的土地功能或承担上述费用，赔偿生态环境受到损害至恢复原状期间服务功能的损失，并在国家级媒体上向社会公开赔礼道歉，承担原告的全部诉讼费用。

被告一辩称，涉案土地与案外人刘某在 2012 年提起的民事诉讼有

[①] 裁判文书：（2016）京 04 民初 89 号、（2019）京民终 84 号。

关。2012年初，刘某在发现其承包的土地上有固体废物堆放后向法院提起民事诉讼，并申请证据保全。法院裁定进行证据保全，密云区环保局于2012年1月5日对涉案土地进行取样鉴定。根据其出具的环境污染意见，认为监测结果符合土壤环境质量标准，法院据此以没有损害结果为由驳回了刘玉英的诉讼请求，并于2013年4月3日裁定解除证据保全。现绿发会无法证明凯比公司在2009年的行为与现在涉案土地存在的损害结果之间有因果关系，且法院生效判决已经认定凯比公司的行为没有损害结果，故请求法院驳回原告的诉讼请求。被告二辩称，红树林公司具有危险废物处置资质，系作为突发环境事件应急救援队伍应密云区环保局要求并在其指挥下参与处置工作，并不是污染的制造者，与危害结果之间亦不存在因果关系，不应当承担任何责任。

一审法院认为，原告提交的现场检验报告，其出具者本身并不具有相应资质，形式上亦存在无测试人员签字确认和无结论性意见等瑕疵，未予采信。原告向法院提出申请对涉案土地是否被污染，环境修复费用以及生态服务功能损失等进行鉴定，并推荐环境保护部环境规划院环境风险与损害鉴定评估研究中心作为鉴定机构。然而，由于相关固体废物经过高温焚烧处理均已灭失，且2013年4月至今该土地处于刘某的实际管理和控制之下，无法确定期间是否发生过其他污染事实，故即使鉴定土地存在污染，亦不能够证实与二被告此前堆放行为之间存在因果关系，加之此前刘玉英基于同一事实提起的诉讼中对于土壤是否污染已有明确鉴定意见，故不同意原告提出的鉴定申请。关于在现有条件下如何确定被告损害行为与损害结果之间的因果关系的问题，法院多次致函专业鉴定机构咨询，进而要求原告补充提供鉴定机构明确的所需支撑材料。但原告表示，除已向法院提交的证据材料外，无法提交鉴定机构所需的数据及资料，同时认为绿发会作为原告不能提供证据，并不能免除被告的举证责任，对倾倒危险固体废物的行为是否有产生重金属污染的可能性应由被告承担相应的举证责任。但法院仍坚持认为，提供补充性材料属于原告的举证责任，原告无法提供进一步的支撑材料，故未能完成初步证明责任。鉴于缺乏存在损害结果的环境侵权责任的构成要件，一审法院最终判决驳回原告的全部诉讼请求。

绿发会不服一审判决，向北京市高级人民法院提起上诉。经审理，二审法院认为，被告清运固体废物是在2013年，而2012年1月5日取样形成的检测报告的结论并不能证明凯比公司的行为没有损害结果。绿发会提交的证据能初步证明涉案土地土壤存在重金属污染，且能证明与被告固体废物的关联性，已完成原告的初步证明责任，应由被告对不存在因果关系进行举证。然而，无论是凯比公司提交的证据，还是一审法院向其他单位调取的证据，均达不到能够证明其行为与损害之间不存在因果关系的标准。据此，二审法院作出判决，一审判决认定基本事实不清予以撤销，并发回重审。

四 小结

通过上述原告因未完成举证责任而败诉的三种情况及其典型案件，我们对环境民事公益诉讼中的举证责任倒置规则在司法实践中的具体应用有了更深层次的理解。尽管个别基层法院对此规则的理解存在偏差，但整体上还是有一个基本共识。一般来讲，在环境侵权责任的三项构成要件中，原告的初步证明责任是完成前两项，即：存在损害行为、存在损害结果；而被告需要反证第三项构成要件不成立，即：损害行为与损害结果之间不存在因果关系。例如：在绿发会起诉凯比（北京）制动系统有限公司、北京金隅红树林环保技术有限责任公司土壤污染责任纠纷案中，一审法院错误地要求原告承担第三项构成要件的证明责任，该判决很快被二审法院予以纠正。

由于环境污染行为的长期性、潜伏性和科技性等特点，这三项构成要件的举证难度不同。其中，第一项损害行为的举证难度最低；第二项损害结果的举证难度次之；第三项因果关系的举证难度最大。将第三项举证责任分配给被告将有利于降低原告的诉讼负担，更好地保护环境公共利益。

即便如此，对于社会组织而言，完成第一项和第二项的初步举证责任有时候仍然并不容易。与检察机关相比，社会组织在调查取证的过程中缺乏公权力的支撑，对环境污染的信息获取途径相对有限。如果选择自行收集直接证据，社会组织一般采用的方式主要是拍照、录像，或聘请第三方进行鉴定。影像资料可能不被法院所采信，鉴定报告也可能因为缺乏相关鉴定资质而不能作为证据。例如：在绿发会起诉凯比（北京）制动系统有限公司、北京金隅红树林环保技术有限责任公司土壤污染责任纠纷案中，原告自行委托鉴定的报告便未被一审法院所采信，这种情况并非个例。如果选择援引间接证据，社会组织往往依赖于行政机关的行政处罚信息，但也存在诸如金华市绿色生态文化服务中心起诉广西贵港市昌翔木业有限公司大气污染责任纠纷案中行政处罚决定被撤销的情况，从而导致原告无法完成初步举证责任。当然，行政处罚决定被撤销的情况在实际诉讼中并不常见。

在北京市丰台区源头爱好者环境研究所、北京市朝阳区环友科学技术研究中心起诉湖北鼎龙控股股份有限公司水污染责任纠纷案中，原告已完成了第一项损害行为的证明。由于处理市政污水的污水处理厂不一定具备处理工业废水的能力，如果其无法处理工业废水，那么即使污水进入市政污水管网而未流入外环境，也会增加环境污染的潜在风险，因此不能武断地作出无损害结果的结论。然而，要完成第二项损害结果的证明需要进一步获得被告排放的主要污染物化学成分、污染物的详细去向、市政管网对不同污染物的处理能力、市政污水的水质情况等重要资料。显然，由社会组织完成上述举证的难度较高，而地方行政机关在掌握相关信息上更有优势。但遗憾的是，原告并未获得行政机关的支持和配合，法院也没有运用司法权向行政机关调取证据，最终因缺乏能够证明损害结果客观存在的证据，导致原告因未能完成初步举证责任而败诉。

与此相对，当原告为检察机关时，由于其享有以国家公权力为基础的调查取证权，因此可根据实际情况让其适当承担第三项因果关系的部分举证责任，特别是在面对诉讼能力较弱的个人被告时。在营口市人民检察院起诉王某生态环境破坏责任纠纷案中，诉讼双方在诉讼能力上的不对等体现得比较充分，一方是代表国家依法行使检察权的国家机关，另一方则是生活贫困的农民，两者在人力、物力、财力各方面都有着天壤之别。在这种情况下，如果依然沿用传统意义上的举证责任倒置规则，明显有违于民事诉讼双方地位平等的诉讼原则。被告律师在辩护理由中也提到检察机关的举证责任不能仅停留在高度盖然性的层面，但没有得到一审法院的支持。如第四章所述，在环境民事公益诉讼的司法实践中，检察机关更倾向于起诉个人或中小企业，并且胜诉率和判决率都很高。显然，该案在此类案件中具有较强的代表性，可以窥一斑而见全豹。对此，学术界也多有批评与讨论，具体学术争论在第二章已有详述，此处从略。①

由此可见，举证责任倒置规则不应该是一成不变的，"让较少条件获取信息的当事人提供信息，既不经济，又不公平。"② 在司法实践中，法院应根据诉讼双方的信息掌握情况，推行"裁量的举证责任倒置"③，即：由法官基于公平原则综合当事人举证能力来分配举证责任，或者通过立法方式进一步明确原告和被告的举证责任负担的范围，实现双方在诉讼中的平衡。④

第二节　环境损失赔偿问题

一　超出诉讼请求范围

环境损害事件具有突发性和扩散性的特点，而司法诉讼从立案到判

---

① 王灿发：《论环境纠纷处理与环境损害赔偿专门立法》，《政法论坛》2003年第5期；杨朝霞：《论环保部门在环境民事公益诉讼中的作用——起诉主体的正当性、可行性和合理性分析》，《太平洋学报》2011年第4期；关丽：《环境民事公益诉讼研究》，博士学位论文，中国政法大学，2011年。
② 肖建国：《民事诉讼程序价值论》，中国人民大学出版社2000年版，第517页。
③ 张新宝、汪榆淼：《污染环境与破坏生态侵权责任的再法典化思考》，《比较法研究》2016年第5期；汤维建：《民事证据立法的理论立场》，北京大学出版社2008年版，第205—206页。
④ 吕忠梅：《环境司法理性不能止于'天价'赔偿：泰州环境公益诉讼案评析》，《中国法学》2016年第3期；史玉成：《环境公益诉讼制度构建若干问题探析》，《现代法学》2004年第3期。

决往往耗时数年，难以及时应对环境危机。因此，在环境民事公益诉讼被立案前，我们经常能够看到政府相关行政部门提前介入的身影，通过对污染物的应急处置在短时间内减少扩散和渗透，降低对生态环境的不利影响。在这一过程中，公共财政不可避免地要支出技术鉴定、损害评估、污染物清理、环境修复等必要费用。在立案后，原告提出诉讼请求时，一般会要求被告承担政府部门前期垫付的相关费用。

关于损害赔偿问题，《最高人民法院关于审理环境民事公益诉讼案件适用法律若干问题的解释》第十九条第二款规定，"原告为停止侵害、排除妨碍、消除危险采取合理预防、处置措施而发生的费用，请求被告承担的，人民法院可以依法予以支持。"第二十二条规定，"原告请求被告承担检验、鉴定费用，合理的律师费以及为诉讼支出的其他合理费用的，人民法院可以依法予以支持。"这两条都是针对原告所产生的费用进行规定，但未明确政府在前期产生的公共支出应该如何处理。由于政府并未参与诉讼，原告要求被告承担政府前期费用的诉讼请求涉及被告与非案件当事人之间的权利义务关系调整。如果法院主动介入，是否有违于民事诉讼的不告不理原则？对此，不同法院的理解存在差异，导致在一些案件中法院未支持被告承担政府部门相关费用的诉讼请求，从而造成原告诉讼请求支持率偏低的情况。

典型案件一为自然之友环境研究所和绿发会起诉江苏常隆化工有限公司、常州市常宇化工有限公司、江苏华达化工集团有限公司土壤污染责任纠纷案[①]。该案又被称为"常州毒地案"，因其一波三折的诉讼过程而全国闻名，曾引起广泛的社会关注与讨论。涉案地块位于常州市新北区通江中路与辽河路交叉路口西北角，占地面积约26万平方米，原被三被告的化工厂所使用。在生产经营及对危险废物管理过程中，化工厂对土壤造成了严重污染，但却未对其进行修复处理。2009年，三家工厂相继搬迁，地块被新北区政府收储后拟利用该地块进行商业住宅开发，于

---

① 裁判文书：（2016）苏04民初214号、（2017）苏民终232号、（2019）最高法民申1168号。

是委托常州市环境保护研究所对土壤和地下水受污染情况进行评估,并编制土壤修复方案。2014年3月,一期污染土壤修复工程开始实施。2015年9月,常州外国语学校搬入距离该地块仅一条马路之隔的新校址后,多名学生身体出现血液指标异常等不适反应,经媒体报道后很快成为社会热点。随后,两原告于2016年向常州市中级人民法院提起环境民事公益诉讼,请求法院判令三被告消除环境风险,承担环境修复费用3.7亿元,在国家媒体赔礼道歉,并承担原告的诉讼费用。

常隆公司辩称,其企业性质已由原国有企业改制为民营企业,对历史形成的污染问题,且该地块已交由政府收储。根据"谁污染、谁治理"和"谁受益、谁补偿"的原则,土壤污染治理、修复的责任应由政府相关部门承担。常宇公司辩称,该公司自2002年起即停止了化工生产,在此之前该企业为村办集体所有制企业,土壤污染为该期间及历史原因造成,因此应由村集体承担相应的责任。另外,该地块的土地使用权已发生转移,应由土地使用权的受让人承担相关责任。华达公司也辩称,其前身是乡办集体企业,直到2005年农村集体经济组织的股权才退出,退出时所交易资产价格中并不包含修复生产经营过程中场地污染的费用,现将该部分责任强加给华达公司明显缺乏合理性。

一审法院认为,涉案地块的土壤污染现状系数十年来化工生产积累叠加造成,污染期间的环保要求较低。相关企业亦历经国有、集体企业产权制度改革,股权转让,中外合资等复杂变迁。原告无法清晰界定三被告与改制前各个阶段生产企业各自应当承担的环境污染侵权责任范围、责任形式、责任份额以及责任金额的证据。况且该地块已于2009年由常州市新北国土储备中心协议收储并实际交付,相关治理责任也转移到政府。目前土壤修复工作已由新北区政府组织开展,环境污染风险已得到有效控制。因此,最终一审法院判决驳回原告全部诉讼请求。

两原告不服判决,向江苏省高级人民法院提起上诉。原告进一步主张"谁污染、谁担责"是环境污染责任承担的基本原则,被上诉人污染环境,损害了社会公共利益,应当承担修复责任。被上诉人的法律主体一直合法存续，改制不影响其对改制前污染责任的承担。关于界定三被告与改制前各个阶段生产企业各自应当承担责任，应由被告举证。此外，土地收储协议是行政合同，不产生使用权转让的法律效果，因此政府不能代替污染者成为环境修复的责任主体。

二审法院认为，政府收储不是法定的不承担侵权责任或减轻责任的情形，三被告应承担环境修复责任，地方政府组织实施污染风险管控、修复与污染者担责并无冲突。然而，尽管新北区政府在诉讼前已经组织实施涉案地块的污染风险管控和环境修复，但是其并非本案当事人，法院无权主动介入界定其与被上诉人之间的权利义务关系。因此，上诉人要求由被上诉人负担案外人支出的修复费用的诉求超出了环境公益诉讼的请求范围，不属于本案审理范围。如果案外人认为相关费用应由被上诉人负担或分担，可以依法向被上诉人追偿。综上，二审法院判决上诉人的诉讼请求部分成立。但因无法确定后续治理所需费用的具体数额，尚不具备判决被上诉人承担生态环境修复费用的条件，该诉讼请求未得到法院支持。2019 年，绿发会向最高人民法院提出再审申请，2020 年 3 月 19 日，由最高人民法院提审，目前尚未审结。

典型案件二为甘肃省白银市人民检察院起诉兰州银轮运输有限公司皋兰分公司、宁夏云翔物流有限公司生态环境破坏责任纠纷案①。2014 年 7 月 7 日，云翔公司的一辆重型半挂车与银轮公司的一辆重型油罐车在高速公路上发生交通事故，导致油罐车内装载的 32.8 吨苯胺有毒液体泄露，造成周边的土壤、河流和地下水的污染，两车驾驶员中毒，附近村庄的居民也出现不适反应。事故发生后，平川区环保局紧急启动了危险化学品生产安全事故应急救援预案，对事故发生地 40 户 200 余村民疏散至 1 公里以外，划定了警戒线区域，为防止苯胺泄露污染继续扩大造成更严重的后果，对污染土壤进行了现场覆土及塑料膜防护，并组织制定了污染土壤转运方案，将污染土壤进行转运和安全处置，支付应急处

---

① 裁判文书：（2019）甘 95 民初 4 号。

置费用为717186.4元。经应急处置，生态环境受到损害的现状得以消除。然而，造成污染的行为人一直拒不支付平川区环保局采取应急措施垫付的费用。于是，白银市人民检察院于2019年向甘肃矿区人民法院提起环境民事公益诉讼，请求法院判令二被告在市级以上媒体向社会公众赔礼道歉，并承担环境修复费用损失717186.4元。

银轮公司辩称，涉案车辆与银轮公司是车辆挂靠关系，交通事故认定书认定该车辆在交通事故中承担次要责任，且银轮公司为该车辆购买了全险，损失应当由保险公司承担，银轮公司即使承担责任也仅是承担补充责任。云翔公司辩称，本案为环境污染责任纠纷，应由污染者银轮公司承担侵权责任。另外，云翔公司已将涉案车辆转让给案外人，因此不应承担车辆的任何侵权赔偿责任。

法院认为，原告主张的环境修复费用损失实际上是环保部门采取应急措施产生的费用，应急处置属于行政行为，应当通过行政决定由当事人承担。如果当事人拒不承担，又不申请行政复议或提起行政诉讼的，环保部门可以依法申请人民法院强制执行。然而，原告通过提起环境民事公益诉讼的方式，要求二被告承担环保部门支付的代履行费用，超出了环境民事公益诉讼的请求范围，缺乏相应的法律依据。因此，最终判决二被告公开赔礼道歉，但驳回了环境损失赔偿的诉讼请求。

二 损害计算存在困难

环境损害原因与结果的复杂性使得损害计算成为环境民事公益诉讼的技术性难题。根据《环境损害鉴定评估推荐方法（第Ⅱ版）》第8.3.1条，损害计算方法主要包括替代等值分析方法和环境价值评估方法两大类，每一类可进一步细分为若干具体方法。由于不同的计算方法在具体损害内容、环境基线状态、空间影响范围、损失起止时间、生态修复方式、经济价值量化等方面存在差异，导致最终计算结果相差较大。

尽管第8.3.1.3条明确指出替代等值分析方法优先于环境价值评估方法，但在司法实践中反而是后者的应用更普遍。然而，环境价值评估方法过于依赖对单位污染物治理成本的专业鉴定。为了弱化鉴定权对判决结果的影响和强化司法独立性，法院可以通过调整受损环境功能敏感系数的方式获得审判的主导权，具体调整原则并没有法律规定，属于法院的自由裁量权范畴。下面重点分析三个因损害计算的关键变量调整而导致原告诉讼请求支持率低的案件。

典型案件一为江苏省南京市人民检察院起诉江苏安伟再生资源有限公司、喻某等水污染责任纠纷案①。2016年5月23日，南京市雨花台区环保局接到公民举报，对位于南京市雨花台区雄风路307号的安伟公司进行检查，发现该公司无资质从事废旧电池回收，无防渗漏措施，厂房内有积水，部分积水呈酸性；擅自在厂房外下水口倾倒酸液，厂房外下水沟内废水呈酸性。区环保局遂在厂房外雨水排放窨井内采集水样，对安伟公司采取查封措施，并责令其立即停止经营。监测报告显示水样PH值为1.32，铅含量为7.09mg/L，已严重超过国家含铅废水排放企业执行标准。同年11月21日，南京市建邺区人民法院作出刑事判决，认定安伟公司、喻某、赵某违反国家规定，倾倒、处置有毒、有害物质，严重污染环境，其行为已构成污染环境罪。后检察机关在履职过程中进一步调查查明，安伟公司并没有从事废旧电池回收、处理废酸等危险废物的经营许可证。在该公司成立之前，喻益伟、刘兆贵、纪宏康合伙从事非法废旧电池回收，在2014年1月至2016年1月23日期间非法倾倒249.61吨未经处理的、含有大量重金属铅的强酸液造成环境严重污染。

2016年12月16日，受原告委托，南京大学环境规划设计研究院出具了《"江苏安伟再生资源有限公司及喻益伟等人污染环境一案"环境损害鉴定评估报告》，采用每吨3000元的铅酸液处置价格标准，并将生态环境损害数额倍数按照四类水的评估标准确定为3至4.5倍。依据评估报告，原告主张，被告无回收废旧电池资质从事回收业务，

---

① 裁判文书：（2016）苏01民初1313号。

非法倾倒铅酸液对环境造成严重污染，应当承担污染修复和生态恢复的损害赔偿责任，于是向南京市中级人民法院提出如下诉讼请求：（1）判令安伟公司赔偿生态环境修复费用，以虚拟治理成本93450元的3至4.5倍计算赔偿数额，喻益伟、赵孝平承担连带赔偿责任；（2）判令喻某、刘某、纪某赔偿生态环境修复费用，以虚拟治理成本655380元的3至4.5倍计算赔偿数额；（3）判令所有被告承担原告的鉴定费用和诉讼费用。

被告对违法事实供认不讳，主要针对原告认定被告倾倒铅酸液总量的计算方式、虚拟治理成本以及赔偿系数提出质疑。首先，安伟公司认可倾倒铅酸液的比例为6%，倾倒铅酸液数量为13.14吨。原告却按废旧电池行业惯例18%或15%的铅酸液为前提，以此计算倾倒铅酸液的总重量，由此计算出的结果偏离事实。其次，原告主张的每吨3000元的虚拟治理成本过高，应以每吨300元的处理含铅酸液电瓶的环保成本计算。再次，安伟公司排放的铅酸液进入到下水道并且经过污水处理后，应当按照五类水1.5至3倍区间进行计算，而非原告诉请承担虚拟治理成本3至4.5倍的赔偿数额。

经审理，法院认定，被告安伟公司、喻某、赵某无资质从事收购废旧蓄电池业务，且明知其中的铅酸液属危险废物，会对环境造成严重污染，仍为一己私利，无视社会公共利益将铅酸液非法倾倒在四类水环境功能区，PH值超过国家规定排放标准7倍以上，对周边环境造成极大的损害，应依法承担生态环境修复费用，并应承担原告为本案支付的鉴定评估费用。原告主张被告安伟公司、喻某、赵某应以虚拟治理成本的3至4.5倍承担生态环境修复费用，具有事实和法律依据，予以支持。被告喻某、刘某、纪某虽然于2014年1月至2016年1月23日无资质回收废旧电池情况下，合伙经营废旧电池回收并销售，但现有证据尚不能完全证明三人合伙期间将废旧电池铅酸液向外倾倒，故原告请求判令喻某、刘某、纪某赔偿生态环境修复费用，以虚拟治理成本655380元的3至4.5倍计算赔偿数额的诉讼请求，不予支持。

典型案件二为福建省环保志愿者协会起诉叶清露土壤污染责任纠纷案[①]。被告在厦门市同安区五显镇上厝村从事规模化养猪。2012年11月20日，厦门市同安区人民政府发布的《关于调整畜禽养殖禁养区和限养区的通告》规定：城市建成区、各镇（街）、场中心区及边界外延1000米范围内的区域，为规模化畜禽养殖禁养区。厦门市环保局同安分局委托厦门从众测绘有限公司对被告养猪场的现状地形进行测量，测绘报告表明，该养猪场距离421县道的直线距离为518.34米，距离上厝村后溪里的直线距离为588.18米，属于畜禽养殖禁养区。同安分局于2016年11月16日责令被告停止规模化生猪养殖，关闭或拆除养殖场。在对现场踏勘时，同安分局发现猪粪尿及清洗猪舍的污水未经处理直接排到周边农用地中，猪粪便未进行无害化处理随意堆放，未进行无害化处理的病死猪随意丢弃等环境污染问题，造成周边土地富营养化，导致部分树林死亡。

2017年10月，原告向厦门市中级人民法院提起环境民事公益诉讼，依据被告亲口承认的5000头生猪养殖规模计算环境损害损失，请求法院判令被告赔偿生态环境损失暂定为150万元（最终损失金额以鉴定结论或专家论证意见为准），在省级及以上媒体向社会公开赔礼道歉，并承担原告的全部诉讼费用。被告辩称，养猪场配备沼气池等综合利用和无害化处理设施，原告提供的证据无法证明被告存在环境污染行为，环保部门责令停止养殖也与环境污染没有关联和直接因果关系。关于环境损失赔偿，被告认为其采用的虚拟治理成本法进行损害价值评估缺乏事实依据和法律依据，因为其需以环境损害事实存在为前提。

于是，原告向法院申请对环境损害结果进行评估鉴定。因被告不同意鉴定，法院依法依职权启动鉴定程序，并选定福建历思司法鉴定所作为鉴定机构，并向鉴定机构出具《关于确定叶清露养殖场规模事宜的答复函》，明确生猪养殖规模为总数14637头。依据此规模，鉴定机构进行

[①] 裁判文书：（2017）闽02民初915号、（2019）闽民终115号。

环境损失价值计算以作为赔偿依据，于2018年5月18日出具《司法鉴定意见书》，认定被告养猪场违法排放污染物对环境造成的损害总价值为917520.3元。在此基础上，一审法院作出判决，被告的大规模生猪养殖行为造成了环境污染损害后果，侵害了不特定人的公众利益，应承担侵权赔偿责任。根据讼争鉴定意见，原告所诉请被告赔偿917520.3元、在省级以上媒体向社会公开赔礼道歉及原告的公告费1040元、律师服务费54670元及鉴定费90000元证据充分、事实清楚，且符合法律规定，应予支持。

被告不服一审判决，向福建省高级人民法院提起上诉。上诉人认为，一审法院认定沼气工程项目不具有综合利用和无害化处理的环保功能，属认定事实错误，生猪养殖规模认定错误，且不应采用虚拟成本治理法进行鉴定评估。

二审法院认为，鉴于生猪养殖场已被拆除的事实，鉴定机构采用虚拟成本治理法进行鉴定评估并无不当。但《司法鉴定意见书》中未考虑到生猪养殖场已建设沼气工程的事实，采用虚拟成本治理法以生猪养殖规模总数14637头，评估环境损害总价值917520.3元，未扣除已通过沼气工程可处理的部分污染物，故应以超出养殖规模的生猪数量为基础来评估计算环境损害价值。涉案沼气工程可处理的生猪养殖规模总数9148头，可以作为评判沼气工程可处理的部分污染物的依据，并在采用虚拟成本治理法的鉴定评估中予以扣除，据此认定生猪养殖行为造成的环境污染损害后果较为准确。因此，环境损害总价值应以生猪养殖超规模数量5489头（14637头—9148头）予以评估，根据鉴定意见采用的评估方式可得出上诉人应承担的环境损害侵权赔偿数额为344077.95元（5489头÷14637头×917520.3元）。一审的其余判决维持原判。

典型案件三为江西省抚州市人民检察院起诉时某、黄某大气污染责任纠纷案[①]。2017年5月10日至14日，二被告在没有取得危险废物经

[①] 裁判文书：（2017）赣10民初142号。

营许可证、未办理任何环保手续的情况下，雇人采用柴油引燃的方式在资溪县孔坑村桐麻坑山场厂棚内直接焚烧113.44吨废旧电子元件，用以提取金属出售谋取利益。焚烧产生大量有害气体，致附近多名村民入院治疗。接到群众举报后，资溪县环保局于5月29日扣押了现场未焚烧的废旧电子元件及焚烧后的残渣。为避免二次污染，资溪县环保局将未焚烧的废旧电子元件及焚烧后的残渣进行了清理、包装，并运输至资溪县环保局保管，相关危险废物处置费用合计2.69万元。

受原告的委托，环境保护部环境规划院环境风险与损害鉴定评估研究中心对环境损害数额进行评估，并出具了《江西省资溪县废旧电子元件焚烧污染案环境损害数额鉴定评估报告》。依据评估报告，原告向抚州市中级人民法院提起环境民事公益诉讼，请求法院判令二被告共同承担非法焚烧危险废物造成生态环境污染的修复费用68.62万元、已经发生的危险废物处置费用2.69万元，以及鉴定评估费用1.6万元，并要求其依法共同及时处置非法焚烧危险废物造成的残渣及未焚烧的危险废物，消除危险；如二被告不履行上述处置义务时，则判令二被告共同支付处置费用27.68万元。

二被告认为，68.62万元的生态环境修复费用诉请过高。依据《大气污染防治法》，只对超大气污染排放标准及超过总量控制指标的排污行为进行处罚。原告并未提供证据证明二被告的焚烧行为有超标排放和影响大气的生态功能。因此，二被告不构成《侵权责任法》中的损害结果，达不到《大气污染防治法》的应当处罚行为。原告出具的评估报告主要采用环境价值评估方法，作为一种虚拟治理成本法，其计算的生态环境修复费用是一个虚拟数额，缺乏事实依据，不科学也不客观，不应作为定案的依据。

关于二被告是否应承担生态环境修复的民事责任，法院援引《侵权责任法》第六十五条、《大气污染防治法》第一百二十五条提出，是否达标排放不影响环境侵权责任的承担。尽管焚烧产生的有毒有害物质已扩散空气之中，无法通过具体的监测数据证明其是否是达标排放，但二被告直接向大气中排放的有毒有害物质在大气中将长期存在，对大气环境已造成了污染是客观存在的，因此应承担生态环境修复的民事责任。

关于68.62万元的生态环境修复费用，法院认为评估报告所采用的虚拟治理成本法并未区分危险废物的燃烧的时间和程度。该案中已焚烧的电子垃圾焚烧不彻底，是在焚烧过程中被灭火而终止焚烧的，并未完全彻底焚烧，同已完全彻底焚烧相同数量的危险废物相比所造成的对环境的危害后果相对较小，且该评估报告对单位电子垃圾进行无害化处理的价格未提供物价部门的审核意见。因此，所计算得出的68.62万元生态环境修复费用不准确。考虑到被告的经济承受能力，最终法院综合酌情认定生态环境修复费用为16万元，并支持了原告其他诉讼请求。

三 小结

通过上述典型案件，我们能够看到法院在损失赔偿认定时的主要考量：一是赔偿的对象是否是案件当事人；二是司法权对鉴定权的裁量调整。

首先，对于被告赔偿政府应急处置费用的请求既可以通过行政决定的方式实现，也可以通过环境民事公益诉讼实现，因此产生了行政权和司法权次序问题。[①] 一些法院将两种救济方式对立起来，以超出诉讼请求范围为由要求必须通过行政途径向被告追偿应急处置费用。例如：在自然之友环境研究所和绿发会起诉江苏常隆化工有限公司、常州市常宇化工有限公司、江苏华达化工集团有限公司土壤污染责任纠纷案中，法院依据《司法解释》第二十条第二款和第二十条规定，认定被告承担环境修复责任的方式包括组织环境修复或承担费用两种。但由于"新北区政府并非本案当事人，法院无权主动介入界定其与被上诉人之间的权利义务关系"，并且"相关地方政府没有必要作为第三人参加诉讼"，因此如果新北区政府认为被告应当承担相关费用，可以向被告追偿。类似地，

[①] 王明远：《论我国环境公益诉讼的发展方向：基于行政权与司法权关系理论的分析》，《中国法学》2016年第1期。

在甘肃省白银市人民检察院起诉兰州银轮运输有限公司皋兰分公司、宁夏云翔物流有限公司生态环境破坏责任纠纷案中，法院认为现行环境民事公益诉讼的法律与司法解释中缺乏对政府垫付费用由被告承担的规定，因此依据《行政强制法》第五十条、第五十一条第二款、第五十二条和第五十三条规定，判令地方政府应当通过行政决定、强制执行等方式要求侵害方承担。

现行环境民事公益诉讼的法律和司法解释并没有设定原告必须穷尽行政救济手段的前置程序。《最高人民法院关于审理环境民事公益诉讼案件适用法律若干问题的解释》第二十六条规定，"负有环境保护监督管理职责的部门依法履行监管职责而使原告诉讼请求全部实现，原告申请撤诉的，人民法院应予准许"。这表明，在保护环境公共利益上，行政救济和司法救济是并行且相互替代的。对于同一环境污染行为，无论通过哪种方式，最终的目的是一致的。因此，从减少诉累和节省行政资源的角度，政府前期垫付的应急处置费用应被纳入原告诉讼请求的范围，这也符合"污染者担责"原则。

其次，关于损害赔偿认定，通过三件典型案件可以发现，无论是检察机关，还是社会组织，其提出的基于专业机构鉴定的环境损失赔偿金额都可能被法院调整，以避免审判权受制于鉴定权的情况。在对损失赔偿金额调整的程中，法院主要受到两个因素的影响：一是被告的抗辩能力；二是被告的经济承受能力。其中，江苏省南京市人民检察院起诉江苏安伟再生资源有限公司、喻某等水污染责任纠纷案，以及福建省环保志愿者协会起诉叶清露土壤污染责任纠纷案都属于前者。被告的举证能力较强，拿出了较为充分的专业辩驳理由，由此得到法院的支持。而江西省抚州市人民检察院起诉时军、黄任生大气污染责任纠纷案则属于后者。尽管被告并未拿出专业的辩驳理由，但法院考虑到被告作为个人的经济承受能力，以无害化处理价格未经物价部门审核为由对赔偿金额进行了调整。

第三节 地方司法保护主义

一 驳回原告的鉴定申请

鉴于环境污染行为的科技性特点,专业鉴定报告是责任认定和损失评估的重要依据,但专业鉴定的费用往往较高。当原告掌握的资源相对有限时,一般会向法院提出鉴定申请,但能否被批准属于法院的自由裁量权范畴。如果法院受到来自地方政府的压力,有可能会以鉴定费用过高或没有鉴定必要等理由驳回原告的鉴定申请,最终因缺乏专业鉴定结论而导致原告诉讼请求支持率偏低的情况。

典型案件一为北京市丰台区源头爱好者环境研究所起诉长沙天创环保有限公司水污染责任纠纷案[①]。2016年5月,被告在宁乡经济技术开发区污水处理厂及其配套管网工程PPP项目竞争性磋商采购中中标,成为该项目成交供应商。该项目于2018年5月通过竣工环境保护验收,主要收纳宁乡经开区范围内的工业废水和生活污水。项目运行初期,对于污水处理产生的污泥是否属于危险废物的评估尚未完成,无法明确污泥处置场所,故该厂将污泥暂存于尚未运行的东侧生物池。2018年7月1日至2日,宁乡地区突降暴雨,被告因不正常运行污染防治设施,导致未经处理的污水排入沩水河,造成超标排放事故。当地群众发现宁乡经开区污水处理厂排污管口排出黑色污水并向环保部门举报。经检测,宁乡市环保局认定被告不正常运转污染防治设施超标排放污水,并于7月21日对其作出100万元的行政处罚。被告未提出行政复议或诉讼,并缴纳了罚款。随后,原告向长沙市中级人民法院提起环境民事公益诉讼,并于2018年10月9日正式立案。原告主张判令被告停止非法排放污水等侵犯环境公益的行为,赔偿环境受到损失至恢复原状期间服务功能损失,损害赔偿费用初步估计为500万元,并向法院申请委托专业机构鉴

---

① 裁判文书:(2018)湘01民初6281号、(2019)湘民终879号。

定评估相关费用，最终以鉴定评估意见确定的数额为准。同时，要求被告在省级官媒上公开赔礼道歉，并承担司法鉴定费用和原告的全部诉讼费用。

被告辩称，造成本次超标排放事故的原因是事发地区突降暴雨，进水将暂存污泥冲出导致的意外事故，是多重原因共同作用下的设备故障，并非被告主观恶意。其次，本次超标排放事故并未造成环境污染的严重后果，不需要进行生态环境的修复。事故发生后，被告立即组织力量查排险情，并迅速恢复生产。排放污泥属于一般工业固体废物，而非危险废物。事故当晚，出水口水质已基本恢复。第三天，出水口水质已经恢复正常。监测数据表明沩水河从未因本次排放而形成污染事故。同时，被告将在今后的生产中切实落实整改意见，杜绝此类现象的再次发生。

依据《最高人民法院关于审理环境侵权责任纠纷案件适用法律若干问题的解释》第1条第1款之规定，法院认为，被告超标排放污水流入沩水河，必然对河流生态环境造成损害，应当承担环境污染侵权责任。被告以其并非主观故意排污为由主张不应承担侵权责任，理由不能成立。此外，超标排放的污染物进入河流，必然会对生态环境产生一定程度的影响，污染物性质与水质恢复情况可以作为考虑侵权责任形式和责任大小的因素，但不能以河流的自净能力为由，免除违法排污行为人应当承担的环境侵权责任。关于原告提出的委托鉴定请求，法院以"鉴定所需费用明显过高"为由驳回了原告申请，并判决被告采取替代性方式修复生态环境。在征求环保部门意见后，法院确定替代性修复方案为在涉案排污管口旁设置电子显示屏，并且向长沙市环保公益组织捐赠一批便携式水质检测仪器。两项费用总计为15万元。此外，法院酌情判决由被告承担原告支出的律师费和差旅费共计2万元。

原告不服一审判决，并向湖南省高级人民法院提起上诉。原告认为，一审替代性修复方案混淆了民事责任和行政责任，不应当纳入环境公益诉讼的法律责任范畴。而15万元的数额判决与行政处罚数额极其不相适应。根据《水污染防治法》第九十四条第二款之规定，"对造成一般或者较大水污染事故的，按照水污染事故造成的直接损失的百分之二十计算罚款；对造成重大或者特大水污染事故的，按照水污染事故造成的直接损失的百分之三十计算罚款。"结合本案，确定给环境公益造成的损失数额（生态环境修复费用），仅需要一个简单的推理，如果认为被告的违法行为是一般或者较大的水污染事故，那么行政处罚的100万元就是"直接损失的20%"，那么环境公益直接损失就是500万元，这正是上诉人诉讼请求以及上诉请求的数额。但二审法院认为，以行政处罚的数额直接作为环境公益诉讼损失赔偿的计算依据没有事实和法律依据，环境公益诉讼损失赔偿的数额应该由法庭根据经过法定程序认定的证据证明的事实来依法确认，故驳回了原告的上诉。

典型案件二为自然之友环境研究所起诉安庆皖能中科环保电力有限公司大气污染责任纠纷案[①]。被告主要从事生活垃圾等固体废弃物处理、电力生产销售、供热生产销售、灰渣销售等业务。2016年6月1日起，根据国控污染源在线监测数据，被告长期向大气超标排放污染物，包括烟尘、二氧化硫、一氧化碳、氮氧化物及氯化氢。2016年9月，被告因垃圾焚烧炉半干法反应器（烟气脱硫设施）停运，烟气自动监控设施显示二氧化硫瞬间排放浓度达到1422mg/立方米，曾被安庆市环保局责令改正并处10万元罚款。在原告向安庆市中级人民法院提起环境民事公益诉讼时，被告焚烧炉排放口氮氧化物仍处于超标状态。原告诉请判令被告停止超标排污对大气环境的侵害，消除对大气环境造成的危险，支付2016年6月1日起至其消除危险并稳定达标排放的期间向大气排放的污染物所产生的大气环境治理费用，具体数额以专家意见或鉴定结论为准。同时，被告还要在省级以上媒体赔礼道歉，并承担包括案件受理费、鉴定检测费用、专家费、原告律师费等诉讼费用。

被告辩称，超标排放主要是因为进厂垃圾量超过了设计负荷，焚烧炉不符合最新工艺标准，但2018年10月31日下午4时关停了全部垃圾

[①] 裁判文书：（2018）皖08民初37号、（2019）皖民终132号。

焚烧炉，已停止对大气环境的侵害。由于安庆市垃圾处理能力不足，公司不能通过长时间停产改造的方式实现设备彻底升级改造，只能边运行边改造，因此确实有难以克服的客观原因。考虑到被告主观过错较小，且并未因侵权行为获利，请求法院减轻赔偿责任。

在庭审过程中，法院将案件受理情况告知安庆市环保局，市环保局于2018年7月3日函复被告整改进展情况和行政处置情况，二氧化硫、氮氧化物及烟尘已基本实现了达标排放。综上，一审法院认为，被告提出的抗辩理由均不属于法定免责情形，因此应当承担相应的侵权责任，其责任承担方式可结合污染环境的范围和程度、过错程度等因素合理确定。鉴于被告不达标排放有若干原因，其中客观有因服务大公益而不能停止运行或停运改造，主观过错不大；因此，对其以从事环境宣传教育作为替代性修复方式较为适合，原告申请对大气污染治理费用进行司法鉴定已无必要。最终判决被告在市级媒体上赔礼道歉，并承担原告的诉讼支出3万元。

原告不服一审判决，并向安徽省高级人民法院提起上诉。二审法院认为，一审法院未查明超标排放期间排放污染物种类、数量、浓度、时间，未认定生态环境修复费用及生态环境受到损害到恢复原状期间服务功能的损失，也未确定生态环境修复方案，应为基本事实不清，于是判决发回重审。

典型案件三为绿发会起诉青川县裕泰石业有限公司生态环境破坏责任纠纷案①。2012年至2017年间，被告擅自在青川县青溪镇魏坝村大白包一带开采花岗石，非法毁损森林林地，且部分矿区进入唐家河国家级自然保护区，被多次行政处罚。2014年11月，经四川省林业勘察设计院现场测绘，损毁林木共计66.4吨，影响林木面积83.7亩，其中，毁损唐家河国家级自然保护区林木46.27吨，影响林木面积58.33亩；毁损青川森林经营所20.13吨，影响林木面25.38亩。经青川县价格认证

---

① 裁判文书：（2018）川08民初88号。

中心鉴定，损毁林木价值18592元。2015年2月26日，青川县林业和园林局作出行政处罚决定书，决定对被告处罚款92960元。2016年5月8日，四川川邑矿业技术咨询服务有限公司在受被告委托进行排危作业中，废石落入唐家河保护区内，导致该区域内林地破坏，改变了林地原有形态。经青川县林业和园林局指派专业人员现场勘验，受破坏林地面积4.4亩，森林种类为特种用途林，森林类别为公益林。2016年6月21日，青川县林业和园林局作出行政处罚决定书，决定责令被告在6个月内将林地恢复原状，并处罚款87999.99元。2017年3月至2017年6月，未在林业主管部门办理征占用林地手续的情况下，被告擅自占用林地开采花岗岩矿。经青川县林业调查规划设计队现场勘验查明，被告擅自改变林地用途共计两处，总面积为1.71亩，均为高山灌木林地，林地森林类别均为公益林。2017年6月23日，青川县林业和园林局作出行政处罚决定书，决定责令被告在3个月内恢复原状，并按非法改变林地用途面积以每平方米22元标准处罚款25124.00元。2017年7月20日，青川县林业和园林局再次作出行政处罚决定书，认定被告未办征占用林地手续就擅自采矿，部分开矿区域进入唐家河保护区区域，决定责令被告停止违法行为，并在3个月内恢复原状或采取其他补救措施，同时决定处罚款1000元。

2018年，原告向广元市中级人民法院提起环境民事公益诉讼，诉请判令被告立即停止对唐家河保护区生态环境的破坏，消除进一步破坏、损害社会公共利益重大风险的危险情形；以评估结果赔偿对唐家河保护区生态环境造成损失；恢复生态环境至损害前的状态与功能，生态环境无法完全修复的，以评估结果支付修复费用；以评估结果赔偿受损至恢复原状期间服务功能的损失；在破坏生态处设立永久性警示标志，警示标志内容经人民法院同意，被告承担标志设立、维护费用；就破坏生态行为在国家级媒体上赔礼道歉，赔礼道歉内容经原告及人民法院同意；承担原告的全部诉讼费用。

被告辩称，2017年起已停止采矿行为，不存在继续破坏生态环境的可能性。在合法采矿中，因排危不当等原因造成一定范围内的环境损害，被告已受到相应行政处罚，因此原告关于赔偿环境损害的诉讼请求已经得以满足，不应予以支持。同时，被告也投入资金、人力实施了环境修复措施，相关部门进行了验收，无需再采取替代性修复措施或承担修复费用。但被告同意在破坏生态处设立永久性警示标志和在广元当地媒体公开道歉。

法院认为，被告在采矿中非法占用林地、破坏林地和破坏林木，必然会造成当地生态环境的损害。尽管已被多次行政处罚，但还应当承担相应的民事责任。2018年，被告在矿权尚未到期的情况下，实施全面停采、撤走采矿设备。因此，原告关于停止侵害及消除进一步破坏、损害社会公共利益重大风险的危险情形的诉讼主张已经实现。2017年10月，被告依据当地政府编制的《大白包植被恢复方案》，聘请第三方编制了处理方案，实施了覆土、种草、植树等修复措施，且经当地政府组织联合检查组验收并认定已完成植被恢复。因此，原告关于恢复生态功能诉讼的主张也基本实现。因此，不宜再要求被告赔偿生态环境受到损害至恢复原状期间服务功能损失，也没有对受损到恢复原状期间服务功能损失进行鉴定的必要。最终，法院仅支持了设立警示标志、赔礼道歉、承担诉讼费用的申请，驳回了原告的其他请求。

二 对鉴定损失酌情认定

即使原告委托专业机构或专家出具了鉴定报告，但是否采信或在多大程度上采信仍然属于法院的自由裁量权范畴。如果法院受到来自地方政府的压力，有可能会对损害赔偿数额打一定折扣酌情认定，从而导致原告诉讼请求支持率偏低的情况。

典型案件一为绿发会起诉新郑市薛店镇花庄村委会、新郑市薛店镇人民政府古树破坏责任纠纷案①。新郑是我国的红枣之乡，新郑市人民

---

① 裁判文书：（2016）豫01民初705号、（2018）豫民终344号、（2019）最高法民申5508号。

政府于2010年9月将位于新郑市薛店镇花庄村1023亩古枣树确定为文物保护范围，实施文物级保护。然而，新郑市教育体育局在未依法办理法定手续的情况下，非法占用薛店镇古枣树林地，在古枣树林地上违法进行工程建设。两被告非法对古枣树进行移栽，并在移栽时不按照树木的科学移植操作技术规程操作，致使被移栽古枣树大面积死亡。两被告的行为毁坏古树林木，破坏当地几百年以来已经形成的生态环境，造成对自然环境的损害。

依此，原告向郑州市中级人民法院提起环境民事公益诉讼，诉请判令两被告立即停止继续毁坏古树，恢复被毁林地的林木植被，并共同赔偿非法砍伐行为所造成人文及自然环境损失，赔偿具体数额以专业机构的鉴定评估结论为准。同时，还要求两被告保留古枣树移栽地现场，在该址建立古枣树展示园，将被非法采伐、移栽致死的全部古枣树树干及其制品陈列在园内，作为今后对生态环境保护的宣传、教育、警示基地；展示园的维护和管理费用由两被告承担。此外，两被告应在国家级媒体向公众赔礼道歉，并共同承担原告的全部诉讼费用。

被告花庄村委会辩称，枣树移栽是由专业的公司进行的，因移栽过程中受村民阻拦而造成枣树大面积死亡。被告薛店镇人民政府辩称，本案所涉土地是为了建设学校，符合总体规划，并且经过土地预审，在预审中相关部门出具了相应的预审意见，不存在违法用地。在移栽过程中因受村民围堵，导致延迟移栽最佳时机，因此造成部分枣树死亡的后果。此外，涉案枣树属于经济林，由于不是古树名木，因此也不存在人文自然环境损失。薛店镇人民政府已按照林业部门要求对所涉林木毁损、死亡这一情况进行了及时抢救，并且正在进行树木补栽行为，因为不是古树名木，被告不存在建设所谓的古枣树展示园的义务，鉴于镇政府在具体实施过程中与相关部门对接存在瑕疵，对枣树死亡负有一定责任，故同意应林业部门要求补栽树木，并愿意在一定影响范围内赔礼道歉。

关于生态服务损害赔偿，原告于2017年10月26日提交了委托北京中林资产评估有限公司所作的咨询报告书。对于被毁坏的1870株古枣树，该报告书基于人文及自然环境损失做出了价值评估结论，其中3056.38 万元是古枣树本身的价值，树的价值的 3 至 5 倍是环境功能服务修复费，按照最低标准三倍计算，生态服务损害赔偿费用是 9169.14 万元。然而，被告薛店镇人民政府对该咨询报告书真实性提出异议，认为被毁损的树木不是古枣树，且对 1870 棵古枣树全部毁损有异议，用古树的价格乘以 3 到 5 倍确定人文环境损害服务功能修复费没有法律依据。

  法院认为，原告出具的咨询报告书给出了被毁坏古枣树的资产损失价值，但未给出人文及自然环境损失的数额，也未能提供以古枣树资产损失价值作为基数计算人文及自然环境损失的依据，故不予采信。最终，法院认定了两被告应承担破坏生态的侵权责任，并指定由第三方代为修复，按照技术要求补种被移栽致死的枣树数目 5 倍的林木，并对林木抚育管护三年，修复费用由两被告共同承担。关于生态服务功能损失，依据《第八次全国森林资源清查河南省森林资源清查成果》及《河南林业生态省及提升工程建设绩效评估报告》，河南省 2016 年平均每亩林地森林生态价值为 3644.15 元。法院参照这一数据，计算本案涉及 198.5 亩枣林地一年的森林生态价值为 723363.78 元。根据侵权责任人破坏生态的范围和程度、生态环境的稀缺性、生态环境恢复的难易程度、侵权责任人过错程度等因素，法院最终酌定服务功能损失为所涉枣林地五年的森林生态价值，即判令被告薛店镇人民政府及花庄村民委员会赔偿服务功能损失 3616818.9 元。两被告不服一审判决，上诉至河南省高级人民法院。经审理，二审法院除了明确古枣树一年的展示期限外，驳回了其他全部上诉请求，维持原判。被告再次上诉至最高人民法院申请再审，但仍被驳回。

  典型案件二为绿发会起诉云南泽昌钛业有限公司环境污染责任纠纷案①。2011 年 6 月 23 日，被告因硫酸亚铁堆场未采取任何防护措施，使被雨水冲刷的硫酸亚铁渗滤液向外环境排放，被昆明市富民县环保局作

---

① 裁判文书：（2018）云 01 民初 32 号、（2019）云民终 627 号。

出行政处罚，责令被告对上述环境违法问题立即整改并处罚款10万元。同年9月，被告修建了案涉渣库，原用途为堆存硫酸钙废渣，但实际使用过程中，不仅堆存含硫酸钙的水处理污泥，还同时堆存了硫酸亚铁废渣。2013年1月17日，被告因未批先建案涉渣库且未补办手续，生产废水化学需氧量、悬浮物超过排放限值等问题，被富民县环保局再次作出行政处罚，责令被告立即停止案涉渣库使用，并于2013年4月30日前补办环保审批手续。同时，还要求被告对生产废水超标排放外环境违法行为于2月16日前整改完毕，处罚款共计人民币155300元。2016年9月20日，被告又因擅自倾倒含硫酸亚铁废渣和污水处理站泥饼，渣库内渗滤液经未经验收的水污染防治设施外排造成外环境污染，被昆明市环保局作出行政处罚，对未经验收即投入使用水污染防治设施处罚款15万元，以及对未采取相应防范措施造成外环境污染处罚款8万元。2017年8月28日，被告再次因案涉渣库未按照固体废物堆放规范要求采取有效防渗漏、防流失等相应防范措施，导致发生酸性渗滤液外泄，被昆明市环保局作出行政处罚，责令其立即停止违法行为并罚款8万元。

被告多次排放废液和废渣的违法行为造成了所在地及周边土壤、地表水、地下水酸碱度、铁、钙超标。于是，原告向昆明市中级人民法院提起环境民事公益诉讼，请求判令被告立即停止污染环境的违法行为，采取措施修复因其违法行为而被污染的环境或承担环境污染修复费用，承担案涉渣库污染区域从被污染开始到修复完成期间的生态功能损失费，在国家级媒体向全社会公开赔礼道歉，以及承担原告的全部诉讼费用。关于环境损失赔偿金额，原告请求法院启动专业鉴定程序进行认定。

被告辩称，环保主管部门作出的行政处罚只能证明被告曾有环境行政违法行为，但不代表该行为已造成民事损害赔偿后果。被告承认在2017年4月17日确因案涉渣库渗滤液外泄造成外环境污染，但鉴于按要求对案涉渣库进行了闭库整改和污染治理设施的修复完善，已尽到环境修复责任。此外，案涉渣库周边没有生态敏感点，案涉渣库也并非因未达到环保要求而被停止使用，故被告并没有对生态环境造成大的不利影响，不应支持原告关于生态功能损失费的主张。

针对原告提出的专业鉴定申请，法院援引了在2017年酸性渗滤液外泄事件发生后昆明市环保局委托昆明环境污染损害司法鉴定中心出具的《司法鉴定意见书》。该意见书对被告此次酸性渗滤液外泄造成的环境污染损害数额确定为53.2162万元。其中，生态环境损害数额为30.87万元、应急处置费用为10.9362万元、财产损失为11.41万元。在被告对此提出异议后，昆明环境污染损害司法鉴定中心出具《补充司法鉴定意见书》，将环境污染损害数额调整为44.5214万元。其中，应急处置费用为12.3862万元，财产损失为9.0334万元，生态环境损害数额为23.1018万元。生态环境损害数额仍按虚拟治理成本的4.5倍计算而来。

原告认为鉴定范围过于狭窄，针对的是2017年4月17日酸性渗滤液外泄，仅包括渗滤液外泄区域的过水田、地表水和地下水的污染，并不包括案涉渣库所在地及周边土壤环境和地下水环境的污染。《司法鉴定意见书》已表明被告对案涉渣库地下水造成了污染，但该污染损害排除却被排除在鉴定评估之外。因此，《补充司法鉴定意见书》的鉴定评估未能准确反映渗滤液外泄造成的生态环境损害数额。为此，原告向法院提出启动鉴定程序，要求对案涉渣库所在地及周边土壤、地表水、地下水进行重新鉴定，以便确定被告的具体污染行为和应支付的生态环境修复费用和生态功能损失费用。

但法院认为，超标排放是行政法的概念，不必然造成环境损害，原告并未提供证据证明土壤和地下水存在持续污染等后果。考虑经济与效率原则，重新鉴定会耗费高昂的鉴定成本。"为避免司法资源及社会资源的浪费和诉讼效率的拖延"，对原告的重新鉴定申请不予支持。对于修复环境或承担费用的请求，法院主张采取替代性修复，"至于替代修复费用的数额，不需再鉴定评估，本院综合考虑污染物的性质、生态环境恢复的难易程度、为避免污染物扩散、降低污染物浓度本应支出的费用以及泽昌钛业屡受行政处罚等因素，酌情确定替代修复费用为10万元"。对于服务功能损失，法院认为《补充司法鉴定意见书》提出的生态环境损害数额为 23.1018 万元,可作为参考,"综合考虑了本案环境污染情节、违法程度、泽昌钛业生产经营情况、污染发生后的整改行为、污染环境的范围和程度以及泽昌钛业还需支付的替代修复费用等因素",酌情认定服务功能损失为 20 万元。

原告不满一审判决,并向云南省高级人民法院提起上诉。经审理,二审法院认为,上诉人在无其他证据证明地下水及土壤受到污染的事实情况下,对其要求被上诉人停止污染行为的请求并无事实及法律依据,不予支持。一审判决中以鉴定意见为基础酌情考量环境污染修复费用并无不当,应予维持。最终原告的上诉被驳回,维持原判。

典型案件三为中华环保联合会起诉江西龙天勇有色金属有限公司等水污染责任纠纷案①。该案的被告共涉及五家公司,分别为江西龙天勇有色金属有限公司、常宁市沿江锌业有限责任公司、宜春市中安实业有限公司、湖南珊田投资集团汇金有色资源有限责任公司和新余市博凯再生资源开发有限责任公司。2016 年 1 月 6 日,中安公司与珊田公司签订《合作协议》,约定珊田公司为中安公司的粗铟生产提供资金支持,珊田公司派人参与中安公司的经营管理和业务购销,并约定了盈利分配比例。2016 年 1 月至 4 月,中安公司从湖南、江西等地购入铅泥、机头灰等危险废物,用于非法生产提炼铁渣、锌渣、金属铟等产品。2016 年 1 月 4 日,中安公司与沿江公司签订《铅泥购销合同》,约定了金属铟、铅泥的价格、质量等事项。自 2016 年 1 月 4 日起,沿江公司分 8 次非法向中安公司提供"铅泥",合计 291.85 吨,珊田公司支付沿江公司用于非法采购危险废物的款项共计人民币 65 万元。博凯公司景源分公司负责人杨志坚与中安公司签订《货物交换合同》,由博凯公司向中安公司提供机头灰、铅泥,进行非法提炼利用,并约定了计价方式。自 2016 年 3 月 6 日起,博凯公司景源分公司分 12 次向中安公司提供机头灰合计 149.14 吨。龙天勇公司将无法进一步利用的机头灰与中安公司非法置换铅泥,

---

① 裁判文书:(2017)赣 05 民初 23 号、(2018)赣民终 189 号。

将铅泥用于其生产利用，产生效益。自2016年2月22日起，分17次向中安公司提供机头灰合计351.29吨。沿江公司、博凯公司、龙天勇公司向中安公司提供的危险废物共计792.28吨，分别占总重量的36.84%、18.82%、44.34%。

中安公司在生产过程中，将未经处理的含镉、铊、镍等重金属及砷的废液、废水，通过私设暗管的方式，直接排入袁河和仙女湖流域，造成新余市第三饮用水厂供水中断的特别重大环境突发事件。事件发生后，中安公司被工商行政管理部门作出吊销营业执照的行政处罚，涉案公司的相关人员被追究刑事责任。2017年，原告向新余市中级人民法院提起环境民事公益诉讼，请求法院判令五被告立即停止违法转移、处置危险废物，通过江西省级媒体向公众赔礼道歉，并承担处置费用926.3301万元和生态环境修复费用2199.161万元（暂定），以及生态环境服务功能损失等。

法院委托华南研究所出具《仙女湖水体污染事件生态环境损害量化评估》，该报告采用资源等值分析法和虚拟治理成本法两种评估方法，分别计算得出环境损害数额为9680万元或8610万元，应急处置费用为926.3301万元。最终法院认定了被告的侵权行为和承担应急处置费用，对于环境修复费用和生态环境服务功能损失，法院综合此次环境侵权事件中污染环境、破坏生态的范围和程度、生态环境恢复的难易程度、侵权主体过错程度等因素，并在参考华南研究所的评估结论的基础上打了35%的折扣，酌情认定本次环境侵权造成的生态环境损害量化数额为2260.125万元（高度浓度重金属废水量4100t×单位治理成本3500元/吨×环境功能敏感系数4.5倍×35%）。

原告对损害赔偿金额不满，向江西省高级人民法院提起上诉。上诉人认为，一审法院未严格依照专家意见认定的8610万元进行判决，而酌情降低了生态环境损害量化数额，因此对一审法院此举是否适当提出质疑。经审理，二审法院认为，专家意见作为证据类型之一，对于法院具有参考作用，并不必然约束和决定法院的判决。法院对于生态环境修复费用等费用的判决，可以参考专家意见，并综合污染侵权行为人因侵害行为所获得的利益以及过错程度等因素予以合理确定。根据《最高人民法院关于审理环境民事公益诉讼案件适用法律若干问题的解释》第23条规定："生态环境修复费用难以确定或者确定具体数额所需鉴定费用明显过高的，人民法院可以结合污染环境、破坏生态的范围和程度、生态环境的稀缺性、生态环境恢复的难易程度、防治污染设备的运行成本、被告因侵害行为所获得的利益以及过错程度等因素，并可以参考负有环境保护监督管理职责的部门的意见、专家意见等，予以合理确定。"在综合考量环境保护和地方经济发展相平衡的基础上，二审法院提出"江西省系经济欠发达地区，企业的经济承受能力相对较弱，如一味追求判决的高数额，不但企业无法承受，实际上也无法执行到位，判决的效果不一定好。"最终，二审法院认定一审法院对损害赔偿金额的酌情认定并无不当，驳回原告上诉，维持原判。

三 强势扭转审判结果

在某些极端案件中，当面对无可争议的环境损害事实和原告出具的专业鉴定报告时，个别法院不但会对鉴定报告不予采信，而且会否定被告应承担的环境侵权责任，强势扭转审判方向和审判结果，造成原告诉讼请求支持率偏低的情况。

典型案件为金华市绿色生态文化服务中心起诉广西贵港钢铁集团有限公司大气污染责任纠纷案①。被告的主营业务是钢筋混凝土用热轧钢筋、生铁、钢坯的生产和销售等。2017年至今，被告在生产过程中存在粉炉外排烟气超标的情形，指标污染物氮氧化物、二氧化硫、烟尘等均有不同程度的超标，并被贵港市环保局多次行政处罚。针对被告的环境侵权行为，原告于2020年向贵港市中级人民法院提起环境民事公益诉讼，提供了绿网环境数据中心的排污监测数据以证明被告的非法排污超

---

① 裁判文书：（2020）桂08民初30号。

标的事实,并申请法院向市环保局调取市环保局对被告作出相关环保行政处罚决定的有关案卷材料、被告的排污许可证、污染物排放记录台账、排污许可年度执行报告、监督性监测数据等证据材料,以及对被告案涉建设项目投入使用至本案起诉起前违法排放污染物给生态环境造成的损失和环境受到损失至恢复原状期间服务功能损失的数额进行司法鉴定评估。基于此,原告请求法院判令被告停止非法排放大气污染物等损害环境公益的行为,将生态环境修复到损害发生之前的状态和功能,并采取措施消除因违反建设项目验收等对环境公益造成的风险。此外,还要求被告在全国性主流媒体及广西壮族自治区主流媒体上,就其损害环境公益的行为向社会公众赔礼道歉,赔偿对环境公益造成的经济损失以及赔偿环境受到损害至恢复原状期间服务功能损失等(最终以环境损害评估鉴定结果为准),并支付原告全部诉讼费用和鉴定评估费用。

  被告辩称,仅存在因在线监测设备异常和煤气干扰引起的二氧化硫假性超标的情况,不存在超过重点污染物排放总量控制指标的违法行为,也没有发生因超过重点污染物排放总量控制指标造成污染环境的损害后果。关于原告提供的绿网环境保护中心的排污监测数据,被告称其为排放折算值而非实测值,不能据此认定被告存在污染环境行为。关于被行政处罚的问题,被告称仅是因历史遗留政策未履行环境保护评价程序批复手续、未经竣工环境保护验收的程序而已,并没有因此发生实质损害公共环境的违法行为,不存在原告所称的非法排放大气污染物的事实。

  关于原告提出的调取证据和司法鉴定的申请,法院认为没有必要向环保行政管理部门调取相关的行政处罚证据材料;而被告已经依法提交了排污许可证以及排污监测数据,不需要法院调取该部分证据,因此原告的申请不予准许。关于原告提供的绿网环境数据中心的排污检测数据,法院认为由于不是法定检测部门,不具有核发资质,数据不能证明被告排污超标。对于原告申请恢复原状的诉讼请求,法院认为被告曾经非法排放大气污染物污染环境虽系客观事实,但因污染的客体为大气环境,而大气环境处于不断变化状态,并非固定不变的状态。并且钢铁企业一经生产向大气排放废气必然存在污染物，是否非法排放主要是考量排放标准是否符合法律规定而已。因此，从目前的科学技术手段上，是难以将被污染的大气环境实现恢复原状的，故不予支持原告请求。对于原告申请判令被告赔礼道歉的诉讼请求，法院认为被告已被环保部门处罚，进行了整改和履行了罚款义务，请求其在媒体上公开赔礼道歉缺乏事实根据。关于原告申请对服务功能损失进行司法鉴定评估的诉讼请求，法院认为由于现有科技手段无法使大气恢复原状，所以该鉴定事项不具有客观可操作性，依法不予准许。由于环保罚款的用途之一是修复环境，请求赔偿损失不予支持。最终，原告的所有诉讼请求均被驳回，并承担案件受理费用。

四 小结

通过上述案件，我们或多或少能看出地方司法保护主义对环境民事公益诉讼审判结果的潜在影响。由于地方政府面临着环境保护和经济发展的双重目标，因此对待环境公益诉讼的态度是复杂的。当被告是中小型企业或落后产能企业时，环境民事公益诉讼可能会得到更多的地方支持与帮助。反之，当被告是地方利税大户或龙头企业时，则可能因对地方经济发展的影响力而受到地方司法保护主义的袒护。[1] 在现行的环保制度下，污染企业一旦被勒令停止生产，很多都会因难以付出高昂的环境损害赔偿而破产，所造成的地方经济损失最终由政府买单。[2] 特别是当原告为掌握资源有限的社会组织时，地方司法保护主义表现得更为明显。在七个典型案件中，原告均为社会组织，被告均为大型企业或地方政府，进一步验证了上述结论。由此可见，一旦涉及地方财政的支柱产业或重要的利税单位，社会组织将很难开展诉讼活动。[3]

---

[1] 王灿发：《环境公益诉讼难在哪儿》，《人民日报》2013 年 5 月 18 日。
[2] 贾艳萍：《环境公益诉讼：制度的缺失与策略的完善——基于〈环境保护法〉及相关立法为视角》，《农村经济与科技》2019 年第 3 期。
[3] 栗楠：《环保组织发展困境与对策研究——以环境民事公益诉讼为视角》，《河南大学学报》（社会科学版）2017 年第 2 期。

从地方司法保护主义的干预程度来看，金华市绿色生态文化服务中心起诉广西贵港钢铁集团有限公司大气污染责任纠纷案属于个案，地方法院较少强势扭转案件审判方向和审判结果，更多是通过驳回原告的鉴定申请或对鉴定损失酌情认定，以避免被告承担较重的赔偿责任。一方面，根据《最高人民法院关于审理环境民事公益诉讼案件适用法律若干问题的解释》第二十三条之规定，"生态环境修复费用难以确定或者确定具体数额所需鉴定费用明显过高的，人民法院可以结合污染环境、破坏生态的范围和程度、生态环境的稀缺性、生态环境恢复的难易程度、防治污染设备的运行成本、被告因侵害行为所获得的利益以及过错程度等因素，并可以参考负有环境保护监督管理职责的部门的意见、专家意见等，予以合理确定"。这为法院不支持鉴定提供了法律依据。依托现行法律框架下的自由裁量权设置，法院不难找出多种理由来驳回原告的鉴定申请。例如：在北京市丰台区源头爱好者环境研究所起诉长沙天创环保有限公司水污染责任纠纷案中，法院认为"鉴定费用过高"。又如：在自然之友环境研究所起诉安庆皖能中科环保电力有限公司大气污染责任纠纷案和绿发会起诉青川县裕泰石业有限公司生态环境破坏责任纠纷案中，法院均认为"没有鉴定的必要"。

另一方面，如果原告自行委托第三方机构进行专业鉴定，则可能面临法院不认可鉴定机构资质，不采纳鉴定结论等问题。在这类案件中，法院对鉴定损失的酌情认定往往容易成为争议焦点。例如：在绿发会起诉新郑市薛店镇花庄村委会、新郑市薛店镇人民政府古树破坏责任纠纷案中，法院的酌情认定忽视了古枣树的文物价值，仅计算了生态价值。在绿发会起诉云南泽昌钛业有限公司环境污染责任纠纷案中，法院的酌情认定仅考虑了被告单次污染造成的环境损失。即使鉴定结论提示了土壤污染，法院也未同意进一步检测和鉴定。在中华环保联合会起诉江西龙天勇有色金属有限公司等水污染责任纠纷案中，法院明确表示考虑到经济发展因素，对被告的赔偿责任进行了酌情从轻判决。

显然，在环境民事公益诉讼中，如何判断鉴定费用是否过高，如何判断专业鉴定是否必要,以及在没有专业机构提供专业意见的情况下,如何对复杂的环境公益诉讼案件酌情认定赔偿责任,在这些问题上法院的自由裁量权明显过高。对此,一些学者也持有不同的观点。张辉指出,如果被告无法承担环境修复费用的"天价"判决,恢复原状的判决就会处于难以执行的尴尬地位。① 巩固提出,环境民事公益诉讼案件具有"选择性",在违法者众多的情况下,仅有个别被告被"选中"并且承担天价赔偿,也有失公平。②

然而我们认为,依靠法院的职权主义行为来平衡"天价赔偿"的负面影响并非最佳的处理方式。首先损失评估要实事求是,通过科学合理的损失评估方法,使公众意识到"天价赔偿"也意味着"天价损失"。对于无力赔偿的企业可以采取分阶段支付,技改抵扣等方式,不以企业倾家荡产为目的。其次,环境民事公益诉讼案件具有"选择性"的根源是社会组织提起诉讼的障碍过多,影响了起诉的积极性,地方检察院对于起诉本地大型企业同样缺乏积极性,需要从制度设计上寻求突破。

---

① 张辉:《环境行政权与司法权的协调与衔接——基于责任承担方式的视角》,《法学论坛》2019年第4期。
② 巩固:《2015年中国环境民事公益诉讼的实证分析》,《法学》2016年第9期。

第八章　环境公益诉讼制度的域外考察

面对工业化带来的环境污染问题，许多国家在第二次世界大战后开启环境司法改革，放宽对环境权诉之利益的要求，环境公益诉讼制度被作为遏制环境危机的法律武器得到各国的推崇。在这些在环境公益诉讼领域的先行国家中，既有普通法系国家，又有大陆法系国家；既有发达国家，又有发展中国家。由于具体国情、文化背景和司法环境等宏观因素的差异，这些国家的环境公益诉讼制度各具特色，有很多值得我国借鉴的有益经验。

"他山之石可以攻玉"。本章将对其中代表性国家的环境公益诉讼制度进行深入剖析，对其建制背景、制度细节以及典型案件展开研究。通过对域外经验的总结，以期对进一步完善我国环境民事公益诉讼制度提供有价值的参考与启示。

第一节　美国环境公民诉讼制度

作为一个联邦制国家，美国的政治制度和法律体系都是"联邦—州"二元结构。在政治制度上，联邦政府和州政府处于平等的地位，并不存在上下级行政管辖关系，其中联邦政府主要负责国防、外交等国际事务，而州政府在地方性事务中具有主导地位，市政府则是由州政府授权成立。在这样的政治分权体制下，联邦层面和州层面同时存在立法机构、行政机构和司法机构。因此法律体系也被分为联邦法律和州法律的双重法律体系。因此，对于美国环境公民诉讼制度的剖析也需要从联邦和州两个层面展开。

作为一个普通法系国家，美国的司法体系继承了英国法中"私人执法"（private enforcement）的传统。大陆法系国家普遍坚持"公共执法"（public enforcement）原则，认为公权力具有垄断实施法律的权力，然而以英、美为代表的普通法系国家则认为除了公共机关外，私人也可以参与法律的实施。① 美国环境公民诉讼制度的目的正是在政府无力执行法律或不愿执行法律之时，依靠私力消解法律实施的困境。"如果没有私人执法的机会，环境保护的目标将无法实现。尽管政府作为公共受托人有保护生物多样性和环境利益之义务，但最终只有依靠公众自身才能有效确保对公共利益的保护。"② "私人执法"是美国环境公民诉讼制度的本质与底色，其植根于普通法系的法理基础之上，下文将重点围绕这一法律传统进行分析。

一 建制背景

作为回应时代发展诉求的产物，美国环境公民诉讼制度是全世界创设最早的环境公益诉讼制度。20 世纪 60 年代，第二次世界大战后的人口爆炸和经济高速增长所引发的环境危机日益凸显，席卷全美的民权运动催生了公众环保意识的萌芽。在环境权利、环境正义和环境公平等理念的影响下，众多民间环保组织如雨后春笋般涌现出来，环境保护运动风起云涌。当时无论是联邦层面，还是州层面，都缺乏环境保护的法律体系。联邦政府和州政府主要依靠行政手段来履行环境保护的职责。然而如美国法学家弗兰克尔所言："很多时候，政府（特别是联邦政府）往往就是违法主体。因此，在这样的情况下，公民诉讼是必要的。考虑到政府各种违法行径，公共执法几乎是失效的。只有私人才是确保政府

---

① 徐昕：《法律的私人执行》，《法学研究》2004 年第 1 期。
② S. George, W. Snape and R. Rodriguez, "The Public in Action: Using State Citizen Suit Statutes to Protect Biodiversity", *University of Baltimore Journal of Environmental Law*, Vol. 6, 1997, p. 2.

遵守环境法律的唯一有效手段。"① 然而，私人只能通过传统的侵权法或妨害法寻求司法救济，而完全依赖私人责任规则的司法框架在应对环境危机时却表现出明显的困难和缺陷。例如：在原告起诉资格、法益保护内容等方面具有诸多限制；无法处理多个行为人的行为相互作用所导致的环境污染问题；法院缺乏环境治理的相关技术知识等。② 传统行政主导的环境保护方式备受诟病，而传统司法救济途径又囿于历史羁绊而无法满足环境保护的新要求，越来越多民间环保团体只能选择走上街头。1970年4月22日，民间长期累积的不满达到顶峰，美国各地约2000万人通过游行示威的方式表达对在圣·芭芭拉海峡石油污染事故中政府环保履职懈怠的抗议。为了纪念这个在环保历史中的里程碑事件，联合国在1990年宣布将每年的4月22日确定为"世界地球日"，旨在唤起人们的环保意识。

正是在这样的时代背景下，一种新型诉讼制度应运而生。1970年，在首次提出环境权理论的美国法学家萨克斯的主导下，密歇根州率先在州立法层面取得突破，在新颁布的《密歇根州环境保护法》中第一次以专门立法的形式创立了环境公民诉讼制度（citizen suit），以作为实现环境权的一种司法途径。同年，美国国会也紧随其后，在《空气污染预防与控制法》（又名《清洁空气法》）修正案中新增了第304条"公民诉讼条款"，首次在联邦立法层面以独立法条的形式确立了环境公民诉讼制度。《空气污染预防与控制法》开启了20世纪70、80年代美国联邦环境立法运动，此后有20多部实体环境保护法律中都增设了公民诉讼条款。受到联邦环境立法浪潮的影响，各州也纷纷建立环境公民诉讼制度。根据乔治等人的研究，截止到1997年，已有28个州拥有规范环境公民诉讼的相关法律。其中，有些州是通过在州宪法中增设相关条款的方式

---

① D. K. Frankel, "Enforcement of Environmental Laws in Hawaii", *University of Hawaii Law Review*, Vol. 16, 1994, p. 131.
② [美]理查德·斯图尔特：《美国行政法的重构》，沈岿译，商务印书馆2002年版，第33页。

（例如：加利福尼亚州、纽约州等）；另一些州则是通过颁布专门的环境公民诉讼法律的方式（例如：夏威夷州、北卡罗来纳州等）；还有一些州两种方式兼有（例如：马萨诸塞州、宾夕法尼亚等）。除此之外，密西西比州、俄勒冈州、新罕布什尔州三个州虽然没有州层面的相关法律，但个人依然可以在现行法律框架下适用公共信托理论提起环境公民诉讼（参见表8-1）。

自1970年创建以来，美国环境公民诉讼制度经历了半个多世纪的时间，至今已经发展成为一项兼具美国特色和现代意义的司法制度，取得了显著的社会效果。一方面，环境公民诉讼对具有环境污染潜在风险的企业起到了震慑作用，有效地抑制了企业的违法冲动。"环境公民诉讼是如此有效，以至于企业对它的担心超过了对于执法机构的担心。"[1] 另一方面，环境公民诉讼对政府部门履行环保职责发挥着重要的监督和问责作用。在20世纪的后25年里，环境公民诉讼的案件数量增长明显。关于针对国家环境保护局[2]的意图起诉通知的统计数据显示，在1978年至1982年间总共只有125个，而在1998年至2003年间，每年平均有约550个。每年环境公民诉讼的司法判决案件由20世纪70年代不足10个增长到90年代末接近100个（参见图8-1）。[3] 原告的构成结构也从1970年代以环保组织为主的单一主体，转变为多元主体，包括：公民个人、土地所有者、开发商、工业企业、其他社会组织等。可以说，环境公民诉讼有效地督促了政府的行政行为，确保环境法得到充分执行，因此被誉为"现代环境法领域最重要和最成功的创新"。[4]

---

[1] Z. J. Plater, et al., *Environmental Law and Policy: Nature, Law and Society*, New York: ASPEN Publishers, 2004, pp. 1033–1034.

[2] 国家环境保护局（Environmental Protection Agency，简称EPA）是美国联邦政府于1970年12月2日成立的，主要负责维护自然环境和保护人类健康不受环境危害影响的独立行政机构。

[3] 詹姆斯·梅、王曦、张鹏：《超越以往：环境公民诉讼趋势》，《中国地质大学学报》（社会科学版）2018年第2期。

[4] P. A. Fortenberry and D. C. Beck, "Chief Justice Roberts-Constitutional Interpretations of Article III and the Commerce Clause: Will the 'Hapless Toad' and 'John Q. Public' Have any Protection in the Roberts Court?", *University of Baltimore Journal of Environmental Law*, Vol. 13, 2005, p. 61.

表 8-1　　环境公民诉讼制度在美国的发展情况（截至 1997 年）①

联邦层面的法律	（共 22 部）实体环境保护法	· 《空气污染预防与控制法》第 304 条 · 《联邦水污染控制法》（又名《清洁水法》）第 505 条 · 《资源保护与恢复法》第 401 条 · 《濒危物种法》第 11 条 · 《预防船舶污染法》第 1910 条 · 《公共土地法》第 1349 条 · 《深海海底硬矿产资源法》第 117 条 · 《海洋热能保护法》第 114 条 · 《海洋保护、研究与庇护法》第 105 条 · 《露天采矿控制与回填法》第 520 条 · 《噪音控制法》第 12 条 · 《深海港口法》第 16 条 · 《外大陆架土地法》第 24 条 · 《1978 年发电厂和工业燃料利用法》第 8435 条 · 《能源与政策保护法》第 335 条 · 《能源资源开发法》第 210 条 · 《应急规划与社区知情法》第 326 条 · 《安全饮用水法》第 1149 条 · 《综合环境反应、赔偿与责任法》第 310 条 · 《有毒物质控制法》第 20 条 · 《哥伦比亚河谷国家风景区法》第 544 条 · 《危险液体管道安全阀》第 215 条	
州层面的法律	（共 16 个）州宪法	· 亚拉巴马州 · 阿拉斯加州 · 加利福尼亚州 · 科罗拉多州 · 佛罗里达州 · 伊利诺伊州 · 路易斯安那州 · 马萨诸塞州	· 蒙大拿州 · 新泽西州 · 新墨西哥州 · 纽约州 · 宾夕法尼亚州 · 罗得岛州 · 南卡罗莱纳州 · 得克萨斯州
	（共 17 个）州实体环境保护法	· 密歇根州 · 亚利桑那州 · 阿肯色州 · 夏威夷州 · 爱达荷州 · 路易斯安那州 · 马里兰州 · 马萨诸塞州 · 北卡罗来纳州	· 北达科他州 · 宾夕法尼亚州 · 罗得岛州 · 南卡罗莱纳州 · 佛蒙特州 · 华盛顿州 · 西弗吉尼亚州 · 威斯康星州

① S. George, W. Snape and R. Rodriguez, "The Public in Action: Using State Citizen Suit Statutes to Protect Biodiversity", *University of Baltimore Journal of Environmental Law*, Vol. 6, 1997, pp. 1-44.

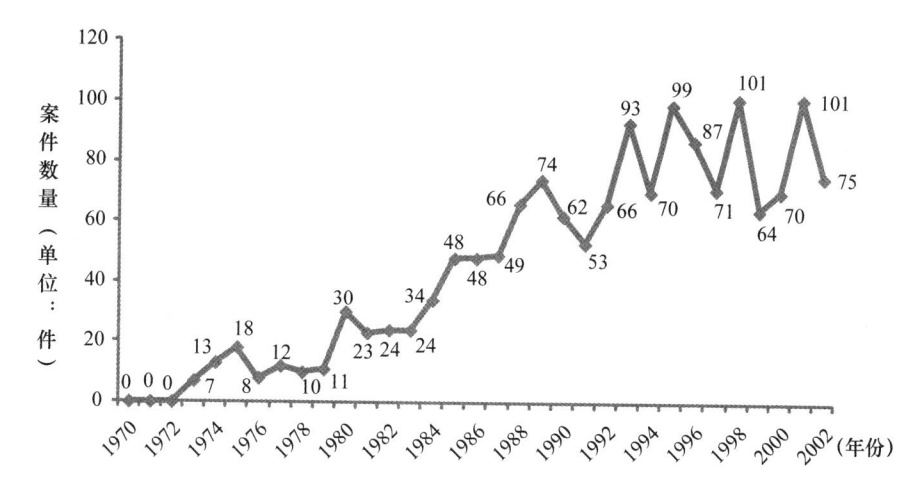

图 8-1 美国环境公民诉讼司法判决的案件数量（1970—2002 年）

二 原告资格

原告资格是环境公民诉讼与传统司法诉讼最显著的区别，也是环境公民诉讼制度实施中的关键问题。从联邦层面的司法实践来看，关于原告资格的法律规则自 20 世纪 70 年代至今经历了一个"宽松—严格—宽松"的发展历程。

关于"法定起诉资格"（statutory standing），1970 年的《空气污染预防与控制法》修正案第 304 条规定，"任何公民"都可以以自己的名义对据称具有破坏环境行为的违法主体提起公民诉讼，无论原告的公民籍如何，联邦法院必须受理此类起诉。在此基础上，后续其他法律对原告资格进行了进一步界定。例如：1972 年的《联邦水污染控制法》第 505 条规定"任何公民"必须是"其利益受到严重影响或可能受到影响的人或群体。"《资源保护与恢复法》第 401 条将原告资格进一步具体为个人、信托基金、商号、股份公司、法人、社团、政府机构（包括联邦、州、市、镇各级政府）等。《露天采矿控制与回填法》第 520 条把政府机构排除在原告之外。尽管我们看到原告资格在不断被界定和再界定，但总体来讲环境公民诉讼制度对原告资格的规定还是比较宽松的。

除了满足法定起诉资格的要求外,公民诉讼的原告还必须满足"宪法起诉资格"(constitutional standing)的要求。虽然美国联邦宪法没有关于原告起诉资格的规定,但宪法第 3 条明确了联邦法院受理案件的前提。这是宪法对联邦司法权的一种限制,针对所有类型的司法诉讼,当然也包括环境公民诉讼。根据这一条款,联邦法院在启动司法权时,提交其审理的案件必须属于"事实或争端"(case or controversy)的范畴。基于此,宪法起诉资格的理论便经由美国最高法院一系列司法判例而发展起来。宪法起诉资格要求原告必须证明对相关环保法律要求的执行具有充分利害关系,而"事实损害"(injury-in-fact)、"因果关系"(causation)和"可救济性"(redressability)是三个必须同时满足的核心原则。首先,事实损害原则要求原告证明其遭受到的侵害必须是已经真实发生或即将发生的具体损害,并且其损害程度足以支持诉诸司法程序。其次,因果关系原则要求原告所称遭受的损害能够公平地追溯到其所指控被告的违法行为。再次,可救济性原则要求司法力量的介入可以减少或弥补原告所受的损害,或者说原告可以从法院做出的有利于原告的判决中获得司法救济。

显然,宪法第 3 条构成了司法权对立法权授予公民诉权的一种限制。但在 20 世纪 70、80 年代联邦法院在受理由公民个人提起的诉讼时对宪法起诉资格采取了相当宽松的司法解释,甚至不要求原告承担"因果关系"的举证责任。代表性案例是 1973 年美国诉学生挑战管制机构程序案(*United States v. Students Challenging Regulatory Agency Procedures*)①。在该案中,乔治城大学法学院学生起诉州际商业委员会,指控其在批准一项铁路运输附加税的过程中没有按照程序要求准备环境影响评估报告,而该附加税将提高可循环利用资源的使用成本,增加对新原料的需求,鼓励更多伐木和采矿行为从而造成环境破坏。客观来讲,原告的诉讼理由在"事实损害"和"因果关系"两个原则上都不够充分。因此,美国联

---

① 案件编号:412 U. S. 669(1973)。

邦政府以"原告指控模糊且未经证实"为由向最高法院提出驳回起诉的申请。然而，最高法院最终却承认了原告的起诉资格，其理由是"不能因为还有许多其他人也受到损害而驳回事实上受到损害的原告的起诉资格，否则那些可能造成广泛环境危害的政府行为将没有人有资格质疑。"

然而，对于由环保组织提起的诉讼，联邦法院则对宪法起诉资格提出了更高的要求。首先必须先由环保组织的成员以个人方式向法院举证其利益受到被告违法行为的侵害，并满足关于起诉资格的要求，随后环保组织才能作为该成员的代表起诉。如果环保组织仅主张其享有法律所赋予的起诉资格，而无法指明哪些成员的具体利益受损的话，法院将不予支持。代表性判例是1972年"塞拉俱乐部"诉莫顿案（*Sierra Club v. Morton*）①。"塞拉俱乐部"试图以环保组织享有起诉资格为由直接提起诉讼，而非依赖组织的某个成员受到利益损害为起诉资格的基础。最终，最高法院裁定环保组织不能简单地以团体的环境利益受损为由提起公民诉讼。在另一个代表性案例——1992年"拯救我们的社区"诉联邦环保局案（*Save Our Community v. EPA*）②中，联邦第五巡回法院进一步明确了环保组织必须满足三个条件才能获得起诉资格：（1）该组织的某个或某些成员满足关于起诉资格的要求；（2）寻求保护的利益必须与该组织的宗旨相一致；（3）该成员委托组织代表其参与诉讼。

进入20世纪90年代，最高法院对环境公民诉讼的原告资格的态度逐渐倾向保守，对法定起诉资格和宪法起诉资格也越来越倾向于更严格的司法解释。其标志性的转折点便是1992年鲁坚诉"野生生物保护者"案（*Lujan v. Defenders of Wildlife*）③。该案的起因是《濒危物种法》第7条第（a）(2）款，该条款规定内政部或商业部部长有义务对任何联邦行为提供咨询，以确保其不会危及濒危物种或对濒危物种的栖息地造成破坏。然而，在1986年，内政部下属机构美国渔业和野生生物署和商务

---

① 案件编号：405 U. S. 727（1972）。
② 案件编号：971 F. 2d, 1155（5th Cir. 1992）。
③ 案件编号：504 U. S. 555（1992）。

部下属机构国家海洋渔业署在对一项联合行政规章修改时，将《濒危物种法》第7条第（a）（2）款规定的国外实施的联邦行为界定为在美国领土和公海上实施的联邦行为。于是，一个名为野生生物保护者的环保组织先派两名组织成员以个人名义向法院举证：在该行政规章的允许下，美国联邦机构资助的海外项目对斯里兰卡的亚洲象和亚洲豹的栖息地，以及埃及尼罗河流域的鳄鱼栖息地产生了破坏性影响。随后，该组织再以成员代表的身份对时任内政部部长鲁坚提起环境公民诉讼。尽管原告遵守着70年代以来联邦法院对环保组织起诉资格的惯例性要求，然而，这次最高法院却选择对宪法起诉资格的规则进行严格化解释。首先，最高法院认为两名组织成员的证词并没有证明联邦机构对海外濒危物种栖息地的破坏如何对他们两人自身造成具体而特定的损害，因此不满足"事实损害"原则。其次，最高法院认为被告内政部并非执行所指控的海外项目的当事人，即使判决被告败诉，原告的损害也无法得到有效救济，因此不满足"可救济性"原则。基于以上理由，野生生物保护者被认为不具有原告起诉资格。鲁坚案所确立的严格原告起诉资格的规则主导了整个90年代环境公民诉讼的审判，联邦法院在受理环境公民诉讼时的态度更加谨慎。在其后一系列类似案件中，环保组织都因主体不适格而被驳回诉讼请求，例如：1998年钢铁公司诉"追求更好环境的公民"案（Steel Company v. Citizens for a Better Environment）[1] 等。

21世纪以来，最高法院对于环境公民诉讼的原告起诉资格规则的态度又发生了新的转变，开始向20世纪70、80年代相对宽松的司法解释回归。在这个过程中，有两个代表性判例：2000年"地球之友"诉莱德洛环境服务公司案（Fiends of the Earth v. Laidlaw Environmental Services）[2]、2007年马萨诸塞州诉国家环境保护局案（Massachusetts v. EPA）[3]。在第一个案件中，被告莱德洛环境服务公司在1987年至1995年间长期向南

---

[1] 案件编号：523 U. S. 83（1998）。
[2] 案件编号：528 U. S. 167（2000）。
[3] 案件编号：549 U. S. 497（2007）。

卡罗莱纳州的北泰格河违法排放汞超标的工业废水。于是，以"地球之友"为代表的环保组织（原告中还包括前文提到的"塞拉俱乐部"等）在1992年根据《联邦水污染控制法》第505条提起环境公民诉讼。为了满足"事实损害"原则，"地球之友"让其成员以个人名义向法院证明河流污染已对他们的利益造成了损害（例如：无法钓鱼、游泳或野炊等）。而被告则以原告不能提供证据证明事实损害为由要求法院驳回原告的起诉。最高法院认为，环境公民诉讼的原告不需要证明对环境造成损害，只需要证明对自己造成损害即可，而"地球之友"成员的证词已经证明自己已受到事实损害，因此满足"事实损害"原则。同时，法院做出的民事处罚判决足以停止污染行为，并阻止未来违法行为的出现，因此满足"可救济性"原则。综上，"地球之友"具有原告起诉资格。莱德洛案不但突破了鲁坚案确立的严格化原告起诉资格原则，对宪法起诉资格做出了宽松的司法解释，而且确立了满足"事实损害"原则的新标准，即："原告仅需证明被告违反某部法律，且原告为此受到了损害即可。"①

第二个案件是最高法院受理的首个气候变化诉讼案，标志着美国环境公民诉讼发展的新趋势。该案的特殊性在于原告的构成非常复杂，既有包括马萨诸塞州在内的12个州政府，也有若干环保组织和公民团体，还有纽约和巴尔的摩的市长和市议会。案件起因是国家环境保护局拒绝对新机动车二氧化碳排放标准进行管制。原告认为，二氧化碳是全球气候变暖的主要诱因，将导致海平面上升，从而对以马萨诸塞州为代表的东海岸各州的海岸财产造成威胁。由于国家环境保护局拒绝对汽车排放的二氧化碳进行管制，这将加速各州的损害。该案主要有两个争议焦点：（1）州政府是否享有原告起诉资格？（2）是否满足"因果关系"原则和"可救济性"原则？关于第一个焦点，最高法院援引1907年佐治亚州诉

---

① W. E. Webster, "How can Mother Nature Get to Court? The Status of the Standing Doctrine in a Post Laidlaw Landscape", *Journal of Land, Resources & Environmental Law*, Vol. 27, No. 2, 2007, p. 459.

田纳西库珀公司案（*Georgia v. Tennessee Cooper*）① 中确立的"准主权利益"（quasi-sovereign interests）原则，并从"所有者利益"（proprietary interests）、"准主权利益"（quasi-sovereign interests）和"主权利益"（sovereign interests）三个维度论证了马萨诸塞州政府享有诉权。② 关于第二个焦点，客观来讲，全球变暖是一个世界性问题，而非马萨诸塞州的问题，而且即使减少该州的机动车尾气排放，对于全球海平面升高的影响也微乎其微。然而，最高法院在这个焦点上却采取了相当宽泛的解释，认为除非国家环境保护局能够证明二氧化碳与全球变暖无关，否则就必须对汽车尾气排放予以监管。最终，最高法院判决，尽管对监管本身不足以扭转海平面上升的局面，但是为了减缓或降低全球气候变暖而对机动车二氧化碳排放标准进行监管是国家环境保护局的职责。

综上，在联邦法律层面，美国环境公民诉讼制度经历了一个曲折而复杂的发展过程。以"地球之友"案和马萨诸塞州案为标志，联邦法院在近二十年来在公民诉讼资格问题上所持的保守态度已有明显转变，这两个标志性案件所确立的更为宽松的起诉资格要求使得原告面临的司法障碍更少，促进了环境公民诉讼制度的积极发展，为环境保护事业建构了更完善的司法救济途径。③

需要指出，作为联邦制国家，联邦宪法中确立的"宪法起诉资格"规则并不会对州法院受理的案件施加强制性要求，州法院的权限源自州宪法和州法律。虽然各州情况有所差异，但总体来讲州宪法和州法律对环境公民诉讼所加诸的限制要少得多。④ 对于那些没有将环境公民诉讼写入州宪法或出台专门法的州，由于没有相应的法律规定，原告甚至不

---

① 案件编号：206 U. S. 230（1907）。
② 马存利：《全球变暖下的环境诉讼原告资格分析：从马萨诸塞州诉联邦环保署案出发》，《中外法学》2008 年第 4 期。
③ 李艳芳：《从"马萨诸塞州等诉环保局"案看美国环境法的新进展》，《中国人民大学学报》2007 年第 6 期。
④ C. S. Elmendorf, "State Courts, Citizen Suits, and the Enforcement of Federal Environmental Law by Non-Article III Plaintiffs", *The Yale Law Journal*, Vol. 110, No. 6, 2001, pp. 1003–1044.

需要证明遭到具体而特定的损害，也不会因为不符合原告起诉资格的要求而被法院拒绝受理。① 总之，在州法律层面，关于原告起诉资格的规则比联邦更为宽松。

三 可诉范围

可诉范围是法院受理诉讼案件的范围，也是原告可以寻求司法救济的利益范围。可诉范围的设定与环境公共诉讼制度的创制初衷密切相关，而创制初衷又取决于该制度的理论基础——私人检察总长理论（private attorneys general）。该理论肇始于英国而成熟于美国，其核心内容是法律授予私人代位公共利益对与其私人利益没有直接利害关系的违法行为提起诉讼，具有鲜明的"私人执法"的普通法传统。在1943年纽约工业联合会诉伊克斯案（*Associate Industries of New York v. Ickes*）② 中，联邦第二巡回上诉法庭法官杰尔姆·弗兰克首次在司法实践中使用私人检察总长理论。在该案判决书中，他写道："在宪法所要求的'争端'实际产生的情形下，没有任何理由禁止国会依据宪法授权处在该'争端'中的任何人，无论他是官员还是普通民众，就该'争端'提起诉讼，即便该诉讼的目的仅限于保护公共利益。获得授权提起诉讼的人即被称为'私人检察总长'。"弗兰克进一步提出基于私人检察总长理论提起的诉讼应具备的三个基本条件：（1）符合宪法第3条规定的"事实或争端"条件；（2）诉讼目的仅限于保护公共利益；（3）原告是除政府官员以外的任何个人或非政府组织。私人检察总长理论的实质是私人基于保护公共利益之目的而享有法律授权的类似于联邦检察总长享有的起诉资格。③

1964年的《民权法案》正式将私人检察总长理论写入法律，依据第201、204条之规定，在反歧视民权诉讼中原告起诉资格不局限于保障原

---

① S. George, W. Snape and R. Rodriguez, "The Public in Action: Using State Citizen Suit Statutes to Protect Biodiversity", *University of Baltimore Journal of Environmental Law*, Vol. 6, 1997, pp. 1–44.
② 案件编号：134F. 2d 694 (2nd Cir. 1943)。
③ W. B. Rubenstein, "On What a 'Private Attorney General' is-and Why it Matters", *Vanderbilt Law Review*, Vol. 57, No. 6, 2004, pp. 2129–2173.

告自身权利，可延伸至保障属于原告的特定群体的权利。参照反歧视民权诉讼，1970年《空气污染预防与控制法》中首次确立的环境公民诉讼制度实际上是私人检察总长理论在环境保护领域的一次重大延伸与扩展，其创制初衷是运用私权利对公权力的行使进行监督和对违法行为进行制止。因此，环境公民诉讼的可诉范围被严格限制在法律所规定的特定违法行为。前已述及，在联邦法律层面，关于公民诉讼的条款分散在20多部实体环境保护法律中，并不存在一个统一的公民诉讼条款。每部单行法律都明确界定了所保护的法益，原告必须依法提起诉讼。对于那些没有公民诉讼条款的法律，也就无法在该法所保护的法益范畴内提起环境公民诉讼（例如：《国家环境政策法》）。

依据创制初衷，在拥有公民诉讼条款的联邦环境保护法律中，可诉范围主要包括两类违法行为：（1）被授权执行相关法律的联邦政府机构的不作为行为；（2）违反法律中关于环境保护具体要求的特定条款或内容的行为。基于违法行为的不同，环境公民诉讼分为两种类型：（1）强制义务诉讼（mandatory duty suits）；（2）公民执行诉讼（citizen enforcement suits）。第一种类型是为了督促联邦政府机构勤勉履行法定的环境保护职责。例如：在《空气污染预防与控制法》中要求国家环境保护局颁布关于机动车二氧化碳排放标准的行政规章，并将其纳入监管范畴。前文介绍的马萨诸塞州案正是针对国家环境保护局的行政不作为而提起的强制义务诉讼。第二种类型是为了迫使企业遵守环境法律的规定，制止企业的违法行为。例如：在《联邦水污染控制法》中有关于污水污染标准、排污许可、行政审批等限制性内容。原告可就超标排放，未申请排污许可或未经过行政审批等行为提起环境公民诉讼。前文介绍的"地球之友"案正是针对企业的超标污染行为而提起的公民执行诉讼。

出于节省司法资源的考虑，环境公民诉讼的提起必须完成"诉前通知"的前置性程序，以寻求非诉讼途径解决纠纷的可能。拟提起诉讼的原告必须提前60天（有些法律规定为90天）以书面通知的形式告知被告其起诉意图。在诉前通知期间内，如果联邦行政机关采取措施加以改正或者企业采取措施纠正违法行为，则公民诉讼程序应当停止。反之，如果被告仍不予纠正，原告才可以正式提起公民诉讼。对于强制义务诉讼，通知应对创设未履行之义务的相关法律规定予以明确；对于公民执行诉讼，通知应包含充分的信息以使被告能够确认被控违法的标准、限制或命令。此外，通知还应列明原告律师的姓名、地址和电话等联系信息。

相比于联邦法律仅局限于特定违法行为，大多数州的环境公民诉讼条款均允许对破坏环境的任何行为进行起诉（例如：伊利诺伊州、印第安纳州等）；但仍有少数州的法律将可诉范围限定在违反成文法律的行为（例如：佛罗里达州、马萨诸塞州等）。由于联邦法律主要依据成文法条，违法行为相对容易判断，因此可诉范围之争集中在"违反哪些具体的法律条款"。然而，由于州法律关于可诉范围的规定比较宽泛，导致在司法实践中存在一定的模糊性，可诉范围之争往往集中在"如何界定破坏环境行为"。一些州通过对"环境污染"、"环境破坏"或"环境损害"等概念进行立法界定来解决这一问题。例如：新泽西州在《新泽西州环境权法》中将"环境污染、损害或破坏"定义为"本州及其地方任何自然资源的任何实际的污染、损害或破坏"，并将其范围界定为"包括但不限于大气污染、水污染、污染物不当处理、杀虫剂污染、噪音污染、垃圾倾倒、河流等水体的富营养化，以及海滨、湿地、户外场所、公园和历史文化地区的破坏。"然而，对于那些缺乏对"环境破坏"等概念进行法律界定的州而言，环境公民诉讼可能面临法院不受理的情况，典型判例是1997年发生在伊利诺伊州的格利森诉马里昂市政府案（*Glisson v. City of Marion*）[①]。伊利诺伊州马里昂市政府在修建水坝的过程中造成濒危物种栖息地的破坏。依据《伊利诺伊州宪法》规定的公民享有优美健康的环境的权利，该州居民约瑟夫·格利森起诉马里昂市政府破坏环境。然而，由于州环境保护实体法律中没有对该权利的界定，因

---

① 案件编号：720N. E. 2d 1034（Illinois 1997）。

此州最高法院认为"环境"的法律内涵并不包括野生生物的栖息地，最终以不属于环境公民诉讼的可诉范围为由驳回原告起诉。

四 审理规则

在审理过程中，环境公民诉讼实行"当事人主义"（adversarial system）诉讼模式，体现出普通法系的诉讼传统。诉讼过程由当事人主导，法官仅处于消极的中立裁判者的地位。当事人要负责证据的调查、准备、提出以及证据价值的陈述工作，法官不能在当事人指明的证据范围以外依职权主动收集证据。证据开示和审前会议是美国环境公民诉讼审前程序最重要的环节，是当事人或其代理律师从对方当事人和证人那里获取相关信息的正式程序，由法官出面帮助当事人归纳或总结证据和争议，以便为开庭审理提供一个事前的共识性基础，并由法官做出规定此后诉讼的审前命令。审前命令的内容包括当事人之间的协定、双方同意的证人和证据清单等。

在联邦法律层面，没有关于举证责任的具体规定，在司法实践中举证责任的分配属于法官的自由裁量权范畴，体现出普通法系的"法官造法"传统。[①] 普通法理论认为，现实中并不存在普适性的举证责任分配标准，而且也不应该有这样一个通用的标准。影响举证责任分配的主要因素包括国家政策、社会公平、证据距离、举证成本、盖然性、经验性规则、优势性证据规则等。由于在不同的诉争中具体情况不同，所以如何在各个当事人之间分配举证责任需要依赖经验，而非理性。美国司法制度在举证责任分配问题上的经验主义态度在具体案件审理过程中既有很强的灵活性，也存在缺乏稳定预期的缺陷，影响当事人对证据的收集和保全。

考虑到在美国环境公民诉讼中原告主张的事实和证据大都在被告掌控的范围内，以及国家推动环境立法的背景和追求环境正义的社会目标，

---

① 李红海：《普通法的司法解读——以法官造法为中心》，北京大学出版社2018年版。

因此在举证责任上，无论是联邦法律，还是州法律，对原告的举证要求均相对较低。在联邦环境公民诉讼中，法官一般仅要求原告满足宪法第3条规定的"事实损害"原则，并且在适用时往往采取较为宽松的态度。原告只需指出违法行为即可，不要求举出证据以证明被控违法行为与自身利益的特定损害之间存在必然联系。原告受损的自身利益不仅局限于经济利益，还包括生态价值、游憩价值、审美价值等非经济利益。此外，几乎每部联邦环境保护法律都有要求企业向环保局提供其排污数据的条款（不论是否超标），未履行数据公开义务的企业将面临行政和刑事制裁。依据《信息自由法》，这些数据必须向社会公众公开，成为环境公民诉讼中原告获取排污信息的重要手段。相比之下，被告需要承担较重的举证责任，在程序上适用事实自证规则，要求被告举证其违法行为与公民控告的行为无关。如果被告无法提出有力证据推翻全部因果关系存在的可能性，法官会据此判定被告犯有过失，并对损害负有赔偿责任。

在州法律层面，关于举证责任的规定普遍写入州实体环境保护法律中，责任分配的基本原则与联邦法律基本一致。在这方面，1970年颁布的《密歇根州环境保护法》最早确立了立法模板，深远地影响了其他州的相关法律规定。因此下文将以密歇根州为例重点分析举证责任规则。依据《密歇根州环境保护法》，原告对于自己的指控必须证明其符合"一个初步证明的案件"（aprima facie case）。关于如何判断原告是否完成初步证明责任，《密歇根州环境保护法》在半个多世纪的司法实践中逐渐形成了一套相对成熟的标准。

最初，构成初步证明案件的必要证据比较简单，原告的举证门槛比较低。在1975年雷诉梅森县排水专员案（*Ray v. Mason County Drain Commissioner*）[①]中，密歇根州最高法院仅要求原告证明在较小空间范围内存在轻微的环境损害即可，并不要求提供关于环境损害严重程度的严谨科学证据。其后数年的司法实践基本上都遵循了该案确定的初步证明

---

① 案件编号：224 N. W. 2d 883（Michigan 1975）。

原则，直到 1982 年金伯利山社区组织诉迪翁案（*Kimberly Hills Neighborhood Association v. Dion*）[①] 才有所改变。在该案中，密歇根州上诉法院在雷案确定的举证责任原则的基础上提出了新的要求：原告需要证明被指控行为对环境的损害影响达到足以寻求禁止令性救济的程度。由此，法官认为被告的房地产开发行为对物种栖息地的影响范围有限，没有对全州的物种多样性产生整体性影响，未达到寻求禁止令性救济的程度，于是驳回了原告的诉讼请求。1995 年，在沃泰波尔诉本西县案（*Wortelboer v. Benzie County*）[②] 中，密歇根州上诉法院进一步增加了原告的举证义务，要求原告需要证明被指控行为的环境损害结果已构成环境风险。可见，关于原告的初步证明责任，密歇根州呈现出逐步提高证明标准的发展趋势，这在一定程度上也反映出在州法律层面对这一问题的司法态度的变化。[③]

尽管如此，在环境公民诉讼中还是主要由被告承担更重的证明义务。一旦原告完成初步证明责任，举证责任便转移到被告一方。被告的举证责任主要有两种实现途径。首先，被告可以针对原告的初步证明提出相反证据（例如：证明不存在环境损害结果或损害结果轻微的实验报告或证人证词等）。一旦初步证明被推翻，原告的诉讼请求将被驳回。其次，如果无法拿出相反证据对原告的初步证明予以反驳，被告还可以通过肯定性答辩的方式证明其行为没有可变通的审慎替代性方案，并且其行为未对公共健康和公共安全造成显著的消极影响。当然，肯定性答辩对证明责任的要求很高，需要被告证明其行为与环境损害结果之间不存在任何因果关系。

五　激励机制

亚里士多德在《政治学》中指出："凡是属于最多数人的公共事务

[①] 案件编号：320 N. W. 2d 673（Michigan Ct. App. 1982）。
[②] 案件编号：537 N. W. 2d 603（Michigan Ct. App. 1995）。
[③] J. F. Castrilli, "Environmental Rights Statues in the United States and Canada: Comparing the Michigan and Ontario Experiences", *Villanova Environmental Law Journal*, Vol. 9, No. 2, 1998, pp. 349 – 437.

常常是最少受人照顾的事务，人们关怀着自己的所有，而忽视公共的事务；对于公共的一切，他至多只留心到其中对他个人多少有相关的事务。"① 相比于基于个人利益的私益诉讼，基于公共利益的环境公民诉讼的实施更为困难，也更依赖于有效的诉讼激励机制。诉讼激励机制主要包括诉讼费用分配、法律救济机制两方面内容。本节将围绕这两方面内容从联邦法律和州法律两个层面对环境公民诉讼制度进行分析与考察。

首先，关于诉讼费用分配，"美国规则"（American rule）是私益诉讼普遍采用的一般性规则，即：不管哪方胜诉，原告和被告各自承担其诉讼费用。然而，有两种司法例外情形，分别是出于恶意的滥诉和基于公共利益的诉讼。显然，环境公民诉讼属于第二种情形，不适用"美国规则"。因其争议事项涉及多元利益复杂性和科技不确定性，往往需要技术鉴定机构、专家证人和专业律师团队的介入，取证调查周期长，这些意味着昂贵的诉讼成本，构成环境公民诉讼顺利实施的障碍。为了鼓励公民代表公共利益积极提起诉讼，1970年颁布的《空气污染预防与控制法》的第304条d款确立了新的诉讼费用分配规则——律师费转移规则，几乎后续所有联邦实体环境保护法律中都沿用了这一规则。在评价这一规则所起的作用时，美国法学家史戴莫写道"因为诉讼费用高昂，如果没有关于律师费转移规则的条款，公民提起环境公民诉讼是不可能的。"② 律师费转移规则对于联邦环境公民诉讼的实施起到了积极的促进作用。

在法理上，律师费转移规则建立在催化剂理论（catalyst theory）的基础之上。该理论最早在1970年帕海姆诉西南贝尔电话公司案（Parham v. Southwestern Bell Telephone Co.）③ 中提出，核心内容是只要原告起诉的行为在客观上成为被告违法行为发生改变的催化剂，那么原告便有

---

① [古希腊]亚里士多德：《政治学》，吴寿彭译，商务印书馆1983年版，第48页。

② N. A. Steimel, "Congress Should Act to Define 'Prevailing Party' to Ensure Citizen Suits Remain Effective in Environmental Regulation. Sierra Club v. City of Little Rock", *Journal of Environmental and Sustainability Law*, Vol. 11, No. 3, 2004, p. 286.

③ 案件编号：433F. 2d 421（8th Cir. 1970）。

资格获取诉讼费,而不管原告是否胜诉。根据催化剂理论,如果原告在环境公民诉讼中胜诉,则法院将判决原告获取律师费。即使原告在法庭上未获得对其有利的司法判决,但只要证明在法庭外通过私人协商或和解的方式使被告自愿改变行为从而导致原告得到所寻求的救济,原告也将获取律师费。换言之,在联邦环境公民诉讼中,律师费转移规则适用"胜诉或实质胜诉"标准。此外,除了可获得胜诉后由被告支付的律师费用外,法律还规定了物质利益驱动机制——"公私共分罚款之诉"(qui tam action)。如果原告胜诉,将可以获得一定比例的民事惩罚金。[①]

相比于联邦法律关于诉讼费用相对明确的规定,州法律的规定普遍比较复杂。全美大约有 21 个州参照联邦法律规定律师费转移规则;也有一些州规定诉讼费用分配属于法官的自由裁量权范畴,可以根据具体情况判决由原告或被告任何一方承担(例如:艾奥瓦州、新泽西州等);还有一些州执行诉讼担保制度,要求原告在提起诉讼时缴纳一定额度的担保票据或现金,以确保原告败诉时有支付诉讼费用的能力(例如:密歇根州、马萨诸塞州等)。令人遗憾的是,在那些没有执行律师费转移规则的州或执行诉讼担保的州,环境公民诉讼的实施都受到了一定程度的限制。

其次,法律救济是环境公民诉讼制度的重要内容,也是最终目的。在制度设计上,一方面要保证司法救济能够足以弥补环境损害的结果,并对违法主体提到震慑作用;另一方面既要防止环境公民诉讼沦为私人或社会组织谋取私利的工具,又要为原告提供足够的经济激励。经过了半个多世纪的发展和完善,法律救济机制已经比较完善,兼具以上两种功能。

在联邦法律层面,原告可寻求的法律救济措施主要包括禁制令、民事处罚、和解协议。首先,禁制令是环境公民诉讼的主要手段,既适用于公民执行诉讼,禁止被告从事违法行为和命令被告纠正违法行为;也

---

① 蔡巍:《美国个人提起公益诉讼的程序和制度保障》,《当代法学》2007 年第 4 期。

适用于强制义务诉讼,要求不作为的行政机关采取必要的行政措施。禁制令是最能体现环境公民诉讼公益性质的救济手段,因此在几乎所有联邦实体环境保护法律中都有相关规定。其次,民事处罚主要是以经济手段对环境损害予以补偿和对被告的违法行为予以惩戒。在决定民事处罚金额时,法官需要综合考虑相关法律规定、行政处罚政策、违法严重性、违法历史、非法获利等因素。考虑到诉讼的公益性,被告的罚款并不直接给原告,而是上缴国库设立专项基金,再由财政部拨付给国家环境保护局用于专项环境保护。国家环境保护局每年向国会汇报该基金的使用情况、所剩余额、使用计划等。再次,和解协议是在司法实践中探索出的一种新的替代性救济手段,其优点是灵活性和多样性,可以绕过联邦法律关于救济形式的限制。和解协议的具体形式包括:损害赔偿、附加环境计划、诉讼费用等。与民事处罚的罚款要求上缴国库不同,损害赔偿可由被告向非诉讼参与人的第三方社会组织支付一定的现金用于环境保护,该社会组织往往是违法行为所在地的环保组织。与损害赔偿相配合的还有附加环境计划,它是一项经过自愿协商达成的环境改善计划,其目的是减轻所指控的违法行为对环境的消极影响和预防类似的行为再次发生。损害赔偿将主要用于实施附加环境计划,由第三方社会组织负责实施,并接受环境执法机关的监督。此外,在和解协议中,原告获得的诉讼费用的范围也不用受限于联邦法律规定的限制,包括律师费、鉴定评估费、调查举证费、专家证人费等。对于诉讼双方而言,考虑到诉讼成本、诉讼效率和社会评价等因素,达成和解都是比司法判决更容易接受的选择,因此正在逐步取代司法判决成为主要的诉讼解决形式。

在州法律层面,大多数州将立法本意仅限于公益之维护,关于环境公民诉讼救济措施的法律规定都比较狭窄,制约着州环境公民诉讼的有效实施。例如:《密歇根州环境保护法》、《明尼苏达州环境权法》等均将禁制令作为唯一的救济手段,原告只能要求法院颁发司法命令以禁止破坏环境的违法行为,或要求执法机关履行作为义务。而少数州则增加了民事处罚或以罚金为表现形式的环境损害赔偿。例如:《新泽西州环境权法》规定，除了禁制令外，法院还可以对违法行为施以民事处罚。路易斯安那州则规定，对于持续的环境违法行为，最高可处以被告每天10000美元的环境损害赔偿罚款。

第二节　德国环境团体诉讼制度

德国与美国同为联邦制国家，但在联邦与州之间的权力配置上，两者存在非常明显的差异。在美国，宪法配置的权力主要在州一级，州政府拥有管理社会事务的绝大部分权力，而联邦政府仅被授予维持联邦统一的最低限度的权力。在德国，宪法配置的权力主要在联邦一级，绝大部分立法权和行政权都掌握在联邦议会和联邦政府手中，州议会和州政府只有在少数领域才拥有有限的立法权和行政权。例如，《德国基本法》明确规定联邦议会享有专属立法权、竞合立法权和框架性立法权，却未对州议会的立法权进行规定。因此，在竞合立法领域，当联邦行驶立法权时，州便不再享有立法权。① 在政治体制上，相比于美国的分权体制，德国的权力更加集中，联邦政府在国家和地方行政事务中的影响力更大。

在司法制度上，美国州的司法权比较强大，大多数案件均由州法院管辖并适用州法；德国则形成了统一的司法系统，司法权主要由联邦法院来行使，州法院在很大程度上受联邦法院的制约。与美国的普通法传统不同，德国是大陆法系国家，沿袭罗马法中的法典编纂传统。相比于普通法系重视遵循判例的经验主义，大陆法系崇尚以法典为基础的理性主义，要求法官严格依照成文法条进行司法审判。作为大陆法系的代表，德国的法律制度具有体系化的特点，便于模仿与移植，因此在世界范围内具有广泛影响。我国目前的法律体系主要师从德国，同属于大陆法系。可见，从政治体制和司法制度来看，相较于美国，德国与我国的情况更加接近，德国经验对于完善我国法律制度或许更具有借鉴价值。②

---

① 童建挺：《德国联邦制的演变：1949—2009》，中央编译出版社2010年版。
② 邵建东：《德国司法制度》，厦门大学出版社2010年版。

一　建制背景

依据传统德国法的保护规范理论（schutznormtheorie），民事诉讼和行政诉讼制度均建立在对保护"主观权利"（subjektives recht）①的基础之上，本质上是一种保护私权的司法制度。适格的原告必须是就该诉讼标的的权利或法律关系有处分权或管理权的当事人，排除了为他人权利或公共利益提起诉讼的可能。然而，伴随着工业时代的到来，一对多的生产与交易行为变得日益频繁，当发生贸易纠纷时单个受害者维权成本往往与收益不成比例。当面对无法归于个人权利的利益损害时，基于主观权利体系的、针对特定受害者的诉讼制度便显现出明显的局限性。为了应对现实中的法律困境，团体诉讼制度应运而生，突破了主观权利的传统法理框架。所谓"团体诉讼"（verbandsklage）是指赋予某些团体以诉讼主体资格和团体诉权，使其代表团体成员承担诉讼上的权利义务，并独立作出实体处分的司法救济制度。团体诉讼的目的不是为了维护自身或他人的主观权利，而是旨在维护公共利益。

团体诉讼制度在民事诉讼领域的创立最早可追溯至1896年由德皇威廉二世颁布的《反不正当竞争法》。根据该法的第1条第1款之规定，团体诉讼的适用范围仅限于欺骗性商业宣传，保护对象是受不正当竞争行为侵害的经营者，具有起诉资格的原告只限于"维护工商业利益的团体"。尽管此后一百年间，《反不正当竞争法》在1909年、1965年、1987年、1994年、2004年经历数次重要修订，拓展了原告资格和诉讼范围，但团体诉讼制度始终被限制在消费者保护领域。②

20世纪70年代以来，从战争中逐渐恢复的德国在工业化高速推进和经济繁荣的同时，日益严重的环境污染问题也造成对国民健康的损害。联合国人类环境会议的召开，以及《欧洲人权公约》将环境权作为基本

---

① "主观权利"的概念是整个民法理论体系的核心议题之一，是指归属于某个主体，指向某个客体的权能。

② 吴泽勇：《德国团体诉讼的历史考察》，《中外法学》2009年第4期。

人权的确立,都推动着德国的环境立法运动,联邦政府陆续颁布了《联邦自然保护法》、《联邦污染防治法》等一系列环境保护法律。① 在民间,在一系列针对重大基础设施的抗议运动中②,众多环保组织纷纷成立,并积极参与地方性议会选举。在1978年的德国律师大会上,首次就对建立环境团体诉讼制度展开讨论。多数与会者认为,尽管环境保护法律体系日渐完善,但可能存在政府怠于监督的行政不作为行为,因此有必要建立一种基于纯粹公共利益的团体诉讼制度,以更好地推进环境法的执行。次年,不莱梅州环保组织"绿色名单"通过选举进入州议会,在全国引起广泛反响。很快,新修订的《不莱梅州自然保护法》赋予环保组织以团体诉权,不莱梅州成为首个建立环境团体诉讼制度的州。在80年代,黑森州(1980年)、汉堡(1981年)、柏林(1983年)、萨尔州(1987年)等州或州级市纷纷效仿不莱梅州的做法,在环境保护领域引入团体诉讼。1990年两德统一后,勃兰登堡州(1992年)、萨克森—安哈尔特州(1992年)、萨克森州(1992年)、图林根州(1993年)、石勒苏益格—荷尔斯泰因州(1993年)、下萨克森州(1993)、莱茵兰—普法尔茨州(1994年)也纷纷在州法律层面建立了环境团体诉讼制度。至今,德国全部16个州或州级市均在各自的州自然保护法中增设了环境团体诉讼条款(参见表8-2)。

在联邦立法层面,之所以迟迟未建立环境团体诉讼制度,主要原因在于德国作为大陆法系国家所秉持的"公共执法"传统,这一点与美国作为普通法系国家所秉持的"私人执法"传统存在显著的差异。尽管早在1976年颁布的《联邦自然保护法》第29条便确立了环保组织对政府相关工作的行政参与权,但也明确表明不赋予其团体诉权。在联邦立法者看来,对环境问题的规制属于公法范畴,环境保护义务是政府的职责,应依靠行政机关来实现。如果引入环境团体诉讼将难以与德国传统法律

---

① M. Kloepfer, *Zur Geschichte des deutschen Umweltrechts*, Berlin: Duncker & Humblot, 1994.
② 例如:汉堡市因兴建核能设施,以及黑森州因扩建法兰克福机场而引发的民间抗议运动等。

制度和立法模式相协调。① 1994年，新修订的《德国基本法》第20条首次在宪法层面明确规定联邦政府负有保护生态环境之义务，进一步强化了德国法律制度的公共执法传统。

表8-2　德国各州环境团体诉讼的案件数量（1996—2006年）②

州或州级市	2002年至2006年		1996年至2001年	
	判决	起诉	判决	起诉
巴登—符腾堡州	6	4	6	4
巴伐利亚州	21	14	9	7
柏林	4	4	24	17
勃兰登堡州	37	20	26	14
不莱梅州	4	2	5	4
汉堡	11	4	13	5
黑森州	15	7	9	6
梅克伦堡—前波美拉尼亚	11	6	1	1
下萨克森州	22	15	29	15
北莱茵—威斯特法伦州	22	14	3	2
莱茵兰—普法尔茨州	23	13	6	4
萨尔州	3	3	7	6
萨克森州	36	19	9	7
萨克森—安哈尔特州	11	8	9	6
石勒苏益格—荷尔斯泰因州	6	3	21	13
图灵根州	2	2	6	4
总计	234	138	118	115

---

① R. Seelig and B. Gündling, "Die Verbandsklage im Umweltrecht-Aktuelle Entwicklungen und Zukunftsperspektiven im Hinblick auf die Novelle des Bundesnaturschutzgesetzes und supranationale und rechtliche Vorgaben", *Neue Zeitschrift für Verwaltungsrecht*, No. S, 2002, pp. 1033–1041.

② 谢伟：《德国环境团体诉讼制度的发展及其启示》，《法学评论》2013年第2期。

转折点发生在1998年6月25日，联合国欧洲经济委员会在第四次部长级会议上通过了《在环境问题上获得信息、公众参与决策和诉诸法律的公约》（简称《奥胡斯公约》），并于2001年10月31日正式生效。作为世界环境保护运动发展过程中的里程碑，该公约要求签约国不但要充分保障公民在环境保护中的知情权和参与权，而且当环境权遭到侵害时，更要确保公民可以通过司法诉讼途径获得救济。为了履行公约设定之义务，德国于2002年对《联邦自然保护法》进行重要修订，第59、60条在联邦法律层面正式赋予环保组织以团体诉权，同时也规定诉讼主体资格的获得仅限于被联邦政府认可的环保组织。2003年，欧洲共同体理事会对《环境影响评价指令》（第2003/35号欧盟指令）进行修订，将《奥胡斯公约》中关于公众参与的相关规定纳入其中。为了落实欧盟指令，德国于2006年颁布《环境法律救济法》，对团体行使诉权的资格、起诉条件、诉讼对象、申请程序和审批机关等进行了进一步规定。然而，尽管《环境法律救济法》看上去扩展了之前相对狭窄的团体诉讼的适用范围，但受制于保护规范理论的影响，对原告资格的要求又回到主观权利的基础上。例如：该法第2条和第5条将环境团体的原告资格仅限于给予那些违反个人权利规范的指控，这显然违反了公益诉讼的原则，以及《奥胡斯公约》第9条第2款和《环境影响评价指令》第10a项第3款之内容的规定。

2011年，欧洲法院在特里安内尔（Trianel）案[①]的判决中，推翻了《环境法律救济法》中以个人权利损害为要件的起诉资格的规定。关于该案，将在下文第二小节中详述。作为对欧洲法院判决的回应，德国于2013年修订了《环境法律救济法》，扩大了环保组织的环境团体诉讼权能，不再以明确存在个人权利为保护的基础，转而以保护环境公共利益为目的，促进德国联邦环境团体诉讼制度从主观权利保护向客观法秩序维护的转变。[②] 综上可

---

① 案件编号：C-115/09（Celex 62009J0115）。
② 艾卡·雷宾德、王曦：《欧盟和德国的环境保护集体诉讼》，《交大法学》2015年第4期；高琪：《我国环境民事公益诉讼的原告适格限制——以德国利他团体诉讼制度为借鉴》，《法学评论》2015年第3期。

见，在联邦层面，环境团体诉讼制度的建立与完善是一个因德国在环境法上所负国际义务而推动国内环境法变革的过程。

二 原告资格

关于原告资格，与美国环境公民诉讼比较宽松的法律规定以及通过司法判例进行界定不同，德国环境团体诉讼主要通过详细的法律条文进行界定，并且要求也比较严格。这也体现出普通法系和大陆法系之间的差异。两者最明显的区别从制度名称上便能看出，美国环境公民诉讼的原告主体资格的基础是公民诉权，环保组织如果要作为原告必须先由其成员以个人身份提起诉讼。与此相反，德国环境团体诉讼的原告主体资格的基础是团体诉权，因此将公民个人排除在适格主体范围之外。

在德国，即使是环保组织，也需要预先向行政机关提交申请书和证明材料以完成诉讼资格登记。提交的材料包括：书面申请书、组织章程、团体或商业登记证明、开展非盈利活动的证明，以及实际从事环境保护活动的证明。关于诉讼资格要件，联邦法律比州法律的要求更高。《环境法律救济法》规定，符合原告资格的环保组织应同时具备如下六个要件：（1）组织章程中写明环境保护是该组织成立的目的；（2）应至少在2个州开展业务活动；（3）成立时间不少于三年，并且持续积极从事环境公益活动；（4）具有从事环境保护业务的专业能力；（5）符合《法人税法》第1条第8款的公益免税条件；（6）组织内部执行民主决策机制，成员享有充分的表决权。在州法律层面，除第二、三要件外，其余与联邦法律相同。尽管德国环境团体诉讼对原告资格的要求较多，但在申请审批中采取羁束型审批模式。只要环保组织符合上述要件，主管行政机关必须给予诉讼资格登记，并无任何自由裁量空间。若不予登记，环保组织可依据《行政法院法》第42、113条对主管行政机关提起课予义务之诉。明晰的法律规则和具有确定性的审批程序激励了越来越多的环保组织参与到环境团体诉讼中。截止到2012年底，已有87个环保组织在环境保护领域获得了联邦政府的登记，27个在自然保护领域获得登记，其中12个组织同时在上述两个领域获得登记。2002年至2006年期间，环保组织共提起环境团体诉讼141件，其中最大的两个环保组织——"环境与自然保护联盟"和"自然保护联盟"提起了113件。这两个环保组织每年平均要提起约30件诉讼。①

获得诉讼资格的环保组织在提起环境团体诉讼之前还必须满足两个起诉要件：（1）环保组织必须曾经在涉案项目可行性论证的公众参与环节中发表过反对意见；（2）环保组织起诉前必须向行政机关提出履行义务的请求，如果行政机关在3个月内仍拒绝履行，才能正式提起诉讼。法律这样规定的目的是鼓励环保组织在项目前期或中期行使参与权和监督权以尽早解决问题。在德国环境团体诉讼中，预先行使监督权的要求与美国环境公民诉讼的诉前通知前置性程序类似，有利于节省司法成本，但预先行使参与权的要求显然比美国更加严格。

在2011年之前，德国环境团体诉讼还将个人权利损害作为第三个起诉要件，这与美国环境公民诉讼秉持的"事实损害"原则比较类似。《德国基本法》第19条第4款规定："任何人的权利因公权力遭受侵害，享有获得法律救济的途径。"作为该条款在行政诉讼法上的具体落实，《行政法院法》第42条第2款规定："除法律另有规定外，仅在原告主张其权利受到行政决定、否定性行政决定和行政不作为三种行为的侵害时，方可准予其提起行政诉讼。"上述立法奠定了德国行政诉讼制度基于主观公法权利的基础，导致在可诉范围上原告不能仅因行政行为具有违法行为而获得救济，还必须证明实体法律规范所赋予的个人权利受到行政行为的侵害。自从2002年在《联邦自然保护法》中引入团体诉讼条款以来，环境团体诉讼的公益属性与传统行政诉讼的功能定位之间的张力便一直存在，直到著名的特里安内尔案的出现。在该案中，特里安内尔电力公司计划在北莱茵—威斯特法伦州的吕嫩市建设一座大型煤炭火力发电厂，可能会对周边8公里范围内的5个野生动植物保护区产生

---

① 谢伟：《德国环境团体诉讼制度的发展及其启示》，《法学评论》2013年第2期。

消极影响。在该计划于 2008 年 5 月 6 日获得行政许可后不久,"环境与自然保护联盟北莱茵—威斯特法伦分会"便于 6 月 16 日依据《环境法律救济法》向阿斯恩贝格地方高等行政法院提起环境团体诉讼,控告地方政府为该项目违法颁发行政许可,请求法院撤销该行政许可。在审核原告起诉资格时,阿斯恩贝格地方高等行政法院认为,尽管原告主张的违法事由存在,但原告并未依据《环境法律救济法》的要求主张个人权利受到行政许可的损害。然而,由于基于个人主观权利受到侵害的德国法律要求似乎违反了《奥胡斯公约》和《环境影响评价指令》,于是阿斯恩贝格地方高等行政法院将该案移送至欧洲法院,就诉讼资格问题申请先行判决。最终,欧洲法院判决在环保组织基于公共利益提起的诉讼中个人权利损害要件并不适用,推动环境团体诉讼在可诉范围上实现了对传统行政诉讼功能定位的突破。今天,环保组织仅需证明行政机关的行政行为涉嫌违法,且影响其组织章程规定的活动范围,便有权提起环境团体诉讼,而无需证明个人权利受到影响。

三 可诉范围

在德语中,"行政(verwaltung)"包含着极为广泛的社会公共性服务职能,是除立法和司法以外所有国家权力的总和,也是实现国家职能的主要工具。① 在这样一个以积极行政为特征的国家体系中,德国的环境法被构建在公法的框架下,环境保护被视作国家义务,因行政而引发的纠纷非常普遍。因此,德国环境团体诉讼的创制初衷是面对公权力时维护环境公共利益的司法救济制度。其本质是针对政府的行政诉讼,而非直接针对污染者的民事诉讼,可诉范围被严格限制在行政行为的范畴之内,这与美国环境公民诉讼存在显著差异,属于可诉范围的行政行为必须是法律明确规定的行政行为。目前,明确规定可诉行政行为的法律主要有联邦层面的《环境法律救济法》、《环境侵害法》以及联邦和各州的

---

① 于安:《德国行政法》,清华大学出版社 1999 年版。

《自然保护法》。

首先，在《环境法律救济法》中规定了三类可诉的行政行为。第一类是以环境影响评估为前置条件的行政决定。如果行政机关在没有依法履行环境影响评估义务的前提下做出行政决定，环保组织有权提起诉讼，请求法院判令行政机关撤销相关行政决定。第二类是关于建设与运营项目规划的行政许可，如果发现相关行为污染环境，环保组织可以针对行政机关颁发的行政许可提起撤销诉讼。第三类是行政不作为行为。如果行政机关违反法律规定怠于履行法定职责，环保组织可以提起诉讼，请求法院判令行政机关依法履行其职责。这一点有些类似美国环境公民诉讼中的强制义务诉讼。

其次，在《环境侵害法》中以列举的方式明确了造成环境侵害的违法行为，并规定责任人有义务采取措施消除侵害结果或避免侵害的发生。如果责任人不采取治理措施，主管行政机关有权责令其整改或将治理费用强加于责任人。因此，当发生环境侵害时，环保组织有权提起诉讼，请求法院判令行政机关对污染责任人采取适当的行政行为。可见，德国环境团体诉讼并不能像美国环境公民诉讼中的公民执行诉讼那样通过起诉企业的直接方式制止违法行为，而必须通过起诉行政机关的间接方式实现公益救济，体现出德国法律制度的公共执法传统。

再次，在联邦和各州的《自然保护法》中，可诉的行政行为主要分为两类。第一类是撤销或解除自然保护区相关禁制令的行政决定。当在自然保护区中实施建设与运营项目规划时，可能会与一些禁制令产生冲突。行政机关做出撤销或解除的行政决定必须通过严格的行政程序进行审查，环保组织有权参与此类行政程序和提起诉讼。第二类是确认建设与运营项目规划的行政决定。主管行政机关在审查和确定建设与运营项目规划时必须考虑其对自然保护区的潜在影响，环保组织有权对确认的行政决定提起诉讼。

综上，可诉范围是德国环境团体诉讼与美国环境公民诉讼的主要区别之一。在私权立国的美国，环境公民诉讼虽然兼具审查行政行为合法性的作用，但主要关注点还是企业的环境污染行为本身，其目的是依靠私权弥补政府执法的不足，迫使企业对环境损害结果负责，确保直接而快速地解决问题。然而，其潜在风险是可能转移公众对政府的责任和问责的关注，导致公民或环保组织与企业之间咄咄逼人的直接对抗。在公权立国的德国，公共行政是范围极广的国家直接干预私人行为的方式，几乎所有环境损害的发生都是政府的行政不当或不作为的结果。所以，环境团体诉讼专注于政府机关作出的同意、拒绝或不作为等行政行为，其目的是督促行政机关依法履行法定职责，纠正其损害环境的违法决策或不作为，防止行政机关与企业之间的勾结与寻租行为。"对环境团体而言，与享有行政权力的行政机关博弈，要比与企业对抗更有意义。"[①]其潜在风险是对环境损害结果的影响是间接性的，在面对严重且紧迫的环境危机时可能妨碍快速降低污染或风险。

四 审理规则

在德国司法系统中，共有五类相互独立的法院，分别是普通法院、行政法院、劳动法院、财政法院和社会法院。其中，行政法院主要审理行政机关侵犯公民合法权益的案件。作为一种行政诉讼，德国环境团体诉讼由行政法院系统管辖，诉讼案件依据《行政法院法》规定的程序进行审理，实行三审制，审理的法院分别为初等行政法院、州高等行政法院和联邦行政法院。

在审理过程中，环境团体诉讼实行"职权主义"（inquisitorial system）诉讼模式，体现出大陆法系的诉讼传统。职权主义最早起源于罗马法，德国在1532年《加洛林纳法典》中确认了职权主义原则。与普通法系的当事人主义不同，职权主义最大的特征是法官居于主导地位，控辩双方居于从属地位，法官不受当事人事实主张和提交证据的约束，可以独立对证据的评价和采用做出决定，也可以依职权主动进行事实调查

---

① 谢伟：《德国环境团体诉讼制度的发展及其启示》，《法学评论》2013年第2期。

与证据收集。

环境团体诉讼的事实认定需要高度的专业知识，往往涉及某项设施是否符合环境标准，或者企业行为是否造成环境损害或构成潜在威胁。因此，德国行政法院内部设置专门的环境纠纷审判庭，并配置有具有环境专业知识的专职法官。这些法官具有丰富的审判经验，既能够对控辩双方提供的证据进行认定，又能够对环境损害结果和成因进行调查与取证。依据《行政法院法》第86条，环境团体诉讼在正式庭审前必须完成审前调查程序。与美国环境公民诉讼的证据开示和审前会议不同，法官在审前调查程序中不是被动地对控辩双方提供的证据进行归纳总结，而是主动行使阐明权，敦促环保组织阐明含糊的请求和补充不足的事实证言等。法官对原告进行提示的目的是平抑行政机关相对于环保组织在掌握信息上的优势地位。[①] 在某种程度上，审前调查程序不仅在为开庭审理作准备，而且已进入实体调查进程，充分体现出大陆法系的职权主义原则与普通法系的当事人主义原则之间的差别。

在德国环境团体诉讼中，争论焦点主要围绕行政行为的合法性和程序性展开，无须证明个人权利受到污染行为的侵害，原告承担的举证责任比较简单。另外，法官不仅可以主动取证或聘请专家证人，而且可以不考虑当事人的举证和辩论意见，而依据法官自己的取证做出裁决。职权主义的诉讼模式大大减轻了环保组织的举证责任，有利于争议在证据充分基础上获得事实认定。《行政法院法》规定，作为行政机关的被告有义务依据法官的要求提出任何必要的文书和资料，因此由法官调查取证在一定程度上提高了审理效率。相比之下，在美国环境公民诉讼中，尽管举证责任主要由被告承担，但原告仍需满足"事实损害"原则，为完成初步证明责任可能需要专家团队的技术支持，与德国环境团体诉讼相比举证责任相对较重。

[①] ［德］弗里德赫尔穆·胡芬：《行政诉讼法》，莫光华译，法律出版社2003年版，第557页。

五 激励机制

在诉讼费用分配上，德国环境团体诉讼没有采用律师费转移规则，而是采用败诉者负担规则，因此对于原告的激励作用不如美国环境公民诉讼，反映出德国司法制度对待由社会组织提起的公益诉讼保持着一贯的谨慎态度。如前所述，早在1976年环保组织便获得了环境保护领域的行政参与权，但直到2002年才被赋予团体诉权，对环保组织起诉资格的要求也比较严格，并且可诉范围被限定在行政诉讼领域。可见，德国始终将环境保护视作国家义务，主要希望环保组织通过事前或事中的参与及时纠正行政不当或不作为，而不太鼓励通过事后的环境团体诉讼实现对行政权行使的社会监督。这样的制度设计在现实中的结果是：出于诉讼费用的考虑，环保组织往往选择那些影响重大且胜算几率较高的案件提起诉讼。根据联邦自然保护局2010年的统计，环境团体诉讼的原告胜诉率为42.5%，明显高于全部行政诉讼10%的原告胜诉率。但从案件数量上，环境团体诉讼仅占全部行政诉讼不足1%，由于具有比较完善的环境决策参与程序，很多问题得以提前解决，而环境团体诉讼在监督行政机关遵守环境法律方面更多地发挥着司法震慑的作用。[①]

与美国相比，德国属于诉讼费用较为低廉的国家。依据《奥胡斯公约》第9条中诉讼费用不得过高的要求，环境团体诉讼每一审级的诉讼费用被控制在4000至8000欧元之间，环保组织往往通过募捐形式筹集诉讼资金。[②] 由于诉讼对象是行政机关的行政行为，因此即使败诉原告往往也无须面临高昂的赔偿风险。如果胜诉，原告可以请求法庭撤销相关行政行为。在这样的情况下，该行政行为的受益人（例如：污染企业）可以与原告进行调解，支付货币补偿，并要求原告撤回诉讼。已有研究表明：在调解案件中，有18%达成了超过法庭诉讼费用数额的货币支付。赔偿金可用于生态修复或污染受害者赔偿，但不得用于环保组织

---

① 陶建国：《德国环境行政公益诉讼制度及其对我国的启示》，《德国研究》2013年第2期。
② 陶建国：《德国环境行政公益诉讼制度及其对我国的启示》，《德国研究》2013年第2期。

的一般性支出。① 环境团体诉讼允许调解赔偿的方式对环保组织起到了一定的激励作用。

第三节　印度环境公益诉讼制度

中国与印度同为发展中国家，人口规模大，贫困人口比例高，共同面临着经济发展与环境保护之间的两难抉择。相比于美国和德国等发达国家，中印之间在基本国情和发展阶段上具有更多相似性。更重要的是，还有一个常被人忽视的重要共性，两国均秉持社会主义理念。1950年1月26日，印度宣布成立共和国，印度宪法正式生效。在宪法序言中写道："将印度建成为主权的社会主义的非宗教性的民主共和国"。虽然此后印度宪法历经70余年的近百次修订，但这一宪法宗旨却从未改变。当然，中印两国对社会主义理念的细节理解或许存在显著差异，但对社会正义的强调是两国共同遵循的基本原则。正如曾经的印度总理拉吉夫·甘地所言："我们的社会主义的宗旨是扶植穷人、帮助弱者、给压迫者以公正并平衡各地区的发展。"②

在政治体制上，印度宪法第1条第1款规定印度为联邦制国家，但印度的联邦制实际上带有很多单一制国家的特征。首先，立法权高度集中于中央的联邦议会，联邦议会拥有制定法律的独享权力，国家只有一部联邦宪法，各邦无权制定宪法，也无权提出修改宪法的建议。其次，行政权高度集中于联邦政府，有权设立新邦或调整各邦已有行政边界，并在财政和人事上对各邦政府实施直接控制。因此，印度的联邦制也被称为"半联邦制"。③

在司法制度上，印度继承了英国的普通法系传统，并实行单一的司法体系。印度最高法院位于整个金字塔的顶端，是宪法所确立的国家最

---

① 艾卡·雷宾德、王曦：《欧盟和德国的环境保护集体诉讼》，《交大法学》2015年第4期。
② 刘中：《印度政治与法律》，巴蜀书社2004年版，第44页。
③ 高子平：《语言建邦与印度半联邦制的形成》，《史林》2008年第5期。

高法院，有权审查任何判决和决定下级法院的管辖权转移。在印度最高法院之下，设有24个高等法院，根据一个邦或几个邦来划分管辖权。在邦内部，还设有区法院和下级法院，受到高等法院的管理和控制。由此可见，印度的司法体系与我国的司法体系比较像，而与美国二元司法体系不同。最高法院和高等法院对环境公益诉讼案件都享有管辖权。一般而言，如果申诉涉及法律上的错误，由高等法院受理；如果申诉涉及宪法规定的公民基本权利受到侵犯，则依据印度宪法第32条由最高法院来受理。此外，受影响的人数多寡和案情的社会危害程度也将影响到管辖权在最高法院和高等法院之间的分配。

一　建制背景

作为首个引入环境公益诉讼制度的亚洲国家，印度的环境公益制度兴起于20世纪70年代末，在借鉴美国环境公民诉讼制度框架的基础上，结合本国的具体国情和政治文化背景而逐渐建立起来，主要作为一种针对社会弱势阶层的人权保护机制。与大陆法系国家不同，普通法系国家的最高法院享有释宪权。据此，印度宪法确立了违宪审查制度，第13条第2款规定："国家不得制定任何法律侵犯宪法所保护的基本权利，任何与宪法相抵触之处均为无效。"第32、132、136、138条赋予了最高法院和高等法院司法审查权，其中高等法院只能对各邦的法律进行合宪性审查，而无权审查联邦法律。印度环境公益诉讼制度正是由宪法诉讼发展而来，是印度最高法院通过对宪法的灵活解释而意图扩展司法职能的一次积极的司法改革，体现出明显的司法能动主义（judicial activism）倾向。司法能动主义的基本宗旨是将结果正义置于程序正义之上，主张法官有义务通过弱化遵循先例原则和减少程序限制等途径积极主动地行使司法权，尤其是运用将抽象概括的宪法保障加以具体化的权力，以实现追求社会公平和保护弱势群体基本权利之目标。[①] 司法能动主义思想深

---

① 侯淑雯：《司法衡平艺术与司法能动主义》，《法学研究》2007年第1期。

刻地改变了普通法系的司法克制主义（judicial restraint）传统，使得印度成为第一个发展中的普通法系国家对统治其长达两百多年的英国法律制度的背离。

　　司法能动主义在印度的萌芽和发展依赖于当时特殊的历史条件，为公益诉讼制度的创立提供了思想基础。1975年6月12日，阿拉哈巴德高等法院判决时任印度总理英吉拉·甘地在1971年选举中涉嫌舞弊，因此禁止她参加今后六年任何选举。英吉拉·甘地随即于6月21日向印度最高法院提起上诉，在野党趁机要求在案件调查期间暂停其行使总理职权。英吉拉·甘地不仅断然拒绝，而且宣布国家进入紧急状态以应对政治危机。在此后长达两年的时间里，国家实行严格的新闻审查，镇压民众的游行示威，并逮捕了成千上万的抗议者。在紧急状态时期的印度最高法院不但没有通过司法途径保护公民的合法权益，反而听命于联邦政府，默许甚至背书政府侵犯公民基本权利的违法行为，导致司法尊严和权威受到严重动摇，被称为"最黑暗的时期"。① 紧急状态结束后，为了应对司法系统的公信力危机，印度最高法院的两位大法官伯格瓦蒂（P. N. Bhagwati）和艾耶（Krishna Iyer）于1977年建议设立一种旨在保护公民基本权利的特殊诉讼制度，以尽量减少其参与诉讼的负担与障碍，该建议推动了公益诉讼制度的建立。② 1982年，伯格瓦蒂在古普塔诉印度联邦案（*S. P. Gupta v. Union of India*）③ 的判决中进一步阐述了公益诉讼的概念："如果某个人或某一阶层的法律权利受到侵犯，但由于其弱势的社会经济地位而无法向法院提出法律救济时，任何公民或社会团体均可代表受害人向高等法院或最高法院提起诉讼，以寻求对被侵犯者的司法救济。"可见，公益诉讼制度是印度最高法院通过积极的司法改革回应社会现实需求的产物。

---

① V. Iyer, *The Supreme Court of India*, Oxford：Oxford University Press, 2003, p. 134.
② G. Sahu, "Public Interest Environmental Litigations in India：Contributions and Complications", *The Indian Journal of Political Science*, Vol. 69, No. 4, 2008, pp. 745 – 758.
③ 案件编号：AIR 1982 SC 149。

作为公益诉讼制度的重要组成部分，环境公益诉讼是司法能动主义在环境法律领域的成功延伸。在普通法传统的影响下，尽管印度环境公益诉讼制度主要通过司法判例的方式逐步发展起来，但也离不开成文法的支撑，其中最重要的法律基础便是宪法。印度宪法第 21 条明确规定生命权是公民的基本权利。但在 20 世纪 70 年代之前，印度宪法一直没有提及环境保护的内容。在 1972 年联合国首届人类环境会议通过的《人类环境宣言》的影响下，印度从 70 年代开始建立环境保护法律体系。1976 年，印度宪法第 42 修正案增加了环境保护原则，其中第 48A 条和第 51A（g）条将环境保护明确为国家和公民的基本义务。此外，《野生动物保护法》（1972 年）、《水污染防控法》（1974 年）、《森林保育法》（1980 年）、《大气污染防控法》（1981 年）等多部联邦实体法也陆续颁布。然而，当时印度的司法实践一直沿袭英国普通法传统，在原告资格方面采用受害人原则，通过私益诉讼的方式解决环境侵权问题。考虑到处于文盲或半文盲状态的贫困人口比重很大，这一司法传统实际上剥夺了社会弱势阶层获得救济的可能性，尤其是面对侵犯公共利益的行为时，因此导致环境保护的司法救济渠道不畅，工业化带来的生态环境问题并没有得到显著改善。

与美国和德国一样，印度环境公益诉讼制度的诞生是对日益严重的环境危机的一种回应。[①] 1984 年 12 月 3 日，印度爆发了"博帕尔毒气泄漏事件"。由于当地政府对工业污染疏于监管，美国联合碳化公司在印度博帕尔市的工厂的地下储气罐发生爆炸，导致 40 吨剧毒氰化物气体外泄，形成浓密的有毒烟雾弥漫于整座城市，直接导致近 2000 人死亡，高达 20 多万人身体受到损害，方圆数十公里范围内的庄稼枯萎，无数牲畜死亡。受害者及其家属向美国联邦最高法院提起诉讼。在明知这些原告在印度获得的赔偿微乎其微的情况下，美国联邦最高法院依然将该案送

---

① M. G. Faure and A. V. Raja, "Effectiveness of Environmental Public Interest Litigation in India: Determining the Key Variables", *Fordham Environmental Law Review*, Vol. 21, No. 2, 2010, pp. 101 – 130.

回至印度审判,最终每名受害者只获得了区区1500美元的赔偿。这个审判结果在印度社会引起了极大的反响,立法机关也意识到完善环境保护法律制度的紧迫性。① 在1985年的《博帕尔毒气泄漏灾难(索赔处理)法案》中,印度最高法院通过宪法解释首次将生命权扩大解释为包括"不受污染的空气和水的权利",并受到宪法第21条、第48A条和第51A(g)条之保障。② 1986年《环境保护法》的颁布标志着印度环境公益诉讼制度的建立,该法第19条参照美国环境公民诉讼制度设立了公民诉讼条款。随后,分别在1987年和1988年,《大气污染防控法》修正案第43条和《水污染防控法》修正案第49条也相继增设了公民诉讼条款。

1987年的梅塔诉印度联邦案(M. C. Mehta v. Union of India)③ 是印度环境公益诉讼制度发展历史上的一个里程碑式案件。该案因涉及印度最神圣的河流——恒河而广受关注,又被称为"恒河污染案",是印度建立环境公益诉讼制度以来判决的第一个水污染案。以制革业为支柱产业的坎普尔市常年向恒河超标排放工业废水,排放量高达平均每天约2.7亿升,终于在1985年引发恒河水面燃烧事件。于是,著名的环境维权律师马赫什·梅塔挺身而出,以公共妨害为诉因向最高法院提起诉讼。依据《环境保护法》和《水污染防控法》中的公民诉讼条款,最高法院认为恒河污染的空间影响范围广,并且无差别地威胁着沿河居民的生命健康,仅依靠某个特定的沿河居民发起诉讼程序难以实现对整体利益的救济,因此应当将该案作为公益诉讼来受理。尽管梅塔并非沿河居民,但作为一名致力于保护恒河生态环境和沿岸居民生命健康的公民,其原告诉讼资格是不容被否定的。这是最高法院首次在司法判决中确认生命权与环境质量之间的关联,为环境公益诉讼制度确立了宪法依据。除了

---

① [美]奥利弗·霍克:《夺回伊甸园:改变世界的八大环境法案件》,尤明青译,北京大学出版社2017年版。
② [印度]穆罕默德·诺曼尼:《印度环境人权——审视法律规则和司法理念》,王曦编《国际环境法与比较环境法评论(第1卷)》,法律出版社2002年版。
③ 案件编号:AIR 1987 SC 965,AIR 1987 SC 982,AIR 1987 SC 1086。

恒河污染案，梅塔在80年代中期还发起了多个影响深远的环境公益诉讼案，包括泰姬陵酸雨腐蚀案、德里汽车尾气污染案等。这些经典案件在原告资格、举证责任、赔偿原则等诸多方面为后续的司法实践奠定了可遵循的判例传统。① 具体细节将在下文相关章节详述。

进入20世纪90年代，一系列新型案件的出现推动着环境公益诉讼管辖权从水污染、空气污染扩展到生物多样性破坏、城市固体废物管理等领域。在1991年库马尔诉北方邦案（*SubhashKumar v. State of Uttar Pradesh*）②中，最高法院对宪法中的生命权做出更全面的扩张解释："任何导致水、大气和生态环境系统破坏的行为都应当被视作是对宪法第21条的违反。"同样，在1995年高尔诉哈里亚纳邦案（*Virendra Gaur v. State of Haryana*）③中，最高法院进一步重申生命权的内涵："作为一项由宪法第21条所保护的基本人权，生命权是有尊严地生活的权利，包括对生态环境平衡的保护和远离影响人类生存的水和大气污染。"1996年的帕特尔诉印度联邦案（*Almitra Patel v. Union of India*）④是首个涉及城市固体废物的公益诉讼案，该案没有特定的被告，诉状称印度城市普遍存在着大量未收集处理的垃圾，因此要求所有城市政府履行有关城市固体废物的收集、处理、运输和回收的法定职责。该案最终推动了联邦政府环境与森林部在2000年对《城市固体废物管理与处理法案》的修订，并将德里、孟买、加尔各答、金奈和班加罗尔五个城市作为试点率先落实法案的要求。

随着环境诉讼的专业化程度日益提高以及案件类型的不断细化，关于设立环境专门审判制度的呼声越来越高。最早在1986年梅塔诉印度联邦案（*M. C. Mehta v. Union of India*）⑤中首次提出了建立环境法庭的设

---

① A. Bhuwania, *Courting the People Public Interest Litigation in Post-Emergency India*, New York：Cambridge University Press，2017.
② 案件编号：JT 1991（1）SC 538。
③ 案件编号：AIR 1995 SC 577。
④ 案件编号：WP 888/1996。
⑤ 案件编号：1986 2 SCC 176，1987 SCR（1）819，AIR 1987 965。

想,该案的起因是印度巨头企业石瑞安食品和化肥有限公司的发烟硫酸气体泄露事件。在判决书中写道:"由于涉及环境污染问题、生态破坏问题以及自然资源纠纷的案件越来越多,而且这些案件涉及科学技术数据的评估,我们向联邦政府建议按照区域设立环境法庭,每个法庭由一名职业法官和两名技术专家组成,技术专家可以提供环境审判中所需的专业知识。"1995 年,《国家环境法庭法》的颁布是立法机关对此诉求的初步回应,然而由于最高法院担心建立专门环境法庭可能引发行政风险,国家环境法庭并未组建。虽然没有直接促成环境法庭的设立,但该法对环境专门审判制度的支持性规定及其带来的理念影响为后来的发展奠定了基础。

此后,在 1996 年印度环境法律行动委员会诉印度联邦案(Indian Council for Enviro-LegalAction v. Union of India)[①]和 1999 年安得拉邦污染控制委员会诉纳尤都案(Andhra Pradesh Pollution Control Board v. M. V. Nayudu)[②]中,再次强调了建立环境法庭的必要性和紧迫性。面对强烈的现实诉求,最高法院于 2003 年授权法律委员会对建立环境法庭的利弊展开研究。在考察了英国、澳大利亚和新西兰等国相关经验的基础上,法律委员会明确建议印度应当成立环境法庭,以作为解决环境纠纷的一站式机构。依据法律委员会的建议,《国家绿色法庭法》于 2010 年正式颁布,国家绿色法庭于 2010 年 10 月 18 日建立,主法庭设在新德里,并在设置了四个区域法庭和若干巡回法庭。次年,在联邦政府环境与森林部的倡导下,《国家绿色法庭实践与程序规则》颁布施行,对环境法庭的审理程序进行了详细规定,简化了诉讼程序,降低了诉讼成本,增加了程序的灵活性,进一步完善了环境公益诉讼制度。

二 原告资格

关于原告资格的规定是通过印度最高法院对宪法的扩张解释而发展

[①] 案件编号:1996 3 SCC 212。
[②] 案件编号:1999 2 SCC 718,2001 2 SCC 62。

起来，为印度环境公益诉讼制度奠定了宪法基础，而这一扩张过程主要经历了两个阶段。如前所述，由于在 1950 年印度宪法中并没有关于原告资格的具体规定，因此长期以来司法实践一直沿袭英国普通法传统，采用"受害人原则"（the person aggrieved）。① 该原则建立在一个基本假设的前提下，即每个人都对自身权利有清晰的认识，并有能力保护自己的权利。但是印度大部分民众都处于贫穷或文盲的状态下，受害人原则实际上剥夺了他们获得司法救济的可能。

在经历了 20 世纪 70 年代的政治动荡后，对公平正义的社会呼声越来越高，一场旨在去除阻止社会弱势阶层获得司法救济的制度障碍的法律援助运动风起云涌。1982 年，最高法院在古普塔诉印度联邦案的判决中实现了对受害人原则的突破，标志着对原告资格的扩张解释进入第一个阶段——"代表人原则"（representative standing）。② 根据该原则，当损害事实已经形成，且受害人无力提起诉讼时，公民或社会团体可以代表受害人提起诉讼。代表人原告资格的创设目的是为了保护社会弱势群体。由于环境损害具有分散性，并不是所有受害人都具备提起诉讼的客观条件，因此将起诉权授予负有公益心的个人或社会团体。虽然代表人原则将作为第三方代理的原告纳入到适格原告的范围之内，但究其本质而言，法益基础依然是特定的私人利益。

针对政府不作为或滥用权力的问题，以 1987 年的梅塔诉印度联邦案为标志，最高法院继续推动原告资格的扩张解释进入第二个阶段——"公民原则"（citizen standing）。③ 通过将环境权纳入生命权的范畴，正式将适格原告的范围从受害人和代理人进一步扩大至所有公民，法益基础也转变为不特定的公共利益，赋予了普通公民或社会团体以自己的名义，而

---

① S. Divan and A. Rosencranz, *Environmental Law and Policy in India: Cases, Materials and Statutes*, New Delhi: Oxford University Press, 2001, p. 134.
② S. Divan and A. Rosencranz, *Environmental Law and Policy in India: Cases, Materials and Statutes*, New Delhi: Oxford University Press, 2001, p. 135.
③ S. Divan and A. Rosencranz, *Environmental Law and Policy in India: Cases, Materials and Statutes*, New Delhi: Oxford University Press, 2001, p. 136.

非代表受害人提起环境公益诉讼的权利。1986年的《环境保护法》第19条对原告资格进行了明确界定，适格原告主要有两类：（1）政府或立法机关授权的公务人员，（2）不特定的任何公民。但对于第二类原告必须满足一个程序上的前置条件，即该主体必须在向政府或立法机关举报环境违法行为的六十天之后方可向法院提起诉讼。与美国和德国相比，印度对原告资格的要求更为宽松，体现出最高法院在最初建立公益诉讼制度时所秉持的大众立场。其理论基础是"广义人类中心主义"的环境权理论，作为生活在环境共同体中的每个人，都有权获得维持自身生存和发展的环境必需品，同时也必须为确保环境共同体的永续发展承担责任，因此赋予公民普遍的原告资格便是实现环境责任的必要前提。

以公民原则为基础的原告资格规则，一方面让更多的普通公民可以参与到环境公益诉讼之中，使其获得了更为广泛的群众基础；另一方面也导致诉讼案件大幅增长，滥诉的风险提高。为了防范滥诉现象，最高法院在对原告资格审核时遵循"诚信善意原则"（bona fides）。首先，原告必须出具合法的身份证明，并保证提供的信息所涉及的问题具有严重性和真实性。其次，原告的起诉动机必须基于公共利益，不能掺杂任何私人利益、政治目的、商业目的或者嫉妒、仇恨等恶意，否则起诉将以恶意诉讼为由被法院驳回。代表性案件是1991年的库马尔诉比哈尔邦案（*Subhash Kumar v. State of Bihar*）[①]。在该案中，原告诉称塔塔钢铁公司向波卡罗河违法排放工业废水，严重影响河流两岸的饮用水安全和农业灌溉生产，比哈尔邦政府在接到原告多次举报后一直未采取任何行动。然而，在最高法院进行原告资格审查时发现，塔塔钢铁公司已经通过建设污水池的方式收集储存工业废水，而原告近年来一直向塔塔钢铁公司购买这些含有煤的工业废水。当原告提出希望增加购买量时，遭到塔塔钢铁公司的拒绝。因此，最高法院认为，由于该案掺杂原告的私人利益，并不符合公益诉讼的要求，最终驳回了原告的诉讼请求。

---

① 案件编号：AIR 1991 SC 420。

另外，考虑到环境公益诉讼涉及不特定的公共利益，要求原告在提起诉讼时必须坚持"审慎原则"，对诉讼成本、可能产生的结果以及潜在风险进行充分事前考虑。一旦环境公益诉讼被成功受理，原告不能根据自己的意愿撤回申诉。法院只有在保证不会影响到公共利益且不会导致法律程序被滥用的情况下，才可以批准原告的撤诉请求。在一定程度上，这也有利于降低轻率的滥诉风险。

三　可诉范围

印度公益诉讼的创制初衷是当宪法赋予公民的基本权利受到立法机关或行政机关侵害时，公民有权向法院提起诉讼以求得司法救济和维护宪法尊严。正如伯格瓦蒂大法官所言，"公益诉讼的目的是救济公众受到的公共损害，促使政府履行法定职责以保护社会的公共利益。"[①] 1988年12月1日，印度最高法院发布通知对公益诉讼的范围进行界定，将环境保护和文化遗产保护纳入受理范围。为了保证公益诉讼更好地发挥作用，最高法院还明确规定公益诉讼不关注私人利益救济，除非私人利益包含在公共利益范围内。[②]

从被告来看，印度与美国、德国都有明显区别。美国环境公民诉讼既包含行政诉讼（强制义务诉讼），又包含民事诉讼（公民执行诉讼）；德国环境团体诉讼是行政诉讼；而印度环境公益诉讼则是由宪法诉讼发展而来，具有鲜明的司法审查色彩，法院通过司法程序审查和裁决立法机关或行政机关制定的法律、法令以及行政行为是否违反宪法。因此，其被告必须是联邦、邦、市等各级政府和议会等国家机关，私人或企业虽然可以作为共同被告纳入环境公益诉讼中，但不能作为唯一被告。

在可诉范围上，印度环境公益诉讼的司法审查范围包括立法机关的

[①] 潘牧天、孙彩虹：《司法体制改革视域下环境公益诉讼制度研究》，法律出版社2021年版，第136—137页。

[②] A. H. Desai and S. Muralidhar, *Public Interest Litigation: Potential and Problems*, Delhi: Oxford University Press, 2000, p. 159.

立法行为和行政机关的行政行为。其中，对立法行为的司法审查对象主要是立法机关制定的法律、法令、国家政策指导性原则等；对行政行为的司法审查对象既包括规划审批、禁止令等具体行政行为，也包括公共政策、规范性文件等抽象行政行为。在司法实践中，环境公益诉讼主要以行政行为为诉讼对象，对行政行为的司法审查是法院的传统职能。具体而言，接受司法审查的行政行为主要有三类：违反相关法律的行政行为、严重有违常理的行政行为、存在程序瑕疵的行政行为。[1]据此，在对行政行为进行司法审查时，法院主要审查以下五方面内容：（1）行政机关做出行政决定时是否超越其法定的权限范围；（2）行政机关的行政决定是否存在明显过失；（3）行政行为是否侵犯宪法规定的公民基本权利；（4）行政行为是否有违公平正义的自然法原则；（5）行政决策的过程是否符合法定程序规定。

为了避免司法权对立法权和行政权的过度干预，对司法审查权存在程序法上的限制，主要遵循两项原则：（1）懈怠拖延原则（doctrine of laches），即对因懈怠而丧失权利者，法院不再给予救济；（2）既判力原则（res judicata），即最高法院的判决为终局判决，当事人不得就该判决的内容再进行相同的主张。在对立法行为进行司法审查时，应当假定其是合宪的，证明其违宪的责任由法院承担，法院必须清楚地证明被审查的法案条款违反了宪法基本原则。在对行政行为进行司法审查时，如果法律明确规定行政机关具有自由裁量权，法院不能对自由裁量权的合宪性提出质疑，除非行政机关存在明显滥用该权利或行政不作为的情形。

四 审理规则

考虑到受教育程度低的贫困人口占比高的客观国情，印度最高法院援引印度宪法第32条"为了保障公民的基本权利得以实施，最高法院有权创立新的救济方式和措施"之规定，在审理规则方面进行了一系列基

---

[1] S. P. Sathe, *Judicial Activism in India*, Delhi: Oxford University Press, 2002, p. 15.

于司法能动主义的制度创新。与美国和德国等发达国家相比，印度环境公益诉讼制度表现出更强的灵活性，其目的是通过简化诉讼程序和减轻举证责任等方式降低诉讼门槛，以求最大限度维护环境公共利益。具体体现在两个方面：（1）通过放松程序要求承认非正式程序的合法性；（2）通过改进程序和技术，减轻当事人的证据负担。

书信管辖权（epistolary jurisdiction）是印度环境公益诉讼中极具特色的制度。作为一种非正式程序，它允许原告仅需提交非标准格式书信（例如：信函、明信片或新闻报道）便可启动诉讼程序。这种简便易行的诉讼方式为更多民众（特别是社会弱势阶层）参与到公民环境权的司法救济中打开了法院的大门，极大地降低了原告的诉讼费用。"凯德拉乡村诉讼与权利"诉北方邦案（*Rural Litigation and Entitlement Kendra v. State of Uttar Pradesh*）（又称为"台拉登采石场案"）[①]首次在司法实践中确立了书信管辖权。1983年，北方邦台拉登市当地的一个非政府组织给印度最高法院写信，举报该市非法的石灰石开采活动正在对喜马拉雅山脉地区的生态环境造成破坏。最高法院认为，保护生态环境是每个公民应尽的社会义务，符合印度宪法第51A关于公民基本义务之规定，因此将该信认定为令状申请书，并开启环境公益诉讼司法程序。最终，经法院调查确认环境污染事实后，最高法院于1988年做出判决，要求北方邦政府颁布禁制令制止非法采石行为。书信管辖权的设立极大地简化了诉讼程序，原告不用具备相关法律专业知识，也不必花费大量时间和金钱去聘请律师和准备正式诉状，降低了公益诉讼起诉人的成本。当然，书信管辖权在方便当事人提起诉讼的同时，也会增加恶意滥诉的风险。因此，是否行使书信管辖权属于法院的自由裁量权范畴，至今还没有具体的法律详细规定受案标准。在司法实践中，最高法院经常根据社会形势的变化对书信管辖权的标准进行调整。

环境侵权的证明涉及大量专业技术问题，不仅需要专家鉴定和证词，

---

① 案件编号：AIR 1988 SC 2187。

还需要大量资金支持。考虑到原告和被告双方的经济实力和社会地位相差较大,最高法院依据印度宪法第32、226条的引申含义创设了调查委员会制度(commission of inquiry),以减轻原告的举证责任。① 由于原告与案件本身并无利害关系,因此可能对案件事实并不熟悉,特别是那些以书信形式提交的令状申请书包含的信息比较有限,往往只包含简单的事实陈述和诉讼请求。在这样的情况下,调查委员会便承担了当事人绝大部分的证据负担。当公益诉讼程序启动后,法院可以组建一个由地方法官、法学家、律师、记者、专家学者组成的调查委员会,专门负责收集该案件的相关证据,并根据调查结果提交调查报告。调查报告将作为法官审理案件的初步证据,并接受诉讼双方的质询。

除了调查委员会制度外,法官在审理案件的过程中还采用《证据法》中规定的"司法认知规则",即:法庭对于显而易见的法律适用或众所周知的客观事实无须当事人证明即可予以认知,并作为判决依据。在该规则下,法官可以借助书籍或论文中的研究成果或权威研究机构发布的调查数据来论证污染行为与侵害结果之间的因果关系。例如:在前文介绍的恒河污染案中,最高法院认为原告没必要提供确实的科学证据证明河流污染对个人健康的潜在影响,而是直接援引两本学术著作中的相关研究结论,便认定环境污染行为已构成对沿河居民生存的危害。司法认知规则是司法能动主义行为,表现为法官对判决依据确定的必要干预,其目的在于提高诉讼效率,减轻当事人不必要的证据负担。

上述审理规则的制度创新推动了印度环境公益诉讼从对抗型诉讼程序(adversary model)向非对抗型诉讼程序(autocratic model)的转变。在对抗型诉讼程序中,诉讼双方及其代理人依据法律规定提供证据并实质性地推进诉讼,法官在判决以前一直处于消极状态。而在非对抗型诉讼程序中,法官发挥着积极主动作用,掌控着诉讼程序启动和推进,以及证据调查收集的控制权,诉讼双方及其代理人处于从属地位。前者主

---

① U. Baxi, "Taking Suffering Seriously: Social Action Litigation in the Supreme Court of India", *Third World Legal Studies*, Vol. 4, No. 1, 1985, pp. 107 – 132.

要盛行于普通法系国家的当事人主义诉讼模式下（例如：美国环境公民诉讼），后者主要盛行于大陆法系国家的职权主义诉讼模式下（例如：德国环境团体诉讼）。虽然印度是普通法系国家，但在司法能动主义的影响下审理规则却与大陆法系国家更为接近。此外，司法能动主义还体现在司法效力的扩展效应上。如果在案件调查的过程中发现牵扯到更多政府部门或企业，法官有权发出传票将其纳入共同被告的范围。即使原告没有起诉这些主体，判决结果对其依然具有约束力。

五 激励机制

为了能够最大限度地保护公民的环境权益，印度环境公益诉讼制度建立了有效的激励机制。具体而言，最高法院通过司法判例的方式丰富和拓展出多样化的救济手段，创设了具有特色的法律救济机制。一方面，印度环境公益诉讼充分借鉴并发展了美国环境公民诉讼的主要救济手段，包括禁制令、民事赔偿等；另一方面，建立了执行监督机构制度，保障判决的有效执行。

印度最高法院认为，环境公益诉讼的首要救济目的是事前或事中的主动预防，而非事后的被动补偿，因此在禁制令的基础上发展出新的救济手段——临时命令。禁制令救济需要在符合民事侵权责任构成要件的情况下才能发挥作用，其目的是防止侵权行为的重复发生。然而在现实中，很多环境公益诉讼案件涉及公民的生存权，具有情况紧迫性和后果严重性的特点，往往需要在正式判决之前采取紧急救济措施。临时命令是法院采取的临时救济措施，类似于民事诉讼中的先予执行制度，与原告是否提出权利请求和被告是否具有主观过错无关，其目的是尽快排除环境侵害风险，以免造成难以挽回的损害结果。例如：在台拉登采石场案中，由于案情复杂，从法院受理到最终判决历时五年多时间，期间最高法院曾颁布多个临时命令，阻止数次非法采石活动，将环境损害降到最低。

在民事赔偿上，除了生态修复、损害赔偿等常规赔偿内容外，最高法院还基于"深口袋理论"（deep pocket theory）发展出社会公平导向的赔偿金额计算方法。① 深口袋理论最早是由美国学者麦基（J. S. McGee）和莱斯特（L. G. Telser）于 20 世纪 50 年代提出，其核心思想是任何拥有经济财富支付能力的一方都可能受到诉讼威胁，无论其应当受到惩罚的程度如何。根据该理论，法官在决定一项损失应由谁来承担时，应重点考虑诉讼双方的经济承受能力，财力雄厚的一方会因为风险承受能力更强而成为对该损失的承担者。印度最高法院将损害赔偿的责任分配比例与被告企业的规模和财务能力关联起来，企业规模越大，财务能力越强，承担的赔偿金额也就越多，颇有些"杀富济贫"的意味。在环境公益诉讼中，大型企业因其生产规模大，造成的环境损害后果往往也更严重，因此深口袋理论在司法实践中的应用具有一定的现实合理性，能更好地对污染企业起到威慑作用。

环境公益诉讼的判决能否顺利执行不仅关系到司法机关的权威性，而且关系到当事人提起诉讼的积极性。伯格瓦蒂大法官写道："如果政府机构不热心执行法院命令并且不积极协同工作，该公众利益诉讼的目的和意图仍然实现不了。政府机构不保证执行法院命令的后果不仅否定了公众利益诉讼所代表的社会地位低下的阶层有效地利用司法，而且它还有一种败坏作用，人们将对经由公众利益诉讼实现公正的能力失去信心。"② 因此，为保障环境公益诉讼判决持续而有效的执行，执行监督机构制度（monitoring agency）应运而生。在判决后，最高法院可以自行成立执行监督机构，委任法院行政人员和社会公益人士作为监督员。该机构将定期对判决的执行情况进行调查，并向法院提交调查报告。例如：在台拉登采石场案中，最高法院不仅责令关闭破坏环境的采石场，而且设立一个执行监督机构对这一地区今后的采石场选址情况进行监督，杜绝类似破坏环境行为的再次出现。

---

① G. Singh, *Environmental Law in India*, New Delhi: Macmillan India Ltd, 2005, pp. 177 - 179.
② P. N. 伯格瓦蒂：《司法能动主义与公众利益诉讼》，仁堪译，载《环球法律评论》1987 年第 1 期。

第九章 我国环境民事公益诉讼制度的完善进路

同为大陆法系国家,我国环境民事公益诉讼制度与德国环境团体诉讼制度有一定相似性,带有比较鲜明的职权主义构造属性。职权主义强调法官在探知案件事实过程中的积极性和主动性,最初是用来描述欧洲大陆国家的刑事诉讼模式。[①] 在近代西学东渐的过程中,职权主义的概念被东方学者率先引入日本。平沼骐一郎将职权主义的概念发展为职权追诉制与职权审理制,前者强调国家公诉机关对过去犯罪行为的追诉主动性;后者强调法官在案件调查与取证中的积极性。[②] 职权主义逐渐发展成为东亚国家对大陆法系国家司法制度的一种权威解读。

受到日本的影响,左德敏在1919年出版的《诉讼法上诸主义》一书中最早将职权主义引入中国,以表法院主导诉讼进程的司法传统。随后,朱采真也在1929年出版的《刑事诉讼法新论》一书中将职权主义解释为"国家可依职权推进诉讼,而不必待当事人之声请。"[③] 新中国成立后,特别是改革开放以来,职权主义被从刑事诉讼领域扩展至民事诉讼领域,并由此衍生出"职权干预主义"、"职权探知主义"和"职权进行主义"三个下位概念。其中,职权干预主义主要是指在法院对当事人实体请求或权利主张的控制;职权探知主义主要是指法院在实体要件事实

---

① J. H. Langbein, *Comparative Criminal Procedure：Germany*, West Publishing, 1977.
② 平沼骐一郎：《新刑事诉讼要论》,日本大学出版社1923年版。
③ 左卫民：《职权主义:一种谱系性的"知识考古"》,《比较法研究》2009年第2期。

及其证据上的控制；职权进行主义则是指法院对程序进程的把控。这三种职权主义理念均适用于民事公益诉讼及其审判程序。① 由此可见，在法理层面，职权主义理念贯穿于我国环境民事公益诉讼的实体和程序之中。

在实践层面，从前面章节的分析不难看出，我国环境民事公益诉讼有着明显的职权主义过度倾向，具体体现为公权力介入过度、私权力动力不足、司法权行政化等问题。首先，是"公权力介入过度"的问题。根据《民事诉讼法》第五十五条的立法本意，检察机关在环境民事公益诉讼中作为第二顺位原告，主要发挥支持社会组织起诉的作用。然而，现实却是检察机关不仅很少支持社会组织的起诉，而且在 2015 年之后迅速取代社会组织成为实质上的第一顺位原告，其所提起的案件占比从不足 10% 增至 90%。

其次，与公权力介入过度相对应的是"私权力动力不足"的问题。从不同原告主体的审判逻辑差异来看，由社会组织起诉的案件更容易受到地方司法保护主义等庭外因素的干扰，且诉讼请求支持率明显低于由检察机关起诉的案件。胜诉难度大且诉讼成本高在客观上将很多社会组织挡在环境民事公益诉讼大门之外，使得原本就因缺乏激励机制而导致社会力量参与不足的情况更加雪上加霜。

再次，从本质上看，环境民事公益诉讼的设置初衷是走"公法私法化"的制度路径，将传统的私法调整方式引入公法领域，通过私权力参与发挥司法监督作用，以弥补环境行政执法不足的问题和促进环境公共行政。然而，由于"两造结构模式"的失衡，造成"司法权行政化"问题。② 具体表现为司法职能特性逐步演变为一种环境行政执法的工具，司法权主动介入社会生活，对案件自我独断式且不顾及诉讼双方请求的裁审过程，司法裁断沦为单方意志控制过程，以及司法权的暗箱操作等方面。

---

① 邵明、常洁：《法院职权主义在民事公益诉讼中的适用》，《理论探索》2019 年第 6 期。
② 颜运秋、杨志华：《环境公益诉讼两造结构模式研究》，《江西社会科学》2017 年第 2 期。

综上，我国环境民事公益诉讼两造模式的失衡现象带来了一系列后果，不利于环境司法的进步。公权力介入过度导致检察机关在行使法定职权之外，不得不承担着日益繁重的环境公益诉讼原告的责任；私权力动力不足将使得社会组织在原告资格上被边缘化；司法权行政化必将助长环境行政机关的惰性，最终威胁环境民事公益诉讼的制度根基。作为本书的最后一章，本章将在借鉴域外经验的基础上，从三个方面探索我国环境民事公益诉讼制度的完善进路。

第一节　修正制度职能的设置偏差

一　两造模式失衡的根源

环境民事公益诉讼制度的职能定位是实现环境公共利益保护目的的基础，直接影响着诉讼构造。我们认为，造成我国环境民事公益诉讼上述问题的深层次原因在于制度职能存在着设置偏差。

通过考察我国环境公益诉讼制度的发展历程，可以发现以公权力为主导的显著特征。如第一章第四节所述，环境公益诉讼制度的最初探索是由政策文件先行，然后经由地方试点，最终国家立法才审慎跟进。整个过程都带有浓厚的公权主导色彩。2005年由国务院颁布的《关于落实科学发展观加强环境保护的决定》被认为是我国环境公益诉讼制度的开端，指明了"推动环境公益诉讼"的司法改革方向。2010年，最高人民法院发布《关于为加快经济发展方式转变提供司法保障和服务的若干意见》，明确环保行政机关具有提起环境公益诉讼的原告资格。2014年，十八届四中全会在《关于全面推进依法治国若干重大问题的决定》中提出"探索建立检察机关提起公益诉讼制度"。2015年，最高人民检察院审议通过并向全国人大常委会提交《检察机关提起公益诉讼改革试点方案》。

与政策文件的积极态度相比，立法机构对于环境公益诉讼制度的态度要谨慎得多，特别是在社会组织的原告主体资格问题上。尽管2012年的新《民事诉讼法》第五十五条和2015年的新《环境保护法》第五十八条均将社会组织纳入适格原告范围,但是相关规定均过于抽象,且对社会组织的适格条件要求严苛。

两造模式的失衡不仅体现在原告范围上,而且也体现在被告范围上。环境公益诉讼制度在很长一段时间内被限制在民事诉讼领域。尽管2015年最高人民法院在《关于审理环境民事公益诉讼案件适用法律若干问题的解释》中对很多制度细节进行了细化规定,对环境公益诉讼制度的推进具有积极意义,但并未从根本上改变被告范围仅限于私权主体的客观事实。直到2015年7月1日,全国人大常委会通过了《关于授权最高检开展公益诉讼试点的决定》,授权最高人民检察院进行为期两年的公益诉讼试点工作,才将公权主体纳入被告范围。虽然2017年新修订的《行政诉讼法》正式确立了环境行政公益制度,但适格原告主体也被限制为检察机关,社会组织被排除在原告范围之外。由此可见,我国环境公益诉讼制度在创设之初就埋下了以公权力为主导的制度基因,这是造成在司法实践中公权力介入过度的主要根源。

二 诉讼构造的国际对比分析

在第八章对美国、德国和印度的环境公益诉讼制度进行考察的基础上,本节将与中国进行横向国际对比,重点分析各自的诉讼构造差异。所谓"诉讼构造"是指由一定的诉讼目的所决定的,并由主要诉讼程序和证据规则中的诉讼基本方式所体现的控诉、辩护、审判三方的法律地位和相互关系。三者的不同组合方式反映着公权力与私权力之间的关系,决定着诉讼的样态。① 具体在民事诉讼领域,诉讼构造是指包括法院审判行为(职权行为)与当事人诉讼行为(诉讼权行为)之间的关系模式,即:审判权与诉讼权配置模式。②

依据诉讼构造的基本构成,我们提出一个基于双维度的对比分析框架:横轴表示司法能动性;纵轴表示诉讼主体的适格范围(参见图9 -

---

① 徐静村:《刑事诉讼法学(上)》,法律出版社1999年版,第64页。
② 江伟主编:《民事审判方式改革与发展》,中国法制出版社1998年版,第183页。

1）。其中，印度属于"诉讼主体范围宽松+司法能动性过高"的类型；中国属于"诉讼主体范围严格+司法能动性过高"的类型；美国属于"诉讼主体范围宽泛+司法能动性低"的类型；德国属于"诉讼主体范围严格+司法能动性强"的类型。下面将重点分析四个国家的环境公益诉讼制度在诉讼构造上的差异性和优劣势。

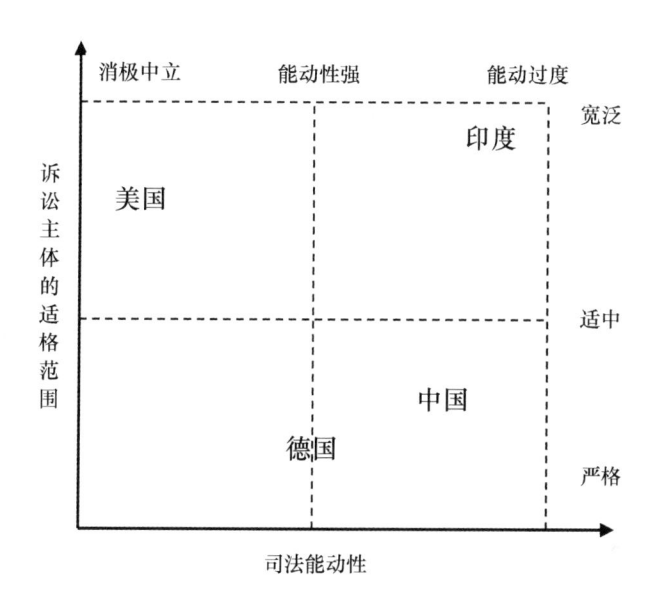

图9-1 诉讼构造的国际对比分析

首先，印度环境公益诉讼制度的诉讼构造特点是通过适格原告和被告范围的扩张，以及高度的司法能动性，最大程度上降低公益诉讼的门槛。在原告资格认定上，主要遵循宽松的"诚信善意原则"和"审慎原则"，几乎对原告没有身份上的限制。为了方便社会弱势阶层参与诉讼，印度创造性地创设了书信管辖权制度，极大地降低了原告的诉讼成本。在被告范围上，印度环境公益诉讼既包括行政机关的行政行为，也包括企业或个人的民事行为，还包括立法机关的立法行为，可诉范围非常宽泛。在司法能动性上，印度法院推崇非对抗性诉讼程序，法官掌控着诉讼程序的启动和推进，以及证据调查收集的控制权。在审理过程中，法官经常同意原告追加诉讼请求,甚至主动追加诉讼主体,具有"重实体、轻程序"的特点。另外,法院的判决具有广泛的司法效力,即使对于原告没有起诉的污染主体,判决结果依然具有约束力。

其次,美国环境公民诉讼制度的诉讼构造特点是通过相对宽泛的诉讼主体资格,鼓励私权力参与公益诉讼,法院主要发挥着消极的中立裁判作用,尽量保证原告和被告之间的实力平衡。尽管适格原告的范围经历了从宽松到严格再到宽松的发展历程,但总体上来讲原告资格认定还是以从宽倾向为主流。从其理论源头"私人检察总长理论"来看,美国环境公民诉讼的创制初衷是以发挥私权力的社会监督作用为目标。在被告范围上,包括行政公益诉讼(即:强制义务诉讼)和民事公益诉讼(即:公民执行诉讼)两种类型。为了尊重行政机关的权威,美国环境公民诉讼制度还是在强制义务诉讼中对被告范围进行适度限制,包括:行政机关积极作为豁免、诉前通告期设置等措施。在司法能动性上,美国法院实行"当事人主义"诉讼模式,当事人主导诉讼过程,并负责取证和举证。法官不能在当事人指明的证据范围以外依职权主动收集证据。

再次,德国环境团体诉讼制度的诉讼构造特点是对公益诉讼持相对谨慎的立场,将其纳入公法范畴,强调私权力对公权力的行使发挥社会监督职能。在原告资格认定上,强调团体诉权,将公民个人排除在适格主体范围之外。社会组织除了要满足六个适格要件外,还必须满足两个起诉要件,适格标准比较严格。在可诉范围上,只有环境行政公益诉讼,而没有环境民事公益诉讼,被告只能是行政机关,其目的是督促其依法履行法定职责。在司法能动性上,德国法院实行"职权主义"诉讼模式,由法官主导诉讼过程,不受当事人事实主张和提交证据的约束,可以依职权主动进行取证。然而,与印度过度能动的司法权相比,德国的司法权主要围绕合法性和程序性进行调查,而很少涉及实体性。

与上述三国相比较,我国环境公益诉讼制度在诉讼主体的适格范围上比印度和美国更为严格,与德国比较接近,公民个人被排除在外。在被告范围上,我国比德国更宽松,不但有环境民事公益诉讼,而且有环境行政公益诉讼。但在环境行政公益诉讼上,与德国的"私权力对抗公权力"的模式不同,我国实行的是"公权力对抗公权力"的模式,社会组织不具备起诉行政机关的原告资格。在司法能动性上,我国法院也实行"职权主义"诉讼模式,关注的重点兼顾程序性与实体性,比美国和德国的司法能动性都更强,但在审理规则和激励机制等方面不如印度灵活。

三 环境民事公益诉讼制度的职能调整

前已述及,我国环境公益诉讼制度的诉讼构造是以公权力为主导,私权力受到较为严格的限制,呈现出两造失衡的特征,其根源在于制度职能存在着设置偏差。只有对其职能定位准确,才能重塑诉讼结构,更好地实现其环境公益保护之目的。

制度职能的调整既要充分借鉴域外经验,又应当考虑到可行性基础。印度环境公益诉讼制度虽然力求最大程度上降低诉讼门槛和穷尽最大范围的保护,但其"重实体、轻程序"的特点和过于主动的能动司法也使得被告苦于诉累,原告资格的过度扩张也可能增加滥诉的风险。相比于印度,美国环境公民诉讼制度的诉讼主体的适格范围较为适合,既保证了较低的诉讼门槛,又能最大限度地避免滥诉。然而,其消极中立的司法传统基于其独特的文化制度背景,与我国的现实国情存在较大差异。同为大陆法系国家,德国环境团体诉讼制度与我国环境公益诉讼制度从表面上看最为相似,但其背后的制度构建逻辑却恰恰相反。两国虽然对适格原告的要求比较严格,均不承认公民个人诉权,但德国是建立在环境私益诉讼救济制度顺畅,以及社会组织数量多且实力强的基础之上。在民事诉讼领域,环境纠纷可以通过私益诉讼渠道得到有效解决,因此德国环境团体诉讼被严格限制在环境行政公益诉讼领域。反观我国,一方面环境问题在民事诉讼和行政诉讼层面均未得到有效解决;另一方面公民社会不发达,社会组织数量少且实力弱,严格的原告适格标准限制了社会组织参与环境公益诉讼的积极性。

从法理上讲，由于环境问题涉及不特定多数人的利益，所以环境公共治理属于行政职责范围。环境公益诉讼制度的创设初衷正是为了避免环境公共治理中的"政府失灵"问题。在政府不作为或乱作为的情况下，作为公众参与的重要途径，环境公益诉讼制度最核心的目的和功能是：确保环境法律的有效实施并对环境行政权进行有效监督。换言之，作为因环境行政执法保护环境公益不力而产生的制度，环境公益诉讼是"在政府执法力不能及的地方发挥其'补充'性作用"。①

沿着上述制度职能的设置逻辑，应针对我国环境民事公益诉讼的设置偏差进行修正。在原告资格和序位上，考虑到我国公民社会不发达的国情特点，应避免采用德国环境团体诉讼对原告限定较为严格的做法，可借鉴美国环境公民诉讼中相对宽松的适格范围，坚持现行法律明定的"私权主体优于公权主体"的原告序位原则。本质上，环保社会组织是分散的公民个人对环境权诉求的一种"利益组织化"，其价值追求与环境公益诉讼的公益性最为契合，因此应当处于第一序位。② 对于公民个人是否享有环境民事公益诉讼诉权，以《民事诉讼法》第五十五条和《环境保护法》第五十八条为基础的现行法律框架显然持否定观点。但事实上，社会组织和法定机关行使环境民事公益诉讼的诉权属于基于公共信托而产生的派生性权益，而公民个人的诉权才是基于环境公益的原生性权益。将公民个人拒之环境民事公益诉讼大门之外，显然有悖于制度职能的设置逻辑，因此如何修订适格标准将公民个人纳入原告范围是我国未来环境司法领域亟待解决的重要问题。作为最后序位的适格原告，检察机关不宜冲在环境民事公益诉讼的最前线，应尽量避免因其集起诉主体身份与法律监督主体身份合二为一而导致的两造结构失衡的问题，切实落实检察机关支持起诉制度。只有在先序位的原告没有起诉时，检察机关才能作为最后一道防线而提起环境民事公益诉讼。

---

① 巩固：《大同小异抑或貌合神离？中美环境公益诉讼比较研究》，《比较法研究》2017年第2期。

② 王锡锌：《利益组织化、公众参与和个体权利保障》，《东方法学》2008年第4期。

在可诉范围上，应赋予社会组织在环境行政公益诉讼中的诉权，回归环境公益诉讼对"政府失灵"进行社会监督的制度职能。对于社会组织提起的环境行政公益诉讼，只要原告提供环境公益损害的初步证据就应予以受理。为降低司法成本和纠正行政机关的违法行为，可借鉴美国环境公民诉讼中的行政机关积极作为豁免和诉前通告期设置等措施，尊重行政权在处理环境公益事务上的优先性。只有在行政机关不履职或不依法履职的情况下，法院才依法独立公正行使审判权。诚然，本书的研究重点在于环境民事公益诉讼制度，因此关于环境行政公益诉讼的内容不再展开论述。

第二节　强化私权参与诉讼的制度基础

一　"成本—收益"失衡导致私权动力不足

社会监督权是环境民事公益诉讼制度的动力基础。只有积极主动的私权力参与，才能从根本上减少公权力过度介入的问题，司法机关也才能够最大限度地保持审判权的中立性。作为一种私人执法机制，环境民事公益诉讼与环境行政执法在动力机制上有着根本性的差异。由于缺乏行政管理体系和责任考核体系的推动，环境民事公益诉讼的私权参与制度设计只有与私权主体的需求相契合，才能激发私权主体推动制度运行的持续性动力。

根据奥尔森的集体行动理论，具有共同利益的个体并不必然自发组织起来，为实现其共同利益而采取集体行动。从个体理性主义出发，集体中的每个个体在集体行动之前都会对行动的成本和收益进行权衡。集体规模越大，增进集体利益的个体获得的集体总收益的份额就越小，个体参与集体行动的动力就越弱，集体行动的难度越高，最终导致"集体行动的困境"。[①] 具体到环境保护领域，环境要素通过生态循环和物质交

---

① ［美］曼瑟尔·奥尔森：《集体行动的逻辑：公共物品与集团理论》，陈郁、郭宇峰、李崇新译，格致出版社2017年版。

换在广袤的地域范围内产生影响，涉及的生态环境利益集团规模庞大。尽管良好的生态环境是每个集团成员所追求的目标，然而被稀释后的环境利益却远小于个体参与维权的行动成本。即使每个集团成员都知晓提起公益诉讼对保护环境公益有利，但在比较成本收益后的理性行为选择却是"搭便车"式的观望、规避和卸责，最终导致"集体不行动"。

目前，社会组织提起环境民事公益诉讼的"成本—收益"失衡，导致其参与诉讼的动力明显不足。在诉讼成本方面，首先，社会组织除按照民事诉讼程序向法院交纳的案件受理费、申请费等审判费用外，还要承担高额的鉴定费和律师费。按照"原告预先交纳诉讼费用"的原则，若要启动环境民事公益诉讼程序，需要社会组织提前缴纳案件受理费。这意味着即使胜诉，原告也需要先行垫付诉讼费用。依据《诉讼费用交纳办法》第13条之规定，如果原告提出生态环境损害赔偿的诉讼请求，将按照财产型案件收取案件受理费，其费用依据赔偿请求金额的比例分段累计交纳。由于诉讼标的额往往以百万或千万计，导致很多社会组织没有足够的经济实力提起环境民事公益诉讼。其次，生态环境损害鉴定是环境民事公益诉讼的关键，需要委托具有鉴定资质的专业机构完成。目前我国还未针对环境损害司法鉴定出台统一的收费标准，因此鉴定费用时常超出社会组织的经济承受范围。例如：作为中国环境民事公益诉讼第一案，2011年云南曲靖铬渣污染案的专业鉴定总花费高达近300万元。对于原告自然之友和重庆绿色志愿者联合会而言，天价鉴定费成为不可承受之重。再次，环境民事公益诉讼的专业性和复杂性导致诉讼周期长，律师费往往比普通民事诉讼案件更高，进一步提高了社会组织的诉讼成本。前述的云南曲靖铬渣污染案从起诉到立案、再到两次调解破裂、最后又重回谈判，整个审理过程历时十年之久，像这样旷日持久的案件在司法实践中并不少见。最后，我国环境公共资源主要分布于公权力机关，资金缺乏是社会组织普遍面临的问题。在资金短缺的情况下，一旦败诉，社会组织可能面临无力负担诉讼费用的困境，甚至陷入破产危机。例如：在2016年常州毒地案中，自然之友和绿发会在一审中败诉，被要求承担189万余元的诉讼费用。

在诉讼收益方面，环境民事公益诉讼与环境侵权诉讼存在着明显差异。环境侵权诉讼属于私益诉讼，诉讼收益全部归胜诉的原告所有。除了实际损失外，诉讼收益还包括惩罚性赔偿，对原告具有正向激励作用。而在环境民事公益诉讼中，公益属性禁止原告通过诉讼获取利益，这无疑切断了原告与诉讼标的之间的利益关联，即使胜诉，原告也只是为预先垫付的诉讼成本得到补偿，无法获得任何经济收益，赔偿款也不归其管理。虽然社会组织无法从环境民事公益诉讼中直接获得收益，但是获得社会声誉和公众支持也是其积极参与诉讼的重要动力驱动。在发达的公民社会里，具有广泛影响力和公信力的社会组织能获得更多社会捐款。然而，由于我国公民社会不发达，社会捐款不仅数量少，而且很不稳定，社会组织难以通过积极参与环境民事公益诉讼间接获得收益。据相关研究，76.1%的民间环保组织没有固定经济来源，77.1%的政府组建成立的环保组织无经费来源。①

综上，成本与收益之间的失衡严重抑制着社会组织提起环境民事公益诉讼的意愿，最终导致私权主体参与诉讼的动力不足。② 对于私权主体而言，法律必须在便宜性、经济性和实效性上具有吸引力，方便其使用法律武器，保障其合法的经济收益，并对审判结果可预期。③ 在环境民事公益诉讼中，原告为诉讼投入了大量的经济成本、时间成本和人力成本，但却无法从诉讼行为中获得任何激励性奖励，极大地打击了私权主体参与公益诉讼的积极性。自利性是人性的一种客观存在，其本身并不具有善或恶的价值评判，关键在于如何引导。因此，制度设计应以"理性经济人"假设为逻辑起点，解决"成本—收益"失衡的问题，引导人的自利性发挥保护环境公益的正面效用，激发私权主体的内生诉讼动力。当然，遵循经济理性的路径有可能导致滥诉或恶意诉讼的问题，

---

① 丁国军：《我国环保民间组织的发展路径探析》，《环境保护》2015年第21期。
② 魏建：《理性选择理论与法经济学的发展》，《中国社会科学》2002年第1期。
③ [日]田中英夫、竹内昭夫：《私人在法实现中的作用》，李薇译，法律出版社2006年版。

如何控制道德风险也是制度设计时需要重点关注的问题。破解"成本—收益"失衡的问题需要要从成本和收益两方面来着手进行制度设计。

二　完善私权主体的诉讼成本分担保障机制

根据《关于审理环境民事公益诉讼案件适用法律若干问题的解释》第22条规定，我国目前实行诉讼成本胜诉转移制度，赋予胜诉或部分胜诉的原告请求被告支付鉴定费和律师费的权利，以弥补原告在诉讼过程中的成本，在一定程度上减轻了社会组织的经济压力，但也存在一些亟待解决的制度性问题。

关于鉴定费转移的问题，社会组织必须先行交纳费用后才能启动鉴定程序，待胜诉后再由法院判决被告赔偿。在环境民事公益诉讼中，聘请专业机构进行鉴定往往需要数十万元，甚至上百万元，加之诉讼周期动辄数年，即使原告最终胜诉，法院在判决时也不会考虑垫付资金的利息成本，无形中增加了社会组织的资金压力。相反，根据2019年司法部印发的《关于进一步做好环境损害司法鉴定管理有关工作的通知》，全国已有58家环境损害司法鉴定机构明确表示：对于作为原告的检察机关不预先收取鉴定费。同为法律授权的适格诉讼主体，有公共财政支持的检察机关可以免垫付鉴定费，而没有公共财政支持的社会组织却被要求必须预先垫付鉴定费，这是基于不同原告身份的制度性歧视，显然是不合理的。因此，建议有关部门尽快出台政策，免除社会组织预先垫付鉴定费的责任。

关于律师费转移的问题，由于我国没有统一的律师费收费标准，各地对"合理律师费"的认定标准并不统一，在司法实践中法院拥有很大的自由裁量权。如前所述，环境民事公益诉讼案件的律师费普遍比普通民事诉讼案件要高，而如果法院只参照一般性的标准，有可能导致原告律师费无法全部转移至败诉被告身上。在不少案件中，都出现了胜诉原告要求被告承担律师费的诉讼请求被法院酌情核减的情况。例如：在2018年北京市丰台区源头爱好者环境研究所起诉长沙天创环保有限公司水污染责任纠纷案中,原告要求被告支付律师费和差旅费总计8万元,但一审法院和二审法院均以"没有事实和法律依据"为由核减至2万元。又如：在2016年中华环保联合会起诉德州晶华集团有限公司大气污染纠纷案中,尽管原告胜诉,但法院却以"原告与其律师仅订立委托合同,并未实际支付"为由不支持由被告承担律师费的诉讼请求。从传统民法理论来看,原告与律师之间签订的委托合同属于诺成性合同,并不以实际支付为合同生效要件,因此法院不应以缺乏证据或尚未支付为由驳回原告的诉讼请求。对此,我国可以借鉴美国环境公民诉讼关于律师费的"市场化原则",即：法院没有理由干涉本应由市场决定的律师收费标准,只要原告与律师达成的协议是合法的,律师费赔付就要完全按照合同签订的金额执行。[①] 当然,为避免出现天价律师费,国家也可以在综合考虑各地经济发展水平和居民收入情况的基础上出台指导性的律师费收费标准,只要具体费用在规定的比例内浮动都认可为是合理的。

鉴于环境民事公益诉讼案件的专业性强、复杂性高且诉讼周期长等特点,在立案、鉴定、审理、判决等环节存在诸多不确定性,一旦原告败诉后仍将面临承担巨额诉讼成本的风险。因此,诉讼成本胜诉转移制度对于降低原告的诉讼成本是远远不够的,还需要建立诉讼成本败诉保障制度。建议设立环境公益诉讼专项基金,支持的对象为提起环境民事公益诉讼案件的社会组织,资金使用范围全面涵盖诉前、诉中和诉后原告所产生的诉讼成本,包括鉴定费、律师费、差旅费等,减轻败诉的社会组织面临的资金压力。关于专项基金的资金来源,根据《民法典》第一千二百三十二条之规定,环境侵权惩罚性赔偿不仅适用于私益诉讼,也适用于公益诉讼。[②] 因此,除了政府拨款和社会捐款外,还可以将环境民事公益诉讼案件中被告赔付的惩罚性赔偿金按一定比例存入专项基

---

① 常纪文：《美国环境公民诉讼判例法的发展及对我国环境公益诉讼制度改革的启示（二）——兼论环境公益诉讼在国家环境治理中的作用》,《中国环境监察》2016年第4期。
② 丁晓华：《〈民法典〉与环境民事公益诉讼赔偿范围的扩张与完善》,《法律适用》2020年第23期。

金,"三管齐下"保障专项基金能有稳定的资金渠道。目前,贵州、云南、海南等省份均在地方司法实践中探索建立了环境公益诉讼专项基金制度,以省为单位统筹惩罚性赔偿金的使用。然而,各地的管理制度差异较大,有些地方由法院负责,有些地方由政府负责。另外,资金使用和监管的相关规定也不够规范和透明,存在一定的腐败风险。因此,建议应尽快研究和落实全国性环境公益诉讼专项基金制度,明确资金来源和适用范围,理顺管理体制,规范资金使用与监管制度。既要保证专项基金的方便使用和规范使用,又要防止被非法挪用和保证资金安全,真正为社会组织参与环境民事公益诉讼减少后顾之忧。

三 设立私权主体的诉讼收益正向激励机制

从严格意义上来讲,诉讼成本分担保障机制对于私权主体而言并不能算作正向激励,只有超过成本的净收益才算是真正的激励。如果只依靠理想主义情怀和无私奉献精神,无法保证维护环境公益事业的可持续性。我国立法部门对诉讼激励的态度总体上趋于保守,且多囿于狭隘的公益视角。《关于审理环境民事公益诉讼案件适用法律若干问题的解释》第34条明令禁止社会组织通过环境民事公益诉讼牟取经济利益。这一规定固然是为了杜绝个别不法的社会组织滥诉和敲诈的道德风险,但也在客观上对众多守法的社会组织参与公益诉讼的热情产生消极影响。前已述及,目前我国环境民事公益诉讼主要面临的不是社会组织起诉的案件太多太滥的问题,而是愿意起诉的社会组织太少且动力不足的问题。因此,第34条并不适合于我国现阶段的实际情况。

若要构建私权主体参与环境民事公益诉讼的动力机制,首先要打破对公益性的狭隘理解,改变当前不允许诉讼主体从公益诉讼中获益的规定,充分利用私权主体的经济理性与环境违法行为作斗争。在这一点上,环境保护领域的法律应该向消费者权益保护领域的法律学习,两者也是目前我国唯二设立公益诉讼制度的领域,先进经验值得相互借鉴。《消费者权益保护法》第五十五条确立了惩罚性赔偿责任的法律基础,正是在这一规定下，才出现了众多以王海为代表的职业打假人。尽管这些人出于自利的目的在打击假冒伪劣产品的过程中获得了不菲收益，但在客观上也起到了维护广大消费者集体性权益的积极作用，应该值得全社会的鼓励。参考消费者权益保护领域的做法，在环境民事公益诉讼领域建议设立诉讼收益正向激励机制。①《民法典》第一千二百三十二条已明确规定了故意污染环境和破坏生态等违法行为的惩罚性赔偿责任，为我国环境民事公益诉讼制度在诉讼收益分配领域实现司法破冰奠定了法律基础。国外相关立法实践已表明：将部分民事惩罚金作为公益诉讼原告的奖励，既能避免将全部惩罚性赔偿金归原告所有而产生的正当性质疑和道德风险，又能有效提高私权主体参与诉讼的积极性。具体可以借鉴美国环境公民诉讼中物质利益驱动机制——"公私共分罚款之诉"。关于私权主体分享的比例，考虑到我国各地区经济发展水平不平衡，不宜采取全国统一的标准加以限定，可赋予法院在一定范围（例如：20%至40%）的自由裁量权，兼顾公平性和实操性。

关于惩罚性赔偿金额度的确定，可参考印度环境公益诉讼中的"深口袋理论"重点考虑被告的企业规模和财务能力，这在涉及环境公益保护中具有一定的合理性。因为企业的生产规模越大，可能造成的环境损害后果也越严重。既然是赔偿金的目的是"惩罚性"，就必须对污染企业起到足够的震慑效果。因此，企业规模越大，财务能力越强，惩罚性赔偿金也应越高。此外，基于"深口袋理论"的惩罚性赔偿金额度认定原则也有利于吸引更多私权主体对大型企业的生产行为进行社会监督。

当然，物质激励不是唯一的激励方式，特别是对于兼具"理性经济人"和"理性生态人"特征的社会组织而言。"理性生态人的形成，缘起于对传统法律人模式和以经济为主导的发展模式的反思。"②激励机制应兼顾生态理性进行设置，注重利用社会激励肯定社会组织的付出，增

---

① 黄锡生、余晓龙：《社会组织提起环境公益诉讼的综合激励机制重构》，《法学论坛》2021年第1期。
② 吴贤静：《生态人的理论蕴涵及其对环境法的意义》，《法学评论》2010年第4期。

强其社会荣誉感和成就感，具体激励方式包括：由官方定期组织评选由社会组织提起的环境公益诉讼案例，并编入环境资源审判典型案例中，对积极参与公益诉讼的社会组织及其表现突出的个人予以表彰和宣传，激励更多的社会组织参与到环境民事公益诉讼中。

第三节　构建有限能动的司法制度

一　司法权行政化的原因

《关于审理环境民事公益诉讼案件适用法律若干问题的解释》赋予了法院处于绝对支配地位的审判权，为我国环境民事公益诉讼领域的司法权过度能动奠定了法律基础。首先，第十四条规定"对于审理环境民事公益诉讼案件需要的证据，人民法院认为必要的，应当调查收集。"这等于对法院的调查取证权的适用范围几乎未设任何限制，只要"认为必要"即可。其次，第二十三条赋予了法院对生态环境损害赔偿金额认定很大的自由裁量权。这成为原告和被告在案件审理过程中的抗辩焦点，为庭外因素发挥作用提供了较大的制度空间。再次，第九、二十五、二十七条允许法院代行当事人的处分权，既可以对原告撤诉权和调解权进行干预，也可以对原告的诉求请求提出修改。由此可见，法院已不再是消极中立的裁判者，而是深度介入甚至主导整个诉讼过程。不但能根据法院意愿对原告的诉讼请求进行酌定，而且能对案件处理方式和审判结果施加直接影响。

如前所述，"公法私法化"是我国环境民事公益诉讼创设的制度路径，通过社会监督以弥补环境行政执法的不足。因此，当下司法权过度能动现象的盛行究其本质是司法制度对私权主体诉讼动力不足的一种"代偿效应"①。正是在适格社会组织提起诉讼的积极性普遍低迷的情况下，为了完成环境司法的目标，法院从消极中立的裁判者转向积极主动

---

① "代偿效应"源自生理学，是指人体的一种自我调节机能，当某一器官的功能或结构发生病变时，由原器官的健全部分或其他器官来代替，补偿它的功能。

的环境公益维护者，承担起原本应由原告承担的责任。如果环境民事公益诉讼的全部实体和程序事项均由法院控制，则会使法院超出司法权限度，司法权被异化为另一种行政权。①

司法权行政化得以实现还依赖于"行政权配合司法权"的制度设计，以解决环境司法在科学技术方面所面临的挑战。《关于审理环境民事公益诉讼案件适用法律若干问题的解释》第二十三条规定，法院在进行生态环境修复费用认定时可参考负有环境保护监管职责的行政机关的意见。最高人民法院、民政部和环保部联合印发的《关于贯彻实施环境民事公益诉讼制度的通知》第四、五、六条明确了行政机关在诉讼过程和判决执行中对司法机关的配合义务，方便法院借用行政机关的专业行政资源。

可以看出，我国环境民事公益诉讼的制度框架有三大特征：司法机关对诉讼的实体和程序具有实质性的决定权；行政机关提供科学技术等专业性支持，并成为司法机关的延伸；社会组织只负责发起诉讼程序，不享有任何实体上的决定权。在这种过于强化司法权的制度框架下，我国环境民事公益诉讼制度带有鲜明的"超职权主义"色彩。由于目前相关法律缺乏诉讼前置程序的规定，因此原告可以在未穷尽行政救济手段的情况下直接进入环境民事公益诉讼程序。在这种情况下，司法机关在事实上就超越了行政机关，审判权便转化为行政执法的权力，法院成为了环境公共利益的第一顺位保护主体，这显然与司法制度的终局性相悖。

司法权行政化问题不仅会浪费有限的司法资源，而且会造成环境保护工作在体制机制上的混乱。虽然环境民事公益诉讼表面上在民事诉讼法的框架下，但其本质却发挥着环境行政执法的作用。作为"举报人"的社会组织只是将案件线索提供给司法机关，司法机关在行政机关专业资源的协助下负责推进"执法"过程，并直接对被告进行"处罚"。在这种情况下，环境民事公益诉讼与环境行政执法将不可避免地产生功能

---

① 许尚豪：《如何保持中立：民事公益诉讼中法院的职权角色研究》，《政治与法律》2017年第9期。

重叠与冲突。对此，2015年9月由党中央、国务院印发的《生态文明体制改革总体方案》明确提出"完善行政执法和环境司法的衔接机制"的环境司法改革目标。

二　行政权与司法权的制度衔接

要理顺行政权与司法权的关系，必须区分两者在权力本质上的差异。行政权的本质是管理权，在运行时表现出主动性和倾向性，在价值取向上具有效率优先性，因此关注权力结果的实质性，擅长普遍性的社会公共事务管理和专业技术问题解决。而司法权的本质是裁判权，在运行时表现出被动性和中立性，在价值取向上具有公平优先性，因此关注权力过程的形式性，专长于个案的纠纷裁量与利益平衡。[1] 作为一种司法制度，环境公益诉讼是与环境行政执法并行且独立的制度，两者都是环境公共利益救济体系中不可或缺的重要组成部分。鉴于行政权和司法权具有不同的权力性质，两者在定位和分工上有着显著差别。

鉴于环境问题的动态性、科技性、复杂性、系统性等特征，环境治理应主要依赖于灵活、高效且专业的手段，因此环境行政执法拥有先天优势。作为一种积极给付行政，环境行政执法可以通过环境评估、行政规划、行政许可等手段积极主动地保护环境，并为环境污染受害者提供及时救济。与环境行政执法相比，环境公益诉讼囿于严格的审理程序和高昂的诉讼成本，其救济手段的灵活性和时效性明显不足。

综合两者的特点，环境行政执法与环境公益诉讼之间的竞合适用应遵循"行政先行，司法兜底"的基本原则。从法治逻辑来看，当生态环境面临被破坏的风险时，积极主动的环境行政执法应充当第一道防线的作用。在未来，应通过不断完善环境行政法律制度，进一步明确行政机关接受群众举报，对行政相对人处以行政处罚，以及对其环境修复行为进行行政强制等环境行政职责，探索创立以行政救济为核心的"生态环

---

[1] 孙笑侠：《司法权的本质是判断权——司法权与行政权的十大区别》，《法学》1998年第8期。

境损害行政补偿制度",通过行政给付的路径及时有效地保护受害人的合法权利。

然而,由于权力寻租和地方保护主义等因素的存在,可能会导致政府失灵的情况出现。当环境行政执法无法实现对生态环境的有效保护时,环境公益诉讼才能为保护环境公共利益提供兜底式的司法救济。行政权与司法权的制度衔接既要保证司法机关对行政机关的专业性和优先性的尊重,又要确保司法机关对行政机关公权力的有效约束,其关键在于环境公益诉讼制度的诉前程序。遗憾的是,在环境民事公益诉讼领域,目前只有《关于审理环境民事公益诉讼案件适用法律若干问题的解释》第十二条规定了通知程序,以及第二十六条规定了原告撤诉程序。换言之,现行的诉前程序仅要求法院在立案受理后十日之内告知对被告行为负有环保监管职责的行政机关,并准许原告以行政机关依法履行监管职责而使原告诉讼请求全部实现为由申请撤诉。这样的法律规定并未遵循"行政先行,司法兜底"的基本原则,实际上是在鼓励环境行政执法与环境民事公益诉讼的制度并行与竞争,造成行政权与司法权的冲突。

域外经验为优化我国环境民事公益诉讼制度的诉前程序提供了有价值的参考。具体来说,在提起环境民事公益诉讼前,可借鉴美国环境公民诉讼中的"诉前通知"前置性程序,要求原告必须提前60天以书面通知的形式告知被主张的违法者和行政机关。如果在诉前通知期间被告仍未采取措施纠正违法行为,原告方可向法院提起诉讼。不同于立案后告知,诉前告知程序能使得行政权和司法权在制度运行上得到合理调和,一旦在诉前通过行政手段达到消除生态环境破坏风险的目的,就无需浪费有限的司法资源。类似的,德国环境团体诉讼中也要求原告在起诉前必须向行政机关提出履行义务的请求,优先寻求行政救济。只有行政机关在3个月内仍拒绝履行环境监管职责时,原告才能正式向法院提起诉讼。

三 厘清司法权的能动边界

在理顺行政权与司法权之间的关系后,便需要对司法权的运行机制进行规范。依据最高人民法院于 2016 年印发的《关于充分发挥审判职能作用为推进生态文明建设与绿色发展提供司法服务和保障的意见》，在审理社会组织提起的环境民事公益诉讼案件时，要求法院"在尊重审判规律的前提下，依法适度强化能动司法"，由此明确了"适度能动"的基本原则。然而，由于对"适度"缺乏法律明定，导致在司法实践中很容易出现过度能动的问题。鉴于我国环境民事公益诉讼的"超职权主义"特点，厘清司法权的能动边界尤为重要。

"能动司法"的核心在于要求司法机关实现法律效果与社会效果的有机统一，"不能绝对中立、被动，而应着眼于社会纠纷的解决和社会秩序的安定"。①"适度能动"意味着在以司法方式参与社会管理的过程中，不应突破司法权的本质属性，所以司法性构成了司法权的能动边界。从权力范畴上看，能动司法既涉及诉讼程序层面，又涉及实体判决层面。② 要厘清司法权的能动边界，必须要在两个范畴上明确司法能动性的适用内容和适用限度。

在诉讼程序层面，司法权在介入社会纠纷的解决时必须遵循被动中立原则，这是由司法权的裁判权本质所决定的。法院只有在当事人提出诉讼申请的前提下才能介入具体个案争端的处理，而不能主动介入普遍性的社会问题，更不能对非案件当事人课以义务。在这一点上，应避免印度环境公益诉讼司法效力的扩展效应，即：判决结果对非案件被告的主体依然具有约束力。印度的做法明显属于司法过度能动，不符合目前我国环境民事公益诉讼制度应适度限制司法能动性的改革方向。此外，在立案审查方面，现行法律规定并未要求法院对行政履行状况进行审查，因此建议除了诉前通知的前置性程序外，还可考虑对行政机关履行职责方面增设相关审查内容。对于行政机关拒不履行或无法履行相应监管职责而使原告的诉讼请求不能实现的，原告可进行完整的环境民事公益诉

---

① 姚莉：《当代中国语境下的"能动司法"界说》，《法商研究》2011 年第 1 期。
② 江伟、崔蕴涛：《司法能动与职权主义——以民事诉讼为中心》，《中州学刊》2011 年第 1 期。

讼程序。

在实体判决层面，目前我国环境民事公益诉讼制度在权利处分和调查取证方面奉行"诉审分离"模式，但在司法实践中诉权又被审判权过度挤压，法院被允许代行当事人的处分权，有权依据意愿对原告的诉讼请求进行调整。在很多环境民事公益诉讼案的审理过程中，法院只需原告提出停止侵害、损害赔偿等概括性诉讼请求，至于是否需要专业鉴定以及具体赔偿金额认定等问题则完全属于法院的自由裁量权范围。有时候，即使原告自行委托专业机构进行了专业鉴定，是否接受鉴定结果也由法院相机处断。显然，司法权干涉甚至妨碍当事人行使处分权是与环境民事公益诉讼的设置初衷相背离的，不利于私权力参与发挥司法监督作用。因此，建议探索司法能动模式由"诉审分离"转向"诉审协同"，法院应当鼓励和引导当事人主动处分权利和积极提出事实主张，并提供相关证据。只有当当事人无法提出全面的诉讼请求或没有能力进行调查取证时，法院才应该在权利处分和调查取证方面主动协助当事人。

参考文献

艾卡·雷宾德、王曦：《欧盟和德国的环境保护集体诉讼》，《交大法学》2015年第4期。

奥利弗·霍克：《夺回伊甸园：改变世界的八大环境法案件》，尤明青译，北京大学出版社2017年版。

伯格瓦蒂、仁堪：《司法能动主义与公众利益诉讼》，《环球法律评论》1987年第1期。

蔡守秋：《环境权初探》，《中国社会科学》1982年第3期。

蔡巍：《美国个人提起公益诉讼的程序和制度保障》，《当代法学》2007年第4期。

蔡彦敏：《中国环境民事公益诉讼的检察担当》，《中外法学》2011年第1期。

曹明德、王凤远：《美国和印度ENGO环境公益诉讼制度及其借鉴意义》，《河北法学》2009年第9期。

常纪文：《美国环境公民诉讼判例法的发展及对我国环境公益诉讼制度改革的启示（二）——兼论环境公益诉讼在国家环境治理中的作用》，《中国环境监察》2016年第4期。

常纪文：《我国环境公益诉讼立法存在的问题及其对策——美国判例法的新近发展及其经验借鉴》，《现代法学》2007年第5期。

常怡：《民事诉讼法学》，中国政法大学出版社2002年版。

陈海嵩：《国家环境保护义务的溯源与展开》，《法学研究》2014年第

3 期。

陈虹：《环境公益诉讼功能研究》，《法商研究》2009 年第 1 期。

陈泉生：《环境法原理》，法律出版社 1997 年版。

陈伟：《环境侵权因果关系类型化视角下的举证责任》，《法学研究》2017 年第 5 期。

陈兴生、宋波、梁远：《民事公诉制度质疑》，《国家检察官学院学报》2001 年第 3 期。

陈幸欢：《环境司法的政策导向及自主性研究——基于"两高"与中央政府工作报告的对比分析》，《湖南社会科学》2020 年第 1 期。

陈幸欢：《生态环境损害赔偿司法认定的规则厘定与规范进路——以第 24 批环境审判指导性案例为样本》，《法学评论》2021 年第 1 期。

丁国军：《我国环保民间组织的发展路径探析》，《环境保护》2015 年第 21 期。

丁晓华：《〈民法典〉与环境民事公益诉讼赔偿范围的扩张与完善》，《法律适用》2020 年第 23 期。

董云虎、刘武萍：《世界人权约法总览》，四川人民出版社 1991 年版。

范愉：《新法律现实主义的勃兴与当代中国法学反思》，《中国法学》2006 年第 4 期。

弗里德赫尔穆·胡芬：《行政诉讼法》，莫光华译，法律出版社 2003 年版。

付健：《论环境权的司法救济途径——兼论我国环境公益诉讼制度的构建》，《江汉论坛》2006 年第 6 期。

高琪：《我国环境民事公益诉讼的原告适格限制——以德国利他团体诉讼制度为借鉴》，《法学评论》2015 年第 3 期。

高子平：《语言建邦与印度半联邦制的形成》，《史林》2008 年第 5 期。

巩固：《2015 年中国环境民事公益诉讼的实证分析》，《法学》2016 年第 9 期。

巩固：《大同小异抑或貌合神离？中美环境公益诉讼比较研究》，《比较法研究》2017 年第 2 期。

巩固：《环境民事公益诉讼性质定位省思》，《法学研究》2019 年第 3 期。

关丽：《环境民事公益诉讼研究》，中国政法大学，2011 年。

郭翔：《论环境民事诉讼的地域管辖》，《河北法学》2008 年第 2 期。

汉斯·沃尔夫、罗尔夫·施贝托尔等：《行政法（第 2 卷）》，高家伟译，商务印书馆 2002 年版。

侯淑雯：《司法衡平艺术与司法能动主义》，《法学研究》2007 年第 1 期。

胡静：《环境权的规范效力：可诉性和具体化》，《中国法学》2017 年第 5 期。

胡学军：《环境侵权中的因果关系及其证明问题评析》，《中国法学》2013 年第 5 期。

胡云红：《比较法视野下的域外公益诉讼制度研究》，《中国政法大学学报》2017 年第 4 期。

黄锡生、余晓龙：《社会组织提起环境公益诉讼的综合激励机制重构》，《法学论坛》2021 年第 1 期。

黄秀蓉、钭晓东：《论环境司法的"三审合一"模式》，《法制与社会发展》2016 年第 4 期。

黄亚宇：《生态环境公益诉讼起诉主体的多元性及序位安排——兼与李挚萍教授商榷》，《广西社会科学》2013 年第 7 期。

贾艳萍：《环境公益诉讼：制度的缺失与策略的完善——基于〈环境保护法〉及相关立法为视角》，《农村经济与科技》2019 年第 3 期。

江必新：《中国环境公益诉讼的实践发展及制度完善》，《法律适用》2019 年第 1 期。

江国华、张彬：《中国环境民事公益诉讼的七个基本问题——从"某市环保联合会诉某化工公司环境污染案"说开去》，《政法论丛》2017 年第 2 期。

江伟:《民事审判方式改革与发展》,中国法制出版社1998年版。

江伟、崔蕴涛:《司法能动与职权主义——以民事诉讼为中心》,《中州学刊》2011年第1期。

金瑞林、汪劲:《20世纪环境法学研究评述》,北京大学出版社2003年版。

蕾切尔·卡森:《寂静的春天》,吕瑞生、李长生译,上海译文出版社2007年版。

李翠影:《环境民事公益诉讼的管辖权问题研究》,《黑龙江省政法管理干部学院学报》2016年第1期。

李放:《试论我国环境公益诉讼制度的确立》,《中国社会科学院研究生院学报》2004年第3期。

李国兴:《超越"生存照顾"的给付行政:论给付行政的发展及对传统行政法理论的挑战》,《中外法学》2009年第6期。

李红海:《普通法的司法解读——以法官造法为中心》,北京大学出版社2018年版。

李庆保:《论环境公益诉讼的起诉期限》,《中国政法大学学报》2020年第2期。

李艳芳:《从"马萨诸塞州等诉环保局"案看美国环境法的新进展》,《中国人民大学学报》2007年第6期。

李艳芳:《美国的公民诉讼制度及其启示——关于建立我国公益诉讼制度的借鉴性思考》,《中国人民大学学报》2003年第2期。

李挚萍:《中国环境公益诉讼原告主体的优劣分析和顺序选择》,《河北法学》2010年第1期。

理查德·斯图尔特:《美国行政法的重构》,沈岿译,商务印书馆2002年版。

栗楠:《环保组织发展困境与对策研究——以环境民事公益诉讼为视角》,《河南大学学报》(社会科学版)2017年第2期。

林灿玲:《国际环境法》,法律出版社2000年版。

林海伟、陈丽霞、尹志望：《环境公益诉讼集中管辖：理论基点、制度缺陷与完善路径》，《环境保护》2020年第10期。

刘超：《管制、互动与环境污染第三方治理》，《中国人口·资源与环境》2015年第2期。

刘超：《环境行政公益诉讼的绩效检视与规则剖释——以2018年140份环境行政公益诉讼判决书为研究样本》，《甘肃政法学院学报》2019年第6期。

刘静：《生态环境损害赔偿诉讼中的损害认定及量化》，《法学评论》2020年第4期。

刘兰秋、赵然：《我国医疗诉讼鉴定制度实证研究——基于北京市三级法院司法文书的分析》，《证据科学》2015年第2期。

刘韵：《同心圆理论视阈下环境公益诉讼原告主体的建构》，《大连理工大学学报》（社会科学版）2018年第1期。

刘中：《印度政治与法律》，巴蜀书社2004年版。

龙硕、胡军：《政企合谋视角下的环境污染：理论与实证研究》，《财经研究》2014年第10期。

吕忠梅：《环境公益诉讼辨析》，《法商研究》2008年第6期。

吕忠梅：《环境侵权的遗传与变异——论环境侵害的制度演进》，《吉林大学社会科学学报》2010年第1期。

吕忠梅：《环境权入宪的理路与设想》，《法学杂志》2018年第1期。

吕忠梅：《环境司法理性不能止于"天价"赔偿：泰州环境公益诉讼案评析》，《中国法学》2016年第3期。

吕忠梅：《再论公民环境权》，《法学研究》2000年第6期。

吕忠梅、张忠民、熊晓青：《中国环境司法现状调查——以千份环境裁判文书为样本》，《法学》2011年第4期。

吕忠梅等：《环境司法专门化：现状调查和制度重构》，法律出版社2017年版。

罗伯特·珀西瓦尔：《美国环境法——联邦最高法院法官教程》，赵绘宇译，法律出版社 2014 年版。

罗德里克·纳什：《大自然的权利：环境伦理学史》，杨通进译，青岛：青岛出版社 1999 年版。

罗斯科·庞德：《通过法律的社会控制》，沈宗灵译，商务印书馆 2010 年版。

马存利：《全球变暖下的环境诉讼原告资格分析 从马萨诸塞州诉联邦环保署案出发》，《中外法学》2008 年第 4 期。

马骧聪、程正康：《违反环境保护法规的法律责任》，《法学研究》1981 年第 5 期。

曼瑟尔·奥尔森：《集体行动的逻辑：公共物品与集团理论》，陈郁、郭宇峰、李崇新译，格致出版社 2017 年版。

默罕默德·诺曼尼：《印度环境人权——审视法律规则和司法理念》，王曦：《国际环境法与比较环境法评论（2002 年第 1 卷）》，法律出版社 2002 年版。

内蒙古高级人民法院行政庭：《内蒙古行政案件交叉审理新情况》，《中国审判》2009 年第 3 期。

潘牧天、孙彩虹：《司法体制改革视域下环境公益诉讼制度研究》，法律出版社 2021 年版。

裴苍龄：《再论推定》，《法学研究》2006 年第 3 期。

平沼骐一郎：《新刑事诉讼要论》，日本大学出版社 1923 年版。

齐树洁、林建文：《环境纠纷解决机制研究》，厦门大学出版社 2005 年版。

乔刚：《泰州 1.6 亿元天价环境公益案诉讼手记》，法律出版社 2018 年版。

秦天宝：《论环境民事公益诉讼中的支持起诉》，《行政法学研究》2020 年第 6 期。

邱聪智：《民法研究（一）》，中国人民大学出版社 2002 年版。

邵建东：《德国司法制度》，厦门大学出版社 2010 年版。

邵明、常洁：《法院职权主义在民事公益诉讼中的适用》，《理论探索》2019年第6期。

施珵：《环境侵权诉讼中因果关系推定的适用》，《法律适用》2015年第3期。

石晓波、梅傲寒：《检察机关提起刑事附带民事公益诉讼制度的检视与完善》，《政法论丛》2019年第6期。

史玉成：《环境公益诉讼制度构建若干问题探析》，《现代法学》2004年第3期。

孙伟增、罗党论、郑思齐等：《环保考核、地方官员晋升与环境治理——基于2004—2009年中国86个重点城市的经验证据》，《清华大学学报》（哲学社会科学版）2014年第4期。

孙笑侠：《公案的民意、主题与信息对称》，《中国法学》2010年第3期。

孙笑侠：《司法的政治力学——民众、媒体、为政者、当事人与司法官的关系分析》，《中国法学》2011年第2期。

孙笑侠：《司法权的本质是判断权——司法权与行政权的十大区别》，《法学》1998年第8期。

汤维建：《民事证据立法的理论立场》，北京大学出版社2008年版。

唐绍均、王嘉琪：《环境民事公益诉讼中支持起诉制度的异化与匡正》，《深圳大学学报》（人文社会科学版）2020年第3期。

陶红英：《美国环境法中的公民诉讼制度》，《法学评论》1990年第6期。

陶建国：《德国环境行政公益诉讼制度及其对我国的启示》，《德国研究》2013年第2期。

田中英夫、竹内昭夫：《私人在法实现中的作用》，李薇译，法律出版社2006年版。

童建挺：《德国联邦制的演变：1949—2009》，中央编译出版社2010年版。

汪劲：《环境法学》，北京大学出版社2014年版。

汪劲：《伦理观念的嬗变对现代法律及其实践的影响——以从人类中心到生态中心的环境法律观为中心》，《现代法学》2002年第2期。

汪志球：《环保官司成本高，谁来埋单》，《人民日报》2011年2月17日。

王灿发：《环境公益诉讼难在哪儿》，《人民日报》2013年5月18日。

王灿发：《论环境纠纷处理与环境损害赔偿专门立法》，《政法论坛》2003年第5期。

王灿发：《中国环境公益诉讼的主体及其争议》，《国家检察官学院学报》2010年第3期。

王灿发、程多威：《新〈环境保护法〉下环境公益诉讼面临的困境及其破解》，《法律适用》2014年第8期。

王灿发、冯嘉：《我国环境诉讼的困境与出路》，《环境保护》2016年第15期。

王福华：《我国检察机关介入民事诉讼之角色困顿》，《政治与法律》2003年第5期。

王莉：《环境侵权救济制度研究———以环境正义为视角》，郑州：河南人民出版社2011年版。

王明远：《论环境权诉讼——通过私人诉讼维护环境公益》，《比较法研究》2008年第3期。

王明远：《论我国环境公益诉讼的发展方向：基于行政权与司法权关系理论的分析》，《中国法学》2016年第1期。

王锐、李爱年：《我国生态环境民事公益诉讼的问题及对策——基于187份典型裁判文书的分析》，《中南林业科技大学学报》（社会科学版）2020年第5期。

王锡锌：《利益组织化、公众参与和个体权利保障》，《东方法学》2008年第4期。

王小钢：《为什么环保局不宜做环境公益诉讼原告？》，《环境保护》2010

年第 1 期。

王雄飞：《论事实推定和法律推定》，《河北法学》2008 年第 6 期。

王秀卫：《我国环境民事公益诉讼举证责任分配的反思与重构》，《法学评论》2019 年第 2 期。

王艳：《环境公益诉讼司法审判的省思与完善——基于 2015—2018 年统计数据的实证分析》，《环境法评论》2020 年第 2 期。

魏建：《理性选择理论与法经济学的发展》，《中国社会科学》2002 年第 1 期。

巫玉芳：《美国联邦环境法的公民诉讼制度》，《现代法学》2001 年第 6 期。

吴卫星：《环境公益诉讼原告资格比较研究与借鉴——以美国、印度和欧盟为例》，《江苏行政学院学报》2011 年第 3 期。

吴卫星：《环境权理论的新展开》，北京大学出版社 2018 年版。

吴卫星：《环境权内容之辨析》，《法学评论》2005 年第 2 期。

吴卫星：《环境权入宪的比较研究》，《法商研究》2017 年第 4 期。

吴伟华、李素娟：《民事诉讼证据收集制度的演进与发展——兼评环境公益诉讼证明困境的克服》，《河北法学》2017 年第 7 期。

吴贤静：《生态人的理论蕴涵及其对环境法的意义》，《法学评论》2010 年第 4 期。

吴一冉：《损害担责原则在土壤污染中的司法适用——以常外"毒地"案为分析样本》，《甘肃政法学院学报》2020 年第 2 期。

吴泽勇：《德国团体诉讼的历史考察》，《中外法学》2009 年第 4 期。

肖建国：《民事公益诉讼的基本模式研究——以中、美、德三国为中心的比较法考察》，《中国法学》2007 年第 5 期。

肖建国：《民事诉讼程序价值论》，中国人民大学出版社 2000 年版。

肖建国、黄忠顺：《环境公益诉讼基本问题研究》，《法律适用》2014 年第 4 期。

肖建华：《诉权与实体权利主体相分离的类型化分析》，《法学评论》

2002 年第 1 期。

谢伟：《德国环境团体诉讼制度的发展及其启示》，《法学评论》2013 年第 2 期。

新堂幸司：《现代型诉讼及其功能》，新堂幸司：《基本法学（七）》，岩波书房 1993 年版。

徐静村：《刑事诉讼法学（上）》，法律出版社 1999 年版。

徐祥民：《对"公民环境权论"的几点疑问》，《中国法学》2004 年第 2 期。

徐祥民、邓一峰：《环境侵权与环境侵害——兼论环境法的使命》，《法学论坛》2006 年第 2 期。

徐昕：《法律的私人执行》，《法学研究》2004 年第 1 期。

徐以祥、王宏：《论我国环境民事公益诉讼赔偿数额的确定》，《法学杂志》2017 年第 3 期。

许尚豪：《如何保持中立：民事公益诉讼中法院的职权角色研究》，《政治与法律》2017 年第 9 期。

薛军：《私法立宪主义论》，《法学研究》2008 年第 4 期。

亚里士多德：《政治学》，吴寿彭译，商务印书馆 1983 年版。

颜运秋：《中国特色生态环境公益诉讼理论和制度研究》，中国政法大学出版社 2019 年版。

颜运秋、杨志华：《环境公益诉讼两造结构模式研究》，《江西社会科学》2017 年第 2 期。

颜运秋、余彦：《我们究竟需要什么样的环境民事公益诉讼—最高院环境民事公益诉讼解释〈征求意见稿〉评析》，《法治研究》2015 年第 1 期。

杨朝霞：《论环保部门在环境民事公益诉讼中的作用——起诉主体的正当性、可行性和合理性分析》，《太平洋学报》2011 年第 4 期。

杨朝霞：《论环境公益诉讼的权利基础和起诉顺位——兼谈自然资源物权和环境权的理论要点》，《法学论坛》2013 年第 3 期。

杨朝霞：《论环境权的性质》，《中国法学》2020年第2期。

姚莉：《当代中国语境下的"能动司法"界说》，《法商研究》2011年第1期。

叶金强：《论侵权损害赔偿范围的确定》，《中外法学》2012年第1期。

叶俊荣：《宪法位阶的环境权：从拥有环境到参与环境决策》，《台大法学论丛》1990年第1期。

叶勇飞：《论环境民事公益诉讼》，《中国法学》2004年第5期。

叶赞平：《行政诉讼管辖制度改革研究》，法律出版社2014年版。

以赛亚·柏林：《自由论》，胡传胜译，译林出版社2003年版。

尤根·埃利希：《法律社会学基本原理》，叶名怡、袁震译，中国社会科学出版社2009年版。

于安：《德国行政法》，清华大学出版社1999年版。

于文超、高楠、龚强：《公众诉求、官员激励与地区环境治理》，《浙江社会科学》2014年第5期。

余彦、马竞遥：《环境公益诉讼起诉主体二元序位新论——基于对起诉主体序位主流观点的评判》，《社会科学家》2018年第4期。

原田尚彦：《环境法》，于敏译，法律出版社1999年版。

曾婧婧、胡锦绣、朱利平：《从政府规制到社会治理：国外环境治理的理论扩展与实践》，《国外理论动态》2016年第4期。

詹姆斯·梅、王曦、张鹏：《超越以往：环境公民诉讼趋势》，《中国地质大学学报》（社会科学版）2018年第2期。

占善刚：《证据协力义务之比较法研究》，中国社会科学出版社2009年版。

张保生：《推定是证明过程的中断》，《法学研究》2009年第5期。

张芳芳：《论民事证据制度中的事实推定》，《学术研究》2003年第10期。

张锋：《环保社会组织环境公益诉讼起诉资格的"扬"与"抑"》，《中国人口·资源与环境》2015年第3期。

张锋：《环境公益诉讼起诉主体的顺位设计刍议》，《法学论坛》2017年第2期。

张海燕：《论环境公益诉讼的原告范围及其诉权顺位》，《理论学刊》2012年第5期。

张海燕：《民事推定法律效果之再思考——以当事人诉讼权利的变动为视角》，《法学家》2014年第5期。

张辉：《环境行政权与司法权的协调与衔接——基于责任承担方式的视角》，《法学论坛》2019年第4期。

张紧跟、庄文嘉：《从行政性治理到多元共治：当代中国环境治理的转型思考》，《中共宁波市委党校学报》2008年第6期。

张凌云、齐晔：《地方环境监管困境解释——政治激励与财政约束假说》，《中国行政管理》2010年第3期。

张明华：《环境公益诉讼制度刍议》，《法学论坛》2002年第6期。

张式军：《环保法庭的困境与出路——以环保法庭的受案范围为视角》，《法学论坛》2016年第2期。

张式军：《环境公益诉讼原告资格研究》，武汉大学，2005年。

张挺：《环境污染侵权因果关系证明责任之再构成——基于619份相关民事判决书的实证分析》，《法学》2016年第7期。

张新宝、汪榆森：《污染环境与破坏生态侵权责任的再法典化思考》，《比较法研究》2016年第5期。

张悦：《论事实推定》，何家弘：《证据学论坛》（第五卷），中国检察出版社2002年版。

张忠民：《环境公益诉讼被告的局限及其克服》，《环球法律评论》2016年第5期。

张梓太、程飞鸿、张守慧：《检察环境公益诉讼的实践隐忧和完善路径——从功能与定位的视角切入》，《环境保护》2020年第16期。

赵鼎新：《社会与政治运动理论：框架与反思》，《学海》2006年第2期。

周训芳:《环境权论》,法律出版社2003年版。

朱春华:《论推定的效力——一个法经济学的初步分析》,《法商研究》2007年第5期。

最高人民法院环境资源审判庭:《最高人民法院关于环境民事公益诉讼的司法解释理解与适用》,人民法院出版社2015年版。

左卫民:《职权主义:一种谱系性的"知识考古"》,《比较法研究》2009年第2期。

Atkins B. M. , "Party Capability Theory as an Explanation for Intervention Behavior in the English Court of Appeal", *American Journal of Political Science*, Vol. 35, No. 4, 1991.

Baxi U. , "Taking Suffering Seriously: Social Action Litigation in the Supreme Court of India", *Third World Legal Studies*, Vol. 4, No. 1, 1985.

Bhuwania A. , "Courting the People Public Interest Litigation in Post-Emergency India》, New York: Cambridge University Press, 2017.

Castrilli J. F. , "Environmental Rights Statues in the United States and Canada: Comparing the Michigan and Ontario Experiences", *Villanova Environmental Law Journal*, Vol. 9, No. 2, 1998.

Cárdenas J. , "Varieties of Corporate Networks: Network Analysis and fsQCA", *International Journal of Comparative Sociology*, Vol. 53, No. 4, 2012.

De Bruyn S. M. , van den Bergh J. C. J. M. , Opschoor J. B. , "Economic Growth and Emissions: Reconsidering the Empirical Basis of Environmental Kuznets Curves", *Ecological Economics*, Vol. 25, No. 2, 1998.

Desai A. H. , Muralidhar S. , *Public Interest Litigation: Potential and Problems*, Delhi: Oxford University Press, 2000.

Dinda S. , "Environmental Kuznets Curve Hypothesis: A Survey", *Ecological Economics*, Vol. 49, No. 4, 2004.

Divan S. , Rosencranz A. , *Environmental Law and Policy in India: Cases, Materials and Statutes*, New Delhi: Oxford University Press, 2001.

Eliason S. R., Stryker R., "Goodness-of-Fit Tests and Descriptive Measures in Fuzzy-Set Analysis", *Sociological Methods & Research*, Vol. 38, No. 1, 2009.

Elmendorf C. S., "State Courts, Citizen Suits, and the Enforcement of Federal Environmental Law by Non-Article III Plaintiffs", *The Yale Law Journal*, Vol. 110, No. 6, 2001.

Faure M. G., Raja A. V., "Effectiveness of Environmental Public Interest Litigation in India: Determining the Key Variables", *Fordham Environmental Law Review*, Vol. 21, No. 2, 2010.

Fiss P. C., "Building Better Causal Theories: A Fuzzy Set Approach to Typologies in Organization Research", *Academy of Management Journal*, Vol. 54, No. 2, 2011.

Fortenberry P. A., Beck D. C., "Chief Justice Roberts-Constitutional Interpretations of Article III and the Commerce Clause: Will the 'Hapless Toad' and 'John Q. Public' Have any Protection in the Roberts Court?", *University of Baltimore Journal of Environmental Law*, 2005, 13.

Frankel D. K., "Enforcement of Environmental Laws in Hawaii", *University of Hawaii Law Review*, 1994, 16.

Galanter M., "Why the 'Haves' Come Out Ahead: Speculations on the Limits of Legal Change", *Law & Society Review*, Vol. 9, No. 1, 1974.

George S., Snape W., Rodriguez R., "The Public in Action: Using State Citizen Suit Statutes to Protect Biodiversity", *University of Baltimore Journal of Environmental Law*, 1997, 6.

Greckhamer T., Furnari S., Fiss P. C., et al., "Studying Configurations with Qualitative Comparative Analysis: Best Practices in Strategy and Organization Research", *Strategic Organization*, Vol. 16, No. 4, 2018.

Grossman G., Krueger A., "Economic Growth and the Environment", *Quarterly Journal of Economics*, 1995, 112: 353 – 377.

Hadin G., "The Tragedy of the Commons", *Science*, Vol. 162, No. 12, 1968.

Hertogh M. , "A European Conception of Legal Consciousness: Rediscovering Eugen Ehrlich", *Journal of Law and Society*, Vol. 31, No. 4, 2004.

Iyer V. , *The Supreme Court of India*, Oxford: Oxford University Press, 2003.

Kloepfer M. , *Zur Geschichte des deutschen Umweltrechts*, Berlin: Duncker & Humblot, 1994.

Langbein J. H. , *Comparative Criminal Procedure: Germany*, West Publishing, 1977.

Lindmark M. , "An EKC-pattern in Historical Perspective: Carbon Dioxide Emissions, Technology, Fuel Prices and Growth in Sweden 1870 – 1997", *Ecological Economics*, Vol. 42, No. 2, 2002.

Liu X. , "Explaining the Relationship Between CO2 Emissions and National Income-The Role of Energy Consumption", *Economics Letters*, Vol. 87, No. 3, 2005.

Magnani E. , "The Environmental Kuznets Curve: Development Path or Policy Result?", *Environmental Modelling & Software*, Vol. 16, No. 2, 2001.

McGuire K. T. , Caldeira G. A. , "Lawyers, Organized Interests, and the Law of Obscenity: Agenda Setting in the Supreme Court", *The American Political Science Review*, Vol. 87, No. 3, 1993.

Pasche M. , "Technical Progress, Structural Change, and the Environmental Kuznets Curve", *Ecological Economics*, Vol. 42, No. 3, 2002.

Plater Z. J. , Abrams R. H. , Graham R. L. , et al. , *Environmental Law and Policy: Nature, Law and Society*, New York: ASPEN Publishers, 2004.

Pound R. , "Law in Books and Law in Action", *American Law Review*, 1910, 44.

Ragin C. C. , *Redesigning Social Inquiry: Fuzzy Sets and Beyond*, Chicago: University of Chicago Press, 2008.

Ragin C. C. , *The Comparative Method: Moving Beyond Qualitative and Quantitative Strategies*, University of California Press, 1989.

Rihoux B., Ragin C. C., *Configurational Comparative Methods: Qualitative Comparative Analysis (QCA) and Related Techniques*, Sage Publications, 2009.

Roca J., Padilla E., Farre M., et al., "Economic Growth and Atmospheric Pollution in Spain: Discussing the Environmental Kuznets Curve Hypothesis", *Ecological Economics*, Vol. 39, No. 1, 2001.

Rubenstein W. B., "On What a 'Private Attorney General' is-and Why it Matters", *Vanderbilt Law Review*, Vol. 57, No. 6, 2004.

Rühs N., Jones A., "The Implementation of Earth Jurisprudence through Substantive Constitutional Rights of Nature", *Sustainability*, Vol. 8, No. 2, 2016.

Sahu G., "Public Interest Environmental Litigations in India: Contributions and Complications", *The Indian Journal of Political Science*, Vol. 69, No. 4, 2008.

Sathe S. P., *Judicial Activism in India*, Delhi: Oxford University Press, 2002.

Schneider C. Q., Wagemann C., *Set-Theoretic Methods for the Social Sciences: A Guide to Qualitative Comparative Analysis*, Cambridge: Cambridge University Press, 2012.

Seelig R., Gündling B., "Die Verbandsklage im Umweltrecht-Aktuelle Entwicklungen und Zukunftsperspektiven im Hinblick auf die Novelle des Bundesnaturschutzgesetzes und supranationale und rechtliche Vorgaben", *Neue Zeitschrift für Verwaltungsrecht*, 2002 (S).

Simon H. A., *The Sciences of the Artificial*, Cambridge: MIT Press, 1969.

Singh G., *Environmental Law in India*, New Delhi: Macmillan India Ltd, 2005.

Smyth R., "The 'Haves' and the 'Have Nots': An Empirical Study of the Rational Actor and Party Capability Hypotheses in the High Court 1948 – 99", *Australian Journal of Political Science*, Vol. 35, No. 2, 2000.

Songer D. R., Sheehan R. S., "Who Wins on Appeal? Upperdogs and Underdogs in the United States Courts of Appeals", *American Journal of Political*

Science, Vol. 36, No. 1, 1992.

Steimel N. A., "Congress Should Act to Define 'Prevailing Party' to Ensure Citizen Suits Remain Effective in Environmental Regulation. Sierra Club v. City of Little Rock", *Journal of Environmental and Sustainability Law*, Vol. 11, No. 3, 2004.

Stokke O. S., "Qualitative Comparative Analysis, Shaming, and International Regime Effectiveness", *Journal of Business Research*, Vol. 60, No. 5, 2007.

Unruh G. C., Moomaw W. R., "An Alternative Analysis of Apparent EKC-type Transitions", *Ecological Economics*, Vol. 25, No. 2, 1998.

Webster W. E., "How can Mother Nature Get to Court? The Status of the Standing Doctrine in a Post Laidlaw Landscape", *Journal of Land, Resources & Environmental Law*, Vol. 27, No. 2, 2007.

Wheeler S., Cartwright B., Kagan R. A., et al., "Do the 'Haves' Come Out Ahead? Winning and Losing in State Supreme Courts, 1870-1970", *Law & Society Review*, Vol. 21, No. 3, 1987.

Xiaohu W., Hanyu X., Kai C., et al., "Why Administrative Leaders Take Pro-environmental Leadership Actions: Evidence from an Eco-compensation Programme in China", *Environmental Policy and Governance*, Vol. 30, No. 6, 2020.